월요 이야기

월요문학회 동문 엮음

월요 이야기

월요문학회 동문 엮음

초판 1쇄 2024년 9월 3일
초판 2쇄 2024년 9월 13일

지은이 월요문학회 동문회원
펴낸이 신완섭

펴낸곳 고다출판
등 록 2010년 6월 22일(제2010-000016호)
주 소 경기도 군포시 수리산로 33, 833-2702
전 화 010-2757-6219
전자우편 golgoda9988@naver.com
디자인 안보영

ISBN 979-11-980360-3-2
정 가 22,000원

들어가며

월요 이야기

《월요 이야기(Contes du Lundi)》는 1873년에 발표된 알퐁스 도데의 두 번째 단편집입니다. 이 책에는 알자스 지방이 적군에 점령된 실화를 바탕으로 모국어를 빼앗긴 슬픔과 고통을 이야기한 '마지막 수업' 등 프로이센-프랑스 전쟁(1870~1871)의 여운을 담은 단편들을 여럿 수록하여 프로방스 출신인 도데의 목가적 기질과 풍부한 서정을 잘 드러내고 있지요.

그때로부터 100년이 갓 지난 1976년 부산 황령산 기슭의 부산동고등학교 교정 내에서 10대 청년 몇몇이 〈월요문학회〉를 태동시킵니다. 그 주인공들은 강종순 장동현 정인만 정희모 등 1기 선배들이었습니다. 학교 측에선 문예반원에 불과했으나, 굳이 '월요'라는 별도의 이름을 내건 이유는 첫째 고교 평준화, 속칭 뺑뺑이 1기였던 선배들이 새로운 정체성 탐색 의지에 목말라 있었고, 둘째 물오른 젊은 청춘들이 문학적 감수성의 원류를 찾아보자는 마음이 절실했고, 셋째로는 강요된 입시 위주 학습 체제로부터의 일탈까지 가세한 결과라고 볼 수 있습니다. 알퐁스 도데의 문집 이름을 본떠 '월요'라는 이름을 내걸었던 장본인인 1기 강종순 선배는 이후 호주로 이민 가버려, 2기인 내가 머리글을 대신 쓰게 됨을 양해바랍니다.

월요문학회 태동 이후 3학년이 된 2기들(김종명 신완섭 심우용 안형률 이경균)이 주축이 되어 1977년 제1호 동인시집 〈월요 77〉를 발간했습니다. 여기에는 3기 김인철 김정희 석동현 박철수 정철호, 4기 김영춘 김호언 문봉주 박동수 이정민 전창근, 졸업생 1기 강종순 장동현 정희모 등 네 기수가 함께해 창간의 의미가 컸습니다. 이때 학교에 납부해야 할 공납금을 몽땅 털어 출판비용을 댄 개인적 비사(祕史)는 지면상 생략하겠습니다. 같은 해 부산시민회관 전시실에서 열린 시화전에서 거금 5백 원에 유료판매한 결과 매진이라는 진기록(?)을 세우며 공

납금 회수는 물론 시화전 뒤풀이 비용까지 충당할 수 있었습니다. 이후 11기 후배에 이르기까지 〈월요 2, 3집〉이 연속 출간된 바 있지요. 초창기 선배로서 매우 가슴 뿌듯한 추억이 아닐 수 없습니다.

어느새 부산동고등학교에 입학했던 1975년으로부터 무려 50년 세월이 흘렀습니다. 강산이 5번이나 변하는 동안 월요 동문들 사이에도 많은 부침들이 있었지요. 우선 3기 박철수, 6기 김해곤, 7기 김병호, 10기 하현관 군이 세상을 등졌습니다. 이번 첫 동문집에 이들도 소환하여 고인들의 넋을 기리기로 했습니다. 세상에 이름을 드날린 동문도 있습니다. 4기 김영춘은 국회의원, 해양수산부 장관을 지내며 한때 차기 대권주자 물망에 오르기도 했고, 아직도 정계 재계 학계 의료계 · 종교계에서 활동하는 선후배들이 적지 않습니다. 다들 건투를 빕니다.

이번 월요동문 문집 출간은 우연히 발단되었습니다. 얼마 전 췌장암 투병 중 세상을 뜬 6기 김해곤 군의 장례식장에서 마주한 5기 박창희 군이 대화 도중 동문문집을 발간하자고 제의했으니까요. 해곤은 지난 2년 반가량 암과 투병하며 본인의 일대기를 1년 반에 걸쳐 기록한 자전적 에세이 초고를 남기고 떠났습니다. 그는 석 달 전 나와 만난 자리에서 "사망률이 매우 높은 췌장암 3기 판정을 받고도 이때까지 견뎌낼 수 있었던 건 지독한 집필 의지 덕분이었다. 자식들에게도 제사상에 자신의 책을 꼭 올려줄 것을 유언으로 남겼다"는 말을 전하며 환히 웃었습니다. 곧 그의 유고집을 탈고하여 제가 운영하는 출판사에서 책으로 펴낼 예정인데, 해곤의 집필 의지에 감복한 창희마저 이참에 동문 공동문집을 내보자고 제안하게 된 것입니다.

이렇게 급발진하였음에도 2기에서 11기에 이르기까지 총 15명의 동문들이 참여하여 색깔과 부피, 무게는 서로 다를지언정 제각각의 열정을 쏟아내 주었습니다. 고교 졸업 이후 달리 살아온 양태와 질감의 차이는 급기야 '무용지용(無用之用)'을 주제로 한 릴레이 에세이로까지 이어졌기에 '쓸모없음의 쓸모'를 논해 보는 귀중한 특설 지면도 할애해 보았습니다.

인간은 '기록하는 동물'입니다. 기록의 본능이 해곤처럼 극한상황에서 비롯되었건, 그 자극이 창희에게 연쇄적으로 이어졌건 간에 기록이 인류 역사에 끼친 영향은 지대합니다. 알타미라 동굴의 벽화, 사마천의 사기, 레오나르도 다빈치의 스케치, 세종의 한글 창제, 이순신 장군의 난중일기, 반 고흐의 편지글, 에디슨의 메모 등 이루 헤아릴 수 없는 기록들에 의해 인류 문명과 문화예술, 과학 창달이 이루어져 왔음을 누가 부인하겠습니까. 어느덧 5·60대에 접어든 월요동문 선후배들이 처음으로 동문 문집을 내게 됨을 다 같이 자축하면서, 교감할 수 있는 지면을 통해 서로를 좀 더 알아가고 공동체적 삶을 영위하는 계기가 되길 빌어봅니다.

2024년 8월 고다골방에서
월요문학회 2기 신완섭 시인

목차

- 들어가며　　　　　　　　　　　　　　　　　　　　003
- 릴레이 에세이 - 무용지용(無用之用) 공동　　　　009

- 부스
  1. 2024년 오뉴월을 노래하다 2기 신완섭　　　027
  2. 항해 중 3기 김정희　　　　　　　　　　　061
  3. 긴 항해 끝에 기쁘게 집으로 4기 김영춘　　079
  4. 간담상조(肝膽相照) 5기 박창희　　　　　　099
  5. 사계(四季) 5기 김영학　　　　　　　　　133
  6. 사랑으로 그리움을 쓰다 6기 故 김해곤　　161
  7. 지상의 방 한 칸 6기 이연학　　　　　　　187
  8. 취중시담(醉中詩談) 7기 김한용　　　　　　221
  9. 나의 사진 찍기 7기 장진호　　　　　　　255
  10. 낙서장 8기 배상문　　　　　　　　　　　269
  11. 세월이 가면 8기 장승수　　　　　　　　309
  12. 나의 그 발칙한 흔적들 9기 방호성　　　　319
  13. 깡으로 버티기 9기 김성기　　　　　　　349
  14. 생활의 발견 10기 김광홍　　　　　　　　355
  15. 시각과 촉각의 변주 11기 최태명　　　　389

- 추모의 글 - 먼저 먼저 가신 동문들을 기리며　　　415
  1. 9월이 오면 5기 박창희　　　　　　　　　416
  2. 한 가지에 나고서 6기 이연학　　　　　　421
  3. 자네의 섬은 완성되어 가는가? 7기 장진호　424
  4. 고맙다 친구야, 사랑한다 10기 김광홍　　　427

- 나가며　　　　　　　　　　　　　　　　　　　　432

릴레이 에세이

무용지용(無用之用) : 쓸모없는 것의 쓸모

1차 초고를 출판사에 넘기고 뒤풀이가 있었다.
쓸모없음의 쓸모, 소위 無用之用(무용지용)에 대한 밴드 글에 오랫동안 침묵하던 한 동문이 "너희가 장자를 알아?"라며 끼어들었다. 갑자기 화두가 되어 이 주제로 릴레이 에세이를 추가하게 되었다. 주변을 돌아보면 쓸모없음의 쓸모로 위안받는 사람들이 의외로 많다.

[편집자 註]

1st 무용(無用)에 대한 깨달음

집사람은 옥상 한켠에 장미를 키웁니다.
아침에 눈 뜨면 제일 먼저 하는 일이 옥상에 올라가 어제와 다른 장미 자라는 걸 기록하고 블로그에 글을 올립니다.

돈 안 되는 꽃만 키우지 말고 고추며 오이며 파 등 텃밭 작물을 키워보라고 하는 사람들이 있습니다. 이럴 때면 집사람은 장미 키우는 블로그에서 만난 어떤 분의 이야기를 들려주는 것으로 대답을 대신합니다.

'저는 본연의 쓸모와 효용을 엄청 중요시하는 사람이었습니다. 아니 과거형이 아닐지도 모르겠습니다. 그 쓸모가 없어졌다고 생각이 드는 순간, 내 존재를 부정하기까지 이르렀지요. 왜 그렇게 그 쓸모와 효용에 집착했는지에 대해서는 많은 생각이 들지만, 가장 커다란 이유는 제 스스로를 깨닫지 못하고 나올 용기가 없었다는 결론에 이르렀습니다. 이미 여러 사람들이 거쳐온 길, 그래서 그 효용성이 증명된 길 즉 안전한 것에만 다다르려고 했던 제 자신의 문제가 가장 컸던 것이겠지요.'라고

그래서 집사람은 미스터 션샤인에 나왔다는 변요한의 대사를 좋아합니다. "나는 원체 아름답고 무용한 것들을 좋아하오. 달, 별, 꽃, 바람, 웃음, 농담 그런 것들"

어떤 이의 눈에는 텃밭 작물을 심지 않고 꽃을 가꾼다는 게 참으로 무용하게 보이기도 할 것입니다. 하지만 당장은 쓸모가 닿는 데가 없어 보이는 무용한 것들이 켜켜이 쌓이다 보면 내가 어떤 사람인지 알 수 있을 거라는 말이 참으로 공감이 갑니다.

지금 월요는 40년 만에 동문 문집을 내는 것에 무척 흥분해 있습니

다. 참여 동문이 15인입니다. 초고를 출판사에 넘기고 편집본을 기다리고 있습니다. 그동안 월요 활동이 뜸했던 동문들의 호응도 대단합니다. 세상을 떠난 동문의 부인이 보내온 감사 인사 후기에는 가슴이 울컥하기도 하였습니다.

어떤 사람의 눈에는 이런 일들이 참으로 무용해 보일지 모르겠습니다. 돈이 되는 것도 아니고, 누가 알아주는 것도 아닌데 시간과 돈과 열정과 불면을 겪으면서도 이 일을 하고 있다는 것이. 그러나 당장은 쓸모가 없어 보이는 이 무용한 것들이 켜켜이 쌓이다 보면 내가 어떤 사람인지, 내가 어떤 길을 걸어가야 하는지를 알 수 있을 거라는 그 쓸모를 사랑합니다.

마치 밤하늘의 달이나 별, 숲속의 꽃이나 나무, 자연의 바람이나 햇살이 무심히 세상에 베푸는 마음처럼.

그래서 無用之用은 쓸모없는 것의 쓸모입니다.

— 월요 5기 박창희

2nd 못쓸모의 쓸모

오늘 아침 출근길. 라디오에서 PD가 사연 하나를 소개했다. 주제가 '못쓸모의 쓸모'였다. 내용에 공감하며 의미를 곱씹고 있을 때였다. PD가 이어지는 곡으로 선정한 노래는 투투의 '일과 이분의 일'이었다. 노랫말을 따라가다 그의 놀라운 곡 선정능력에 앗! 감탄하였다.

일은 쓸모요, 이분의 일은 못쓸모다.

　퇴근길에 독서 모임에 참여하러 가는 동료를 서면까지 태워주게 되었다. 책에 관한 얘기를 나누다 우리 문집에 대해 살짝 얘기를 하게 되었다. 놀라워했다. 친구끼리도 어려운 일을 어찌 선후배가 함께, 골프나 술자리도 아니고 문집을 낼 수 있느냐는 거다. 뿌듯했다. 우리가 하고 있는 일이 그래 어쩌면 '못쓸모의 쓸모'가 되리라 생각했다. 우연일까? 동료는 정년까지 1년 반이 남았다.

　창희 선배의 글이 밴드에 올라왔다. '무용지용' 이런 우연이 있냐 싶었다. 같은 날 같은 화두. 그 선배에 그 후배?

　곧 배달 치킨이 올 것이다. 오늘도 당연 혼술이다. 집에 나와 강아지만 있다. 난 넷플릭스의 드라마를 볼 것이다. 그리고 '좋은데이'를 마실 것이다. 한 병 반. 이게 딱 내 주량이다. 술집에서는 반병을 안 판다. 판매용 소주는 한 병이어야 쓸모다. 집에서 먹는 혼술이 좋은 이유는 남겨둔 반병이 있기 때문이다. 못쓸모가 쓸모가 되는 순간이다.

- 월요 7기 김한용

3rd 세상을 바라보는 이야기

　무용지용(無用之用)이란 유래는 장자(莊子) 내편(內篇) 인간세(人間世)에 나온다. "사람들은 유용만 알 뿐 무용을 쓸 줄 모르는구나.(

人皆知有用之用 而莫知無用之用也)"라고 했다.

장자(莊子) 외편(外篇) 산목편(山木篇)에서는 장자가 웃으며 말하되 "나는 쓸모 있는 것과 쓸모없는 것 사이에 있으려고 한다. 쓸모 있는 것과 쓸모없는 것 사이라는 것은 중용의 도(道)와 비슷한 것 같지만 사실은 아니다. 그래서 양쪽으로 얽히지 않을 수 없다. 그러나 만약 자연의 이치에 따라 순응한다면, 그렇지 않을 것이다.(莊子笑曰 周將處夫材與不材之間 材與不材之間 似之而非也 故 未免乎累 若夫乘道德而浮游則不然)"라고 했다.

장자가 우리에게 일깨우고자 하는 것은 모든 사물이나 상황을 한쪽으로만 보지 말라는 것이다. 한쪽으로만 판단을 내리면 이미 오류를 범하게 된다는 것이다.

노자 도덕경 제11장 당기무(當其無)에서는 "있음의 이로움은 비어 있음의 쓰임 때문이라네.(有之以爲利, 無之以爲用)"라고 했다. 노자의 관점에서는 눈에 쉽게 띄는 유(有)보다 잘 인지하지 못하는 무(無)의 역할을 강조한다.

도가(道家)의 중용(中庸)은 그 어느 쪽도 선택하지 않는 중용이다. 그러므로 도가는 분별하는 태도 자체를 부정하고 있다. 하지만 유가(儒家)의 중용은 과유불급(過猶不及)처럼 매사 넘치지도 않고 모자라지도 않게 처세하며 사는 것 균형감각을 지니며 사는 삶을 강조한다.

중용(中庸)은 상대적인 대립 구도, 예를 들면 '많다'와 '적다', '크다'

와 '작다', '높다'와 '낮다' 등 속에서 취하는 구도이다. 상대적인 대립은 그 중간이 있으며, 그 중간에서 가장 적절한 것이 중용이다. '너무 많지도 않고 적지도 않은 알맞은 것, 크지도 않고 작지도 않게 적당한 것, 높지도 않고 낮지도 않게 적절한 것'이 중용이다.

불가(佛家)에서는 중도(中道)를 말하는데 중도에서는 모순 대립 구도 즉, '있다'와 '없다', '옳다'와 '그르다', '같다'와 '다르다'는 모순 대립이다. '있다'와 '없다' 사이에는 중간이 없다. '있지도 않고 없지도 않는 적당한 것'은 존재하지 않는다. 따라서 모순 대립에는 중간이 있을 수 없다. 불가에서는 이러한 모순 대립의 상황에서 중도를 선택하도록 한다. 불가에서는 이런 모순 대립하는 명제 자체가 무명(無明)에서 비롯된 사견(邪見)이라는 것을 깨닫고 우리에게 둘 다 버리는 길을 가르치고 있다.

물리학에서는 양자역학이 있다. 양자역학에서는 모든 물질이 입자와 파동의 성질을 동시에 지니는 성질이 있다고 한다. 고전 역학에서는 파동과 입자가 매우 다른 성질을 지니지만, 양자역학에서는 두 개념을 하나의 개념으로 통합한다. 즉, 모든 물질은 양면성이 있다는 것이다.

인간 세상에서는 모든 것에 항상 양면성이 있지 않을까?

- 월요 5기 김영학

2024년 1월, 투병 중인 A가 회고록을 끝내고, 오랜 친구인 B에게 서문을 부탁했다. B는 고등학교 때의 추억을 소재로 서문을 썼다.
그러나, A는 책을 내지 못한 채 한 줌 흙이 되었다. B의 서문은 '무용'한 것이 되고 말았다. A와 B는 둘 다 이번 문집 '월요 이야기'의 참여동문이다.
쓸모를 찾아 그 서문을 이 꼭지에 싣고자 한다. 편집자는 B에게 양해와 이해를 구했음을 알린다.
신부님이신 B는 지금 불교의 나라 미얀마에 있다. 기도의 주제가 '무용지용'임을 알려 왔다.

[편집자 註]

4th 다시 교문에서

해곤.

이른 새벽에 자네 생각하며 이 글을 쓰네. 작년 잠깐 귀국했을 때 자네가 날 찾아 불러줘서 약 40년 만에 처음으로 다시 만났지. 얼마나 반가웠던지. 많이 여위어 있었지만, 큰 키에 시원시원한 행동거지는 40년 세월을 단박 뛰어넘어 옛날과 꼭 같은 자네 모습을 알아보게 해 주었어. 사람의 근본은 변하는 게 아니란 평소 생각도 다시 확인하게 되는 순간이었지. 외양은 다소 늙어 있어도, 고등학교 소년 시절 자네에게 느꼈던 거의 모든 게 고스란히 그대로 되살아나더구먼. 내 안에서 자네 모습이 이렇게 '부활'하면서, 그 시절의 내 모습도 – 당시 어린 내가 하던, 어리지만은 않던 고민들과 함께 – 생생히 되살아

나는 듯한 느낌이었어.

내 기억에 자네는 늘 성실하고 유능한 데다가 거침이 없었지. (아마 본인은 인지하지 못할) 어떤 엉뚱함과 천진함 같은 게 매력이기도 했어. 우리가 서로 못 보고 지내는 동안 자네 경력에서 남들이 부러워할 만한 성취를 이루고 있었음도 내겐 조금도 놀라운 일이 아니었네. 그러나 내게 정녕 더 좋아 보였던 것은, 가족을 향한 자네의 사랑이었네. 그 역시 의무감에서라기보단 자네 인격의 본질에서 기인하는 것처럼 보였지. 자네는 한결같고 건실했거든.

몇 번 백일장에 함께 나갔던 기억이 나지? 진해 군항제에서 시로 조그만 상을 받은 것은 내게 흐뭇한 기억이지만, 수영중학교에서 열린 산문 백일장에선 자네가 상을 받았지. 자네도 기억하리라 믿네. 현장에서 받았던 제목도 선명히 기억나는데 그건 '교문'이었고 내겐 두고두고 쓰린 기억으로 남았어. 주어진 한 두 시간 동안 단 한 글자도 쓰지 못하고 결국 백지를 제출하고 말았기 때문이지. 뭔가 쓰긴 써야 하는데 그만 앞뒤 양옆이 꽉 막힌 '은산철벽(銀山鐵壁)'에 갇히고 만 기분… 지금도 나는 종종 이런저런 성격의 글을 써내야 하는 신세인데, 더러 마감 기한을 넘기고도 생각의 길이 꽉 막혀 난감해지면 꼭 그때의 '교문' 앞에 다시 호출되어 서 있는 듯한 느낌에 사로잡히지.

생각해보면 정작 막막했던 건 '교문'이란 주제가 아니라 학교 시스템 그 자체였던 것 같네. 각설하고, 그때 난 공부보다 나름의 절실한 종교적 고민에 더 골몰했던 나머지 고등학교 교문을 겨우 빠져나왔다네. 졸업식 날은 정말이지 군 제대하던 날보다 더 큰 해방감을 느꼈던 것 같아. 그리고 나는 가톨릭 신학대학 교문으로 들어섰고, 7년 후엔 수도원이란 새 '교문'으로 들어섰지. 이후에도 난 많은 '교문'을 거치고 거쳐 지금은 미얀마 한 시골의 수도원에 살고 있네. 생각해보면, 내게 영향을 준 모든 만남과 장소와 책들이 다 교문이고 학교였어. 나는 그들에게 입문하고 졸업하기를 거듭해서 지금의 이 '학교'에 서 있다고 느껴.

돌이켜 보니 모든 입학의 순간이 사실은 모종의 졸업이었고, 모든 의미 있는 시작은 바로 끝이었더군. 문 하나가 뒤에서 쿵 닫히지 않고 앞에서 다른 문이 열린 적은 없었어. 얼마 전 읽게 된 T. S. Eliot의 소네트 시구 하나가 맘에 참 와 닿은 것도 그래서인 것 같아. "시작이라 부르는 것은 종종 끝이고/ 끝맺는 것은 시작하는 것이다./ 끝이 시작하는 곳이다. (…) 모든 탐색의 끝에서/ 시작한 곳으로 되돌아와/ 비로소 처음으로 그곳을 알게 될 터."

쓰고 보니 과하게 의미심장한 말을 한 것 같아 미안한 마음이 드네. 어떻든 자네는 얼마 전 병고라는 '교문'에 입문해서, 이순(耳順)의 나이에 걸맞는 배움의 여정을 정녕 자네답게 치열하게 겪어내고 있는 것 같아. 자네만이 감당해야 할 고통의 무게가 엄정하고 더러 쓸쓸하겠지만, 부디 힘내시게. 40여 년 전 백일장의 그때처럼, 자네는 이 교문에서 꼭 '상'을 하나 거머쥐고야 졸업하게 될 걸세. 더 건강한 몸과 (삶과 죽음에 대한 사뭇 다른 이해로부터 비롯할) 깊은 마음의 평화가 그 상이 될 거라고 믿고 진심으로 기도하며 응원하고 있네.

미얀마 삔우륀 수도원에서
- 월요 6기 이연학

5th 관점 차이

의사와 환자의 관점 차이만큼이나 이해하기 어려운 게 남자와 여자의 관점 차이일 것이다.

노상 눈에 띄던 고무밴드나 빈 열쇠고리 같은 것도 막상 쓰려고 하면 도대체가 어디 있는지 여기저기 뒤져보기 일쑤이다.

아내가 집안 정리를 하며 나온 무용의 물품을 나에게 버리라고 하면 나는 그걸 쓰레기장에 가져가면서 그중에 절반을 '지용'이라고 여기고 도로 가져오는 일이 왕왕 있다. 다들 그런 경험이 있을 것 같다. 남자의 자취방은 대충 어지러운 경우가 많고, 정리되어 보여도 서랍 안은 잡동사니로 꽉 차 있는 것이 보통이다.

생물에 성별이 나눠진 이유가 있고 더구나 남자와 여자로 긴 세대 동안 진화와 습성을 유전자에 담아 온 시간이 수십 수백만 년이다. 요즈음에 와서는 아기 낳는 것 빼고는 남녀의 차이가 구분할 필요가 없어지고 있다. 앞으로 오래지 않아 심지어 이마저도 혹시 없어지지 않을까 하는 생각도 해본다. 생명공학의 발달로 인공 자궁이 생길 수도 있을 테니. 한편으로는 그렇게 남녀로 나뉘어져 각각의 특성을 더욱 돋보이게 할 수도 있을 거라는 생각도 해 본다.

화성인 남자와 금성인 여자? 뭐 그런 책들도 많이 있고 특히 남녀 관계는 코미디의 주제로 많이 쓰이는데 대개 큰 인기를 끈다. 어쨌거나 당장에는 오랜 시간 유전자에 배인 차이는 여전하다.

우리는 뭐든 지나치게 구분해서 사는 경향이 많다 보니 실수도 잦고 남을 불편하게도 한다. 그러기에 우선은 이를 서로 좀 더 이해하게 되면 더 재밌고 편리한 세상이 될 것은 분명하다.

금덩이도 무인도에서는 소용이 없고 개똥도 경우에 따라 약으로 쓰이지 않는가.

– 월요 3기 김정희

6th 無用之用 靑出於藍, 그리고 기후위기

'무용지용(無用之用)'은 도가의 사상적 기틀을 마련한 장자(B.C 369~B.C 289)가 인간세(人間世) 편에서 한 말이다. '人皆知有用之用 而莫知無用之用也(사람들은 모두 쓸모가 있는 것만 쓸모 있는 줄 알지 쓸모가 없는 쓸모를 모른다)' 한 마디로 쓸모없는 것도 쓰기에 따라 쓸모가 있을 수 있음을 내비친 경구이다.

'청출어람(靑出於藍)'은 성악설(性惡說)을 주창한 순자의 권학편(勸學篇)에 나오는 글귀이다. '靑取之於藍 而靑於藍 氷水爲之而寒於水(푸른색은 쪽에서 뽑아내고도 쪽보다 더 푸르고, 얼음은 물이 얼어 만들어지고도 물보다 더 차다)'라는 문장에서 유래한다. 학문을 배우는 제자가 가르치는 스승보다 나아야 함을 강조한 경구이다.

　이 두 경구(警句)는 일견 아무런 상관이 없게 느껴질 수도 있으나 사실은 그렇지가 않다. 쓸모가 있고 없음을 가려내는 안목이 학문의 깊이에서 비롯되기 때문이다. 최근 장자에 관한 면학에 힘쓰고 있는 월요문학회 5기 김영학 군이 '무용지용론'을 소개하면서 며칠간 월요 동문 카톡방을 뜨겁게 달구고 있다. 선후배 각자의 입장 글들이 꼬리에 꼬리를 물고 올라오면서 마침내 나도 잠시 짬을 내어 릴레이 글쓰기에 동참하게 되었는데, 무용지용을 화두로 삼는 순간 대학에서 다시 만난 월요 1기 강종순 선배가 떠올랐다. 그는 명명(命名) 분야의 귀재다. 선배를 따라 입회했던 '청람독서회' 이름을 선배가 나서서 지어주었고, '월요문학회' 이름 역시 고교 재학 시절 그가 지어주어서다. 無名之名(이름 없음의 이름) 짓기도 무용지용이 아닐지 …

　나는 요 며칠 전 관내 Y중학교에서 '기후위기와 신재생에너지'를 주제로 강의를 했다. 문과생의 과학 수업은 천재 논객 유시민도 긴장하게 만든다는데, '가르침이 곧 배움'이라며 겁 없이 참여한 것이다. 그러니 그리 만족한 수업을 진행했을 리는 만무하다. 다만 여기서 무용지용의 깊은 깨달음을 얻은 건 나름의 성과였다.

　내용인즉 "46억 년간의 오랜 지구 역사에서 현생인류인 호모 사피엔스가 출현한 건 고작 30만 년 전에 불과하다. 현재 인류는 과다한 화석연료 사용 및 빈번한 자연파괴로 말미암아 근대산업시대(1850년 기점) 이후 150여 년 사이에 섭씨 1.5도 기온상승을 끌어올리며 각종 기후위기를 자초, 폭염 폭우 등 이상기후로 인한 전 지구적 고통에 시달리고 있다. 이런 현상을 노벨화학상 수상자인 네덜란드 Paul Crutzen은 인류에 의한 지구 파괴라는 뜻으로 '인류세(人類世, Anthropocene)'라 명명했고, UN 산하의 IPCC(기후위기 정부간 협의체)도 100% 위기를 초래한 인간들이 책임지고 나서서 이를 해결하지 않을 경우 백악기 공룡의 대멸종에 버금가는 인간 대멸종을 불러올 수도 있다"는 것이다.

정리하자면 중생대 이후 소행성 충돌, 화산폭발 등으로 벌어진 총 5번의 대멸종은 최상위 포식자를 중심으로 멸종을 일으켰다. 이번 인류세의 대멸종은 무소불위의 최상위 포식자인 인간 멸종으로 나타날 가능성이 높다. 만약에 인간이 사라진다면 지구에는 인간 대신 또 다른 포식자가 출현할 지도 모른다. 지구의 수명을 감안할 때 생명 종의 부침이 거듭되더라도 지구라는 행성은 최소 10억 년 이상의 수명을 더 지켜 낼 것이다. 다만 호모 사피엔스 출현 이후 엄청나게 불어난 인간들에 의해 발견·발명된 온갖 앤트로피 같은 무용지용류(화석연료 사용, 원자력발전, 교통&통신수단, 주거&산업단지 등)들이 부메랑처럼 우리를 집어삼키려 하고 있다. 이 지면을 빌려 결자해지의 각오로 선용 가능한 무용지용을 통해 전 세계인이 청출어람 할 신인류로 거듭나기를 촉구해 본다.

- 월요 2기 신완섭

7th 어떤 잘못된 만남

그녀는 무척이나 예뻤다.

1986년 7월 4일. 나는 대학 첫 여름방학을 바쁘게 보내고 있었다. 부산 서면 영어학원에서 'vocabulary 22000' 수업을 마치고, 설레는 가슴을 안고 동보서적 2층 커피숍으로 향했다. 고교 동창이자 대학 동기인 친구 철수가 어떤 여자를 소개시켜 주겠다고 했다.

보자마자 첫눈에 반했다. 그녀는 긴 생머리에 사슴 같은 눈망울을 가졌고, 얼굴이 자그마한 무척 예쁜 여학생이었다. 나는 순간 얼음이 되었다. 인사도 못 하고 머뭇거렸다. 그 순간 서울 말투로 상냥하게 그녀가 먼저 말을 꺼냈다.

"안녕하세요. 말씀 많이 들었어요. 공부도 잘하시고 모범생이라면서요. 철수가 자랑 많이 했어요. 그래서 제가 한번 보고 싶다고 했죠. 정말 반가워요. 전 김영희라고 해요"

나는 크게 실망하였다. 알고 보니 철수가 자기 여자친구를 나에게 자랑하고 싶어서 만든 자리였다. 모 대학 신입생인 그녀는 빛나는 미모에 활달하고 붙임성도 좋았다. 게다가 그녀 부친은 금융기관 은행장이고 집안도 매우 부유하였다. 내 친구 철수도 크게 모자라지 않았다. 그는 단단한 몸에 뚜렷한 이목구비를 가진 미남이었다. 같은 남자가 보기에도 매력적인 청년이었다.

시간이 흐를수록 철수와 그녀의 관계는 점점 깊어져 갔다. 부러운 심정으로 나는 그저 지켜볼 뿐이었다. 철수와 그녀는 가끔 나를 초대해서 2대1 데이트를 즐기기도 했다. 도서관, 공원, 극장, 수영장… 그들의 데이트 장소는 참 다양했다. 그렇게 두 사람은 내가 아는 한 가장 잘 어울리는 연인이 되어 가고 있었다.

어느 날은 그녀는 내가 참 좋은 사람 같다며 자기 친구를 소개 해주겠다고 했다. 나는 거절하였다. 아직 여자를 만날 준비가 안 되어있다는 뻔한 명분을 내세우면서.

철수와 나는 3학년이 되자, 1년간 해외 상선 실습을 나가게 되었다. 출국 전날 그녀는 우리의 무사 귀국을 위해 멋진 환송 파티를 열어 주었다. 몇 개월의 이별을 아쉬워하면서…

나는 해외 실습을 모두 마치고, 1988년 12월 귀국하였다. 그때까지도 나는 여자친구 없이 외롭게 추운 겨울방학을 보내고 있었다. 그러는 중 그녀는 뜬금없이 나에게 연락했다. 따로 할 얘기가 있다며 둘이서만 만나자고. 나는 야릇한 심정으로 그녀를 보러 나갔다. 1년 만에 본 그녀는 여전히 눈부시게 예뻤다. 그런데 그녀는 전혀 예상치 못한 소식을 나에게 전했다.

"다른 남자가 생겼어요. 처음엔 그럴 의도가 전혀 없었어요. 철수가 출국하고, 한 달쯤 지났어요. 우연히 같은 과 남학생을 만났어요. 처음엔 가볍게 몇 번 만났는데… 자주 만나다 보니 그 남자의 따뜻함과 세심함에 빠지고 말았어요. 그때 제가 너무 외로웠나 봐요. 나도 모르게 그만…" 떨리는 목소리로 마치 죄인처럼 그녀는 말을 계속 이어갔다.

"지난달 철수에게는 이미 이별 통보를 했어요. 하지만 철수는 아직 못 받아들이고 있나 봐요. 걱정이 돼요. 철수가 어떻게 될까 봐… 잘 좀 다독여주세요. 당신 말이라면 잘 들을 것 같아서요."

"그 남자 어디가 그렇게 좋던가요? 내 친구 철수도 따뜻한 남자예요." 나는 그녀의 말을 듣고는 화가 났으나 꾹 참으면서 질책하듯이 말했다.

"어떤 경우라도 내 곁을 떠나지 않겠다고 약속했어요. 늘 머물러 주겠다고요." 그녀는 작고 부드러운 목소리로 그 남자를 변호하듯이 말을 했다.

나는 다음날 철수를 만났다. 몰골이 엉망이었다. 그는 삶의 의미를 잃어버린 사형수처럼 보였다. 그녀를 잊어버리라는 나의 말에 그는 흐느끼며 말했다.

"나는 아직 받아들일 수 없어. 영희를 가로챈 그 녀석. 얼마나 잘난 놈인지 얼굴이라도 한번 봐야겠어. 마지막으로 담판을 짓고 싶어."

우여곡절 끝에 마침내 그녀의 동의를 얻었다. 철수와 그 남자의 일대일 대면이 남포동 다방에서 이루어졌다. 어떤 물리적 상황이 생길지 모르는 위태로운 만남이었다. 그녀의 간곡한 요청으로 만일에 대비하여 나도 동행하였다.

막상 그 남자를 만나자 철수는 별다른 말을 하지 못했다. 예상과 달리 그 남자는 너무 볼품이 없었다. 아니 이런 남자에게 마음을 빼앗겼다는 말인가. 철수는 혼자서 중얼거리다가 나중에는 탄식이 흘러나왔다. 나도 그의 심정과 같았다. 철수는 그 남자와 몇 마디 말을 나누더니 이내 마지막 말을 이어갔다.

"마지막으로 하나만 물어봅시다. 당신은 군대 안 갑니까? 언젠가 당신도 군대 가고, 영희가 외로워서 당신을 떠나 버리면 그때는 어떻게 할 겁니까? 내 심정 이해가 됩니까? 당신도 남자라면 한번 이야기해 보세요."

그 남자는 망설임 없이 천연덕스럽게 대답했다.
"저는예… 육방입니더. 영희 곁을 떠나지 않고 끝까지 지켜줄 수 있거든예"

그 순간 철수와 나는 아무 말도 할 수 없었다. 우리는 넋이 나간 채 그 자리에서 조용히 나왔다.

육방. 6개월짜리 지역 방위군. 집에서 출퇴근이 가능한 대한민국 최단기 군복무 코스. 누구에게는 별 가치 없는 군 생활 일지 모르지만, 누군가에겐 가장 쓸모 있는 군 복무임에 틀림없다.

- 월요 10기 김광홍

8th A rolling stone gathers no moss

중학교 영어 수업시간이었던 것으로 기억된다.

'A rolling stone gathers no moss'는 몇 형식 문장이며 이를 해석하고 그 속에 담긴 뜻을 말해 보라는 시험이었다. '3형식 / 구르는 돌은 이끼가 끼지 않는다' 여기까지는 좋았는데, 나는 이 문장이 뜻하는 바를 선생님과 다르게 보고 있었다.

선생님은 이끼를 돌에는 쓸모없는 나쁜 것으로 봤고 나는 이끼의 쓸모가 돌에서 가치를 더한다고 생각했었다. 어른이 되고 나서는 보는 관점에 따라 다를 수도 있겠구나 여겨지지만 당시는 받아들일 수 없었다. 더구나 점수와 관련된 일이라…

비뇨기과 의사로서 가장 많이 듣는 질문 중 하나가 포경수술을 꼭 해야 하냐는 것이다.

음경포피는 정말 쓸모없는 것일까?

포경으로 인해 현재 이차적인 병변이 없다면 당연 케이스 바이 케이스다. 하지만 이런 답을 듣기 위해서 질문을 하지는 않는다. 자신의 갈등에 확신을 얻기 위해 하는 질문임을 잘 안다.

남자는 귀두 주위가 포피라는 피부로 덮여있는데 이 포피가 뒤로 젖혀지지 않는 상태를 포경된 상태라고 부르고, 이 포피를 제거해서 음경의 끝인 귀두와 요도구가 외부로 드러나게끔 하는 수술을 포경수술이라고 하는데, 이렇게 할 경우 세균감염 예방에 도움이 된다.

이렇게 말해도 환자는 고개를 갸우뚱한다.

- 월요 7기 장진호

| 부스 1 |

월요 2기 신완섭

- 1959년 경남 진해 생 / 현 경기 군포 거주
- 대학과 대학원에서 경영학 전공
- 제약 마케터 20여 년 경력
- 식품연구가 · 등단시인으로 활동 중
- 현 건강기능식품수입업체 & 출판사 경영

= 수록 글 =

경기 군포 초막골 묘역 답사 / 5.18 민주항쟁, 광주 방문기 / 경기 김포 평화기행 / 故 리영희 선생, 서울 화양동 시절을 찾아가다 / 보령-부여 백제권 역사기행 / 90대 할머니와 함께한 군산 여행

2024년 오뉴월을 노래하다

오뉴월의 노래는 뜨겁다. 활활 타오르는 목마름, 산 자와 죽은 자의 교감, 뭇 생명의 생태성과 역동성, 벅찼던 과거로의 회귀 등이 마치 용광로처럼 뜨겁다.

여기에 올린 6편의 글들은 올해 오뉴월에 다녀온 짧은 기행문들이다. 특기할 점은 글의 말미마다 스스로 명명한 단풍시(短諷詩, 짧은 풍자시조)를 지어 그때그때의 감흥을 남기고 있다는 점이다.

경기 군포 초막골 묘역 답사

전날인 부처님 오신 날(5/15), 강원도에는 때늦은 눈이 내리기도 했다. 5월 16일 오후 2시, 다소 쌀쌀한 날씨임에도 초막골 초록주차장에 삼삼오오 20여 명의 답사 일행이 모여들었다. 지난 4월 수리사(修理寺) 일대에 이은 이번 2번째 향토사 답사기행은 이 일대에 묻힌 묘소를 둘러보는 것이다. 시대순으로 윤효동(여말~선초) 묘 → 안의(1423~1468) 묘 → 한치의(1440~1473) 묘 → 이기조(1595~1653) 묘로 이어졌다. 코스별로 간단히 소개하면,

윤효동(尹孝童, 여말~선초) 묘

이곳을 제일 먼저 찾은 이유는 초막골에서는 가장 먼저 조성된 묘역이어서다. 묘표에 새겨진 '配 淑人文化柳氏合葬 通訓大夫行司憲府監察坡平尹公諱孝童之墓' 글귀를 봐서는 부인이 조선 시대 정3품 당하관 또는 종3품의 아내인 외명부(外命婦) 품계인 '숙인', 본인이 문관의 정3품 당하관 품계인 '통훈대부'에 오른 사헌부감찰 경력의 세도가이다. 그는 조선 초기 이곳 일대의 땅을 모두 소유할 정도로 권세

나 재력이 뛰어났다. 문제는 무남독녀인 딸을 이곳의 세거 집안이 된 순흥 안씨 참판공파 안의에게 시집 보내며, 이 땅을 물려받은 며느리 덕에 자연스레 소유권이 순흥 안씨 집안으로 넘어갔다. 이런 연유에서 지금도 윤효동의 시제를 순흥 안씨 참판공파에서 지내주고 있다.

안의(安誼, 1423~1468) 묘

순흥 안씨 11세손 참판공파 파시조 안의는 처가 땅이었던 이곳에 사망 후 세장(世葬)되었다. 그는 세종 때 명신인 안숭선의 둘째 아들로서 음직으로 나아가 성주목사, 연안부사 등을 지냈다. 이곳 가족묘에는 12세손인 안의의 장자 안우삼(1441~1494)도 함께 입묘되어 있으나, 그의 배우자 청주 한씨의 아버지 한계미의 묘가 경기 고양에 있고, 안우삼의 장자 안희의 묘가 파주 공릉에 있으며, 안희가 파주의 파평부원군 정정공 윤번의 외손임을 고려할 때 단순한 입묘 수준일 뿐, 14세손 안흥인 이후에 가서야 실질적으로 군포로 입향, 세거하였을 것으로 판단된다.

한치의(韓致義, 1440~1473) 묘

청주 한씨 장도공파가 군포와 인연을 맺은 것은 공평공 한위(韓偉, 1465~1511)가 안우삼의 사위가 된 것이 계기다. 한위의 조부는 장절공 한확이고, 부친은 소혜왕후(인수대비)의 동생으로 장도공파의 파조인 한치의이다. 資憲大夫兵曹判書淸陽君(자헌대부병조판서청양군)에 봉해진 그의 묘는 본래 경기도 광주 학당리(현 서울 강남구 삼

성동)에 있었으나 그곳에 선릉(성종 묘)이 조성되면서 한 차례 이전되었다가 1970년 이곳 초막골로 옮겨졌다. 이곳에 처음 묘를 쓴 이는 그의 부인 전의 이씨로 수리산 아래 소문리(蘇門里)에 묻혔다. 이는 아들 한위가 안우삼의 딸과 혼인함으로써 이곳 순흥 안씨 묘역에 묘를 쓰게 된 것이다.

이기조(李基祚, 1595~1653) 묘

조선 중기의 문신 한산 이씨 호암 이기조 묘소는 1990년 4월 경기도 기념물 제121호로 지정되었다. 광해군 7년에 과거에 급제한 후 여러 관직을 두루 거쳐 예조판서에 이르렀다. 이괄의 난을 평정하는 데 공을 세웠으나, 김육 등의 탄핵으로 함경감사로 밀려났다가 효종 5년 공조판서에 임명되어 돌아오던 중 김화에서 병으로 세상을 떠나고 만다. 묘지는 부인 고령 신씨와의 합장묘이다. 묘역 앞에는 숙종 31년(1705)에 세운 신도비가 세워져 있는데, 박세채가 글을 지었다. 산본동 산16에 위치해 있었으나 택지개발로 인해 1992년 이곳으로 이장되었다. 이장할 때 발견된 묘지석의 내용에 근거해 원래의 묘역도 영조 4년(1728)에 이장되었음을 확인할 수 있었다.

이로써 2시간 반가량의 묘소 순례가 모두 끝났다. 해설을 맡아준 L 박사(현 군포시민신문 발행인)와 N 박사(전 서울시편찬위원회 위원 역임) 두 분의 해박한 설명 덕분에 우리 지역 세거집안 간의 혼맥 관계가 꼬리에 꼬리를 물며 입묘 과정에 대단히 중요한 역할을 했음을 알게 되었다. 특히 600여 년간 지켜 내려온 외손봉사(外孫奉祀, 직계 비속이 없어 외손이 대신 제사를 받드는 일)의 사례를 현장에서 확인한 점과 조선 숙종 대 이전까지는 '시집간다'는 표현이 존재하지 않았을 정도로 남자들이 '장가드는' 여존남비(女尊男卑) 사회(?)였음을 알게 된 것은 이날의 큰 소득이었다. 다시 그 시대로 회귀하려는 사회풍조가 여기저기서 느껴지는 건 나만의 불편한 느낌이 아닐 것이다. 허허. 끝으로 '초막골 묘 순례'로 운을 띄워 한 수 남긴다.

초목 우거진 골에 옛 무덤 찾아가서
막연한 사연들을 하나둘 깨우치니
골짝에 부는 바람이 예사롭지 않았네

묘표에 밝힌 혼맥, 세거(世居)로 이어져서
순흥 안씨, 청주 한씨 집성촌을 이뤘나니
례(禮)로써 제를 올린 뒤 자손번창 기원했네

5.18 민주항쟁, 광주 방문기

2024년 5월 18일(토) 오전 6시 30분, 군포시청 앞 광주행 대절 버스에 안양·군포·의왕·과천 일대의 시민 30여 명이 모였다. 경기중부민주화운동계승사업회가 주관하는 5.18민주화운동 관련 방문 행사에 취재차 동행했다.

전일빌딩245

1980년 5.18항쟁 당시 전남도청 앞에 위치했던 전일빌딩은 1968년 기공되어 광주광역시의 요청으로 2011년 도시공사가 매입한 이후 리모델링을 통해 2017년 5.18 사적지로 재탄생시킨 곳이다. 이곳에 도착한 시각이 오전 10시 반 무렵이었으나 5.18민주화광장 및 금남로 일대에 차량 출입이 통제되고 있었다. 하는 수 없이 목적지에 못 미쳐 하차하여 빌딩 내로 들어서니 이미 방문객들로 붐비고 있었다. 행사요원의 안내에 따라 11층 옥상으로 올라가 당시 시민군들이 끝까지 항쟁했던 구 전남도청 건물을 한참 내려다보았다.

10층으로 내려가니 해설사의 설명이 한창이다. 엿듣다 보니 이 빌딩이 당시 진압군 헬기의 기총사격을 받았던 곳으로, 국립과학수사연구원이 4차례 현장감식 결과 총 245발의 총알이 박힌 자국을 확인한 끝에 당시의 현장감을 살려 아예 빌딩 이름을 〈전일빌딩245〉으로 명명하게 되었다고 한다. 당시 사용된 기관단총과 총알이 박힌 실물 벽체가 온전히 전시되어 있고, 9층과 10층을 터서 만든 대형스크린을 통해 당시의 생생했던 헬기 총격 장면이 상영되어 보는 이의 가슴을 섬뜩이게 만든다. 9층 전시 공간에는 당시의 기총사격 명령 문서, 정부와 언론의 왜곡보도 자료, 피해 물증 자료, 특파원들의 해외언론 보도자료 등이 서로 대치형태로 전시되어 가해와 피해의 소용돌이를 맛보게 한다. 8층 이하는 휴게공간 일부를 제외하고는 컨텐츠허브, 생활문화센터, 디지털정보도서관, 아카이브실 등 관련 정보를 다양하게 습득하도록 5.18관련 문화공간으로 차려져 있다. 인근 〈5.18민주화운동기록관〉도 가보아야 하기에 40분가량 머문 후 1층으로 내려오니 이벤트 코너에서 개인 SNS에 현장 사진을 올려주면 손 선풍기나 기념품을 준다기에 급히 개인 블로그에 올려 휴대용 선풍기를 선물 받았다. 올여름 야외활동 때마다 선풍기를 틀며 이날의 방문을 추억으로 간직해 보리라.

5.18민주화운동기록관

　　전일빌딩245에서 금남로4가역 쪽으로 한 블록만 가면 기록관 건물이 나온다. 5.18민주화운동 기록물을 체계적으로 수집 보관 공유할 목적으로 2015년 5월에 문을 열었다. 지하 1층에서부터 3층까지

개방형 보존서고와 상설전시장이 마련되어 이날 국내 관람객뿐만 아니라 외국인 단체관광객도 눈에 자주 띄었다. 둘러보다 보면 5.18민주화운동 흔적 외에도 세계 전반의 인권운동사도 엿볼 수 있고 영어 해설사도 배치되어 보는 이들에게 최대한의 편의를 제공하고 있다. 나는 이곳 김남주 민족시인 코너에서 한참을 서성댔다. 그가 남긴 시 〈사랑1〉의 전문을 읊조리는 것으로 관람의 감동을 대신한다.

"사랑만이/ 겨울을 이기고/ 봄을 기다릴 줄 안다 // 사랑만이/ 불모의 땅을 갈아엎어/ 제 뼈를 갈아 재로 뿌리고 // 천년을 두고/ 오늘 봄의 언덕에/한 그루의 나무를 심을 줄 안다 // 그리고 가실을 끝낸 들에서/ 사랑만이/ 인간의 사랑만이/ 사과 하나 둘로 쪼개/ 나눠 가질 줄 안다" 다음 행선지인 〈국립5.18민주묘지〉로 가기 전에 안양의 사진작가 최병렬 선생과 군포시민신문 안재우 사진기자의 제의로 금남로 대로에서 단체 촬영 후 일명 '다함께 차차차' 퍼포먼스를 펼쳤다. 이날의 막내 참가자인 최지희(23세 대학생)의 뒤로 나란히 줄을 맞춰 다섯 명이 힘차게 걸어가는 모습을 재현해 보았는데, 유명 대중가수 〈비틀즈〉 영상을 흉내 내본 것이라나 뭐라나. 지나가는 행인들이 힐끔힐끔 '미친놈들!' 따가운 눈총을 보내도 두 감독님의 지시하에 오늘의 특종감이 되길 바라며 제법 열심을 부렸다.

국립5.18민주묘지

민주화광장 근처 〈장독대〉라는 식당에서 점심식사를 하고 곧바로 5.18민주묘지로 향했다. 버스가 묘역 후문 쪽에서 우리 일행을 내려주었다. 이곳은 신묘역인 국립5.18민주묘지가 조성되기 전에 1980년 5월 항쟁 때 목숨을 잃은 5월 영령을 비롯해 암울했던 시대에 조국의 자주·민주·통일을 위해 고문·살해·분신 등으로 민주 제단에 바쳐진 열사들의 넋이 살아 숨 쉬는 '5.18 구묘역'이다. 그러다 보니 이곳에는 앞서 언급한 김남주 시인, 이철규 열사 외에도 서울에서 희생되었던 이한열 열사, 백남기 열사 등이 묻혀있다. 특히 5.18실화를 다룬 영화 〈택시운전사〉에 등장했던 독일인 기자 위르겐 힌츠페터(1937~2016)의 영령이 함께 모셔져 있어서 방문객의 발길이 끊이질 않는다. 그는 5.18 참상을 제일 먼저 해외로 알린 외국 언론인으로서, 그의 유언에 따라 이곳에 묻히던 2016년 2월에 광주 명예시민으로 위촉되기도 했다.

서둘러 신묘역으로 종종걸음을 옮겼다. 이동하는 길 입구에 전두환 이름이 새겨진 비석이 길바닥에 갈기갈기 부서진 채 사람들의 발길에 짓밟히고 있다. 듣기로는 북녘땅이 내다뵈는 DMZ 마을에 묻어달라는 유언도 지역민들의 반대에 부딪혀 시신마저 집 밖으로 나오지 못하고 있다고 한다. 자업자득이다. 내려가는 길에는 유명시인들의 위령시비가 세워져 영령들이 묻힌 곳으로 우릴 이끈다. 숭모루를 지나 우리 일행은 5.18 민중항쟁 추모탑 앞에서 단체 문상을 했다. 그리고는 추모탑 뒤편 제7묘역에 묻혀계신 고 리영희 선생 묘소로 찾아갔다. 묘 앞에서 리영희기념사업회 운영위원장 자격으로 선생이 이곳 5.18묘지에 안치된 사연을 소개했다. "1980년 5월 17일 밤 11시 반경에 들이닥친 안기부 요원들에게 끌려가 두 달가량 심문과 고초를 겪었는데, 김대중 내란죄 및 5월 항쟁(당시로는 사태) 배후조종자의 한 사람으로 미리 죄상을 정해놓고 거짓 실토를 유도했던 탓에 자신도 모르는 새에 5.18 유공자로 둔갑하게 되었기 때문"임을 알려주었다. 엄혹했던 시절의 참으로 어이없던 사건이었다. 우리는 일동 묵념하고, 비문에 새겨진 "이성의 붓으로 진실을 밝히다"란 문구도 쓰다듬은 후, '임을 위한 행진곡' 노래도 함께 제창했다.

이것으로 광주 행사를 모두 마쳤다. 오늘 낮에 광주 시내를 오가며 본 현수막 중 '임을 위한 행진곡' 노래를 패러디한 '윤을 위한 퇴진곡' 문구가 눈에 어른거린다. 반면에 민주화광장에서 열린 '광주 세계반제 동시투쟁' 행사에서 노래패가 부르던 "한 떨기 꽃으로 빛나는 사람들 있다"는 가사와 위령시비에 새겨져 있던 김용택 시인의 시 〈그대들이 열어주고 우리가 열어가야 할 훤한 세상〉 중 '우리들 가슴 깊이 박힌 꽃/ 사람이 사람으로 살아온 저 세상과/ 사람이 사람으로 살아가야 할 이 세상을/ 비춰주는 꽃/ 꽃으로 피네'가 서로 오버랩되며 '훤한 세상'이 열리는 환영을 보게 된다. 그래, 오늘 우리의 발걸음은 앞서서 나간 자를 위해 산 자가 따라야 할 발걸음이다. 조금은 가벼워진 발걸음으로 담양으로 향했다.

담양에서 일행 대부분이 〈죽녹원〉을 둘러보는 사이 나는 〈관방제림길〉을 한 시간가량 걸었다. 200년 넘은 푸조나무 느티나무 팽나무 등이 뙤약볕을 가려주는 그늘 길 끝의 메타세콰이어 숲길 입구까지 걸으면서 문득 세상에 빛이 되는 사람보다 세상에 그늘을 드리워 주는 사람이 더 소중하다는 생각을 잠시 해보았다. 오늘 함께 한 젊은 피 최지희 학생에게도 동일한 생각이 들었기를 바래본다. 이번 방문의 참뜻인 5.18정신을 영원히 간직하겠다는 의미로 '5.18 민주화'로 운을 띄워 한 수 남긴다.

오월엔 붉은 꽃을 함부로 꺾지마라
일어서는 풀잎을 함부로 밟지마라
팔뚝에 솟구친 핏줄, 우두둑 터질지라도

민주를 외치리라, 자유를 외치리라
주체못할 울분에 목이 멜 순간마다
화살을 당겨야 하리, 평화를 꽂아야 하리

경기 김포 평화기행

 6.15공동선언실천경기중부본부에서 마련한 '힐링하며 함께 걷는 DMZ 평화의 길' 2024년 5월 행사에 다녀왔다. 이번 행사의 첫 방문지는 경기도 평화누리길 12코스의 시작점으로서, 일명 '염하(鹽河)철책길'로 불린다. 이어 두 번째 방문지는 조강(祖江, 할아비강)과 잇닿아 있는 '애기봉(愛妓峰)평화생태공원'이다.

 5월 25일 주말 아침 9시, 40여 명의 참가자를 태운 버스가 움직이기 시작하자, 이번 기행의 해설사로 초빙된 경기평화교육센터 황희선 강사가 남북분단의 역사를 소개한다. 남북분단의 비극은 해방과 동시에 두 점령국인 미국·소련의 나눠 갖기로 시작되었으며, 기준선인 38선으로 쪼개기 합의는 광복일을 불과 며칠 앞두고 수도 서울을 남한에 편입시키려 한 미국의 제안을 소련이 전격 받아들이면서 이뤄졌다는 것이다. 초기에는 라인만 그어놓고 비교적 자유롭게 내왕이 가능했으나 해방 직전까지 민주·공산 진영 간의 38선 분쟁이 잦아지다가 결국 북한이 남침한 끝에 동서로 기울기만 조정되었을 뿐, 1953년 정전협정 이후 현재에 이르기까지 분단이 현실이 되었다. 일단 당시 미·소 두 강대국이 한반도 분단의 주범이었음을, 그중에서도 미국의 협잡이 헤어날 수 없는 분단의 수렁에 빠지게 했음을 잊어선 안 될 것이다.

1착지, 염하(鹽河)철책길

강화로 건너가는 초지대교 입구에 있는 김포 대명항에 도착한 시간이 오전 10시가 조금 지난 시각, '대망(=이무기)처럼 바다를 향해 굽어져 있다'고 해서 대망고지, 대명꼬지, 대명곶으로도 불리는 대명항에 첫발을 디뎠다. 〈김포함상공원〉 건너편의 평화누리길 1코스로 접어드니 입구에서부터 끝없이 해안 철책길로 이어진다. 좁은 해협 건너 강화도가 철망 너머로 훤히 보이는데 같은 남한 땅에 왜 철책을 둘렀을까, 황 선생의 설명을 듣자 하니 왜적뿐만 아니라 병인양요·신미양요 등 근대 개항기까지도 외침(外侵)이 심했던 탓에 현종 때 이미 덕포진 3개 포대를 설치해 경계를 엄중히 했던 곳으로서 한국동란 이후 휴전 상태로 남게 되며 경계가 더욱 강화된 이유란다. 한편 '소금 鹽', '강 河'로 이름 지어진 염하는 우리말로 '소금강'인데, 섬인 강화도와 육지인 김포 간에 놓인 좁은 해협이 마치 강처럼 느껴져 붙여진 이름이다.

　유유히 흐르는 염하 물줄기와 이곳 덕포진과 마주하고 있는 건너편 강화의 덕진진과 광성보, 길가에 피어난 하얀 찔레꽃 등에 눈길을 주며 걷기를 20여 분 한 끝에 덕포진 포대와 돈대 터, 파수청(화약 불

씨를 보관하던 곳)터를 거쳐 손돌 묘까지 걸었다. 염하에서도 가장 물살이 거센 덕포진 앞을 '손돌목'이라 부르는데, 손돌은 고려 고종 때의 뱃사공 이름으로 당시 몽골의 침략을 피해 강화로 향한 왕을 급류를 피해 가장 안전한 물길을 택해 배를 느릿하게 몰자, 배를 다른 곳으로 몬다고 오해한 왕이 그의 목을 베라고 한다. 이에 손돌은 "뱃머리 앞에 박을 띄워 내가 죽더라도 그걸 따라가라"고 유언을 남긴 채 처형당한다. 손돌의 말대로 그 박을 따라 무사히 강화로 피신한 왕은 그제서야 뒤늦게 후회하며 후히 제사를 지내 그 혼을 위로했다고 한다. 안타깝게도 이미 물귀신이 된 터라 손돌 묘는 시신 없는 가묘 형태이고, 그가 죽은 날이 되면 매년 시린 바람이 불어 이곳 사람들은 '손돌바람' 부는 날에는 어업을 삼가고, 그가 죽은 여울목을 '손돌목'이라 부르기 시작했다고 한다.

 돌아 나오는 길에 〈덕포진 전시관〉에도 잠시 들렀으나 사정상 휴관 상태였다. 그런데 한 노인네가 나서서 김포문화원장을 지냈고 지금은 이곳에서 문화관광해설사로 봉사하는 김기송이라고 자신을 소개하며 우리 일행 앞에서 덕포진의 역사에 대해 안내한다. 그러면서 잠시 퀴즈를 내셨는데, 자신의 나이를 알아 맞춰 보라는 것이었다. 내 옆에 앉아있던 이동옥 선생이 번쩍 손을 들어 정확히 '93세'라 말하자 비타민 드링크 선물용 박스를 그녀에게 상품으로 안긴다.(덕분에 일행 모두 잠시 비타민을 보충할 수 있었다. ㅎㅎ) 아직도 정정해 보이는 그는 수원 태생으로 일제 말기 만주에서 돌아와 이곳에서 터를 잡은 이래 덕포진 지킴이로 살아가고 있다고 한다. 힘찬 응원의 박수를 보내며 1착지에서의 기행을 끝냈다.

2착지, 애기봉 평화생태공원

중간에 두부전골 식당에서 탁사발 한잔을 곁들여 점심 요기를 한 후 남·북녘을 갈라놓은 조강(祖江)이 내다뵈는 해발 154m의 애기봉에 올랐다. 여기서 애기는 갓난아기 baby가 아니라 사랑하는 기첩 '애기(愛妓)'란 뜻이다. 사연은 병자호란 때로 거슬러 올라간다. 한 평안감사가 자신의 애기를 데리고 피난길에 올랐다가 감사만 청군에 끌려가고 애기 홀로 조강을 건너 이곳에 피신한다. 날마다 쑥갓머리산이라 불렸던 이 산의 정상에 올라 감사를 그리워하다 죽게 되자, "임이 제일 잘 보이는 산봉우리에 묻어달라"는 유언을 남기고 이곳에 묻힌 사연을 듣게 된 박정희 전 대통령이 봉우리 이름을 애기봉이라 지어주라고 하명하며 생긴 이름이 애기봉이라 한다.

이곳은 지금도 해병대 관할 지역이라 산 아래 주차장에서 10분가량 신분확인 작업을 거친 후에야 버스는 산 정상에 도착했다. 먼저 〈평화생태전시관〉에 들러 1층 영상관 상영, 2층 평화·생태 전시장을 관람했다. 이어 애기봉 표지석이 세워져 있는 〈조강전망대〉까지 흔

들다리를 지나 꽃들이 무성한 스카이 포레스트 가든 데크길을 지그재그 오르다 보면 무릉도원이 따로 없다. 한국전쟁 땐 전투가 치열했던 곳이라지만 정전협정 이듬해인 1954년부터 크리스마스 트리를 내걸다가 1970년대에 와선 대형 철제트리를 점등해 그 불빛이 멀리 개성 시내까지 보였다고 한다. 2014년 노후화로 쓰러질 지경에 이르자 철거한 뒤 지금의 〈조강전망대〉가 조성된 것이다.

이곳에서 망원경을 통해 보면, 불과 1.4km 거리의 개풍군 일대가 한눈에 들어온다. 고도근시인 나로서는 직접 확인 못 했으나 눈이 맑은 최병필 씨 말로는 지금이 한창 농번기라 농부는 물론 트랙터, 소, 심지어 소의 코뚜레까지 다 보인다는 것이다. 믿거나 말거나. 또 이곳에는 상징적인 조형물, 즉 '평화의 종'이 세워져 있다. 한국전쟁 희생자 발굴과정에서 수거된 탄피와 철거된 성탄 트리 점등철탑을 녹여 UN 글자를 성형화한 높이 9m의 청동 구조물 종탑을 세웠다. 그 아래 2m 크기의 범종이 걸려있어 많은 방문객들이 기념촬영을 하고 가는 명물이 되고 있다.

아래로 내다뵈는 조강은 김포 하성면 시암리와 월곶면 보국곶리 유도 사이의 한강과 임진강이 만나 서해로 흐르는, 한강의 모든 지류를 한데 어우르는 으뜸 강이자 할아버지 강이다. 한국전쟁 이전까지는 100여 호의 가구가 밀집, 한강하구의 수운과 물류거점 역할을 했던 곳이다. 한국전쟁 정전협정 때 유일하게 '남북공동이용수역(Free-zone)'으로 지정하기도 했으나 여태껏 출입이 통제된 '상호불용구역(Non free-zone)'으로 남아 있다. 오호 애재라, 썰물 때면 강이 갯벌이 되어 남과 북 주민들이 호미를 들고 서로 조개를 캘 수 있고 밀물 때면 상괭이나 돌고래가 임진강·한강 물줄기를 거슬러 올라가는 장관을 볼 수 있는 평화의 장소임에도 지금은 접근 불가 지역이다. 다행히 멸종위기종이 서식하는 생태의 보고로 자리 잡았으니 그나마 위안으로 삼을 수밖에 없는 건지 한숨부터 나온다.

돌아오는 버스 안에서 행사를 주관한 신영배 위원장은 "한반도에 평화 통일과 자유, 공존이 정착될 때까지 걸음을 멈춰선 안 된다"고 독려했다. 몇몇 분들의 기행 소감도 별반 다르지 않았다. 수고해 주신 주최 측 관계자들과 해설을 도맡아 주신 황 선생님께 다시 한번 깊은 감사를 드리며, 돌아와서는 '애기봉 염하강'으로 운을 띄워 개인적 감상을 시조로 남겨 본다.

애간장 태웠을 피난길에 저만 홀로
기적같이 한강을 건넜으나, 그리던 님
봉사 눈 뜨듯 뵈올까, 서성댔던 봉우리

염장지를 일 있나, 바다에 둥둥 뜬 한(恨)
하고많은 사연들, 물결에 흥건한데
강인지 바다인지도 모를 한기(寒氣)만 가득타

[여담] 돌아와 군포공예협회 전시장에서 잠시 눈도장을 찍고, 산본 로데오거리에서 열리는 제44주년 5.18민중항쟁 기념식에도 합류했다. 세상은 머리가 어지럽도록 참 바빠 돌아간다. 나도 그 회전력에 눈길 주기도 바쁘다. 그러나 5.18기념식장에 걸린 슬로건 '모두의 5월, 하나 되는 5월'처럼 5월은 단순히 흘려보내선 안 되는 계절이다.

故 리영희 선생,
서울 화양동 시절을 찾아가다

리영희기념사업회가 매년 실시하는 〈리영희발자취 기행〉에 나섰다. 2024년 상반기의 첫 방문지는 리영희 선생의 화양동 집터로 정했다. 6월 1일 토요일 오전 9시 반, 전철 2호선 건대역 1번 출구에 참가자 14명이 모여 화양제일시장을 뚫고 '화양동 16-64번지' 앞에 당도했다.

1957년 7년간의 통역장교 근무를 마침과 동시에 합동통신사에 입사하며 시작된 제기동 미나리꽝 집에서 20여 년 만에 이곳 화양동 집(대지 50평/건평 25평)으로 이사했다. 1994년 산본신도시로 입주하기 전까지 16년(1976~1993)간 살았던 보금자리였다. 애석하게도 집이 팔리자마자 집을 허물고 2층짜리 다세대연립주택이 세워진 관계로 아무런 흔적이 남아있지 않다. 그래도 선생의 숨결이 느껴진다. 이 시기는 선생이 오랜 기자 생활을 접고 1972년 한양대 신문학과 조교수로 임용된 이래 40대 중반 이후 60대 초반까지 4번, 930여 일간 구속 수감 될 정도로 힘든 나날을 보내면서도 집필 활동 및 한겨레 논설위원, 해외 초빙교수 등 중장년의 뚝심을 발휘했던 황금기였기도 했다.

한참을 문 앞에서 선생의 화양동 시절 이야기를 나누고 있는데, 안에서 덜컹 문이 열리며 집주인인 듯한 아저씨 한 분이 말을 건네온다.

"예전 이곳에 리영희 교수가 사셨다는데, 이렇게 찾아오신 분은 여러분이 처음"이라며 잘 다녀가시라며 길을 나선다. 순간 세상이 어지러워질수록 회자되는 선생의 진실 정신과 몽매했던 지식사회를 일깨운 〈전환시대의 논리〉(1974) 등 여러 명저들이 여전히 읽히는 마당에, 3년 전 본회를 발족하며 그해부터 '리영희발자취 기행'을 이어가고 있는 뿌듯함과 동시에 근현대 언론·사상사의 한 획을 그은 고인에 대한 예우가 너무 소홀한 게 아닌가 하는 원망이 밀려든다. 그의 모교 경성공고(현 서울공고)와 군산 해양대 시절 발자취 기행 때도 현장에는 팻말 하나조차 없었다. 이참에 선생의 흔적이 묻어나는 현장마다 해당 기관이나 지자체에 민원을 넣어 안내 표석이나 팻말을 세우도록 캠페인을 벌여보리라 다짐해 본다.

이후 일정은 한양대 중국문제연구소–서대문형무소역사관–남산한옥마을–구 남산 안기부 자리&남영동 대공분실 자리로 이어질 계획이다. 이곳 화양동에 이사 온 이듬해인 1977년은 윤영자 사모님의 증언을 빌리면 3재(災)가 끼인 해였다고 한다. 맏아들이 대학에 떨어지고, 남편이 필화사건으로 2년간 감옥살이를 시작하고, 시어머니가 연말에 돌아가셨기 때문이다. 이 중 선생의 반공법 위반 구속수감은 많은 사회적 파장을 낳았고, 감옥에서 작성한 24,200자의 상고이유서는 사법 정의에 정면 도전한 모범 선례를 남겼다. 그해 11월 23일 아침 일찍 이발소에 다녀오다 집 앞에서 대공분실로 끌려가 그곳에서 취조받고 해가 지면 서대문형무소에 수감되는 한겨울 고행(苦行)이 반복되던 중 12월 27일 어머니 장례도 직접 치르드리지 못하는 불효를 강제당한다. 2년 형을 꼬박 채우고 출소했던 '1980년의 봄'도 잠시, 5월 17일 오밤중에 남산 안기부로 무작정 끌려가 '김대중 내란죄 및 5.18 소요 배후조종' 혐의로 낙인찍혀 2달간 고초 끝에 풀려난다. 이런 사연으로 인해 졸지에 5.18 유공자가 되어버린 관계로 선생의 유해는 5.18민주묘역에 안장되었다. 이후에도 1984년 기독교사회문제연구소 관련 사건으로 2달간 구속, 1989년 북한취재 방북기획 사건으로 160일간 수감 등 총 네 차례나 구속·수감 되었던 선생의 개인사를 들춰보는 기행은 오후 4시까지 이어졌다.

12시 반이 넘은 시각에 서대문형무소역사관 근처 영천시장 맛집 석교식당에서 국밥에 막걸리 한 사발을 걸친 뒤, 부른 배도 식힐 겸 일정에 없던 사직터널 근처의 〈딜쿠샤(페르시아어로 '기쁜 마음'이란 의미)〉로 안내했다. 이곳은 대한제국 말기와 일제강점기 때 광산 사업차 한반도에 들어왔던 앨버트&메리 테일러 부부가 살던 서양식

가옥을 서울시가 매입, 원형 그대로 복원해 기념관으로 무료개관하고 있는 곳이다. 서양가옥 내부를 눈으로 직접 감상할 수 있는 데다가, 1919년 3.1독립선언서를 우연히 입수해 AP통신원으로도 활동했던 남편 앨버트가 〈뉴욕타임즈〉에 세계 최초로 기고해 알리는 바람에 결국 부부는 일제에 의해 강제 출국당한 아픈 근대사의 단면도 알게 되는 유익함도 있어서 일행들이 모두 좋아했다. 특히 가옥 입구 권율 장군(1537~1599) 집터에는 470년 된 은행나무 보호수가 마치 딜쿠샤의 수호신처럼 위용을 뽐내고 있어 집의 정취를 한껏 살려준다.

잠시 들른 남산한옥마을(구 수도방위사령부 자리)에서도 윤씨일가 한옥에 관한 비사를 소개했다. 조선의 마지막 왕이었던 순종 계비 순정효황후의 아버지 윤택영의 제기동 재실과 그의 친형 윤덕영 옥인동 가옥 두 채가 한옥의 아름다움을 뽐내고 있는데, 이 둘은 조선을 망하게 만든 매국왕들이다. 특히 윤덕영은 나라를 팔아넘기는 한일합방조약에 찍을 옥새를 황후가 자신의 치마 속에 숨기자 그 치마 속을 들춰 강제로 빼앗은 옥새로 날인해서 일제로부터는 최고일등공신의 대접을 받지만 '일완용'이라고 손가락질 받다가 1940년에 숨지고 만다. 아마 해방 후까지 살았다면 돌팔매질 당하거나 능지처참 당했을 집안의 가옥을, 그것도 두 채나 한옥마을에 보존하고 있는 건 국민을

우롱하는 짓이 아닌가. 당시 나라를 판 돈으로 궁궐처럼 한옥을 지은 걸 부끄럽게 여겨야 할진대, 오히려 그걸 구경거리 삼아 국민을 욕되게 하는 건 무슨 의도인가. 나의 제안으로 마음으로라도 다 같이 대문에 침을 뱉은 후, 종종걸음으로 남산 안기부 자리로 발길을 옮겼다.

남산 안기부 대공수사국 건물이 '서울중부여가센터(Recreation Center)'로 바뀌었다. 수많은 민주인사를 고문·취조 했던 곳이 여가센터라니, 다들 한 마디씩 불만을 토로했다. 건물 뒤편 눈을 가려 지하 취조실로 끌고 가던 지하 계단이 고물 더미로 가려진 채 은닉의 증거로 남아있다. 남산 둘레길을 잠시 걷던 중 한창 공사 중인 남영동 대공분실 방문은 생략하기로 한 채 근처 〈기억의 터〉 쪽으로 하산했다. 이곳은 당시 한국통감 관저 터가 있던 곳으로 을사늑약 등 병탄의 발판을 마련해 준 하야시 곤스케(1860~1939) 남작 기념 동상이 세워졌던 자리인데, 해방과 동시에 동상을 파괴하며 석물을 거꾸로 박아 세워 원한을 앙갚음한 흔적이 남아 있다. 원래 기억의 터에는 리영희 선생 초상화도 그려준 민중화가 임옥상 화백의 조형물이 있었으나 오세훈 서울시장이 이를 강제 철거, 지금은 의미 없는 돌무덤만 쌓여 있어서 보는 이의 눈살을 찌푸리게 한다.

전철 4호선 명동역 입구에서 공식적으로 해산했다. 이때가 정각 오후 4시, 서울역에서 열리고 있는 '국민의 명령, 해병대원 특검' 촉구 행사장으로 가는 일부 일행이 먼저 자리를 떴다. 나는 췌장암 투병 중이던 K 후배의 부고를 어제 접하고 이날 오후 6시에 지방에서 올라오는 P 후배와 만나기로 했으므로 강남성모병원 장례식장으로 먼저 가

있을까 고민하다가 자투리 시간 동안이라도 서울역에 들러보기로 했다. 서울역에서 숭례문으로 이어지는 대로를 꽉 메운 행렬이 족히 1만 명은 넘은 듯하고 함성의 물결이 도심 한가운데를 진동시킨다. 오후 5시경 광화문 일대에서 벌어질 촛불집회로 이동하는 행렬의 옆을 따라가다가 문상약속 시간에 맞춰 길을 비켜섰다. 나는 이날 3만 보를 족히 걸었다. 6월의 첫날을 보람차게 연 것 같아 기분 좋은 하루였다. '화양동 방문기'로 운을 띄워 고 리영희 선생의 집터 방문 소감을 시로 남겨본다.

　　　　花樣이 不同이라, 남달랐던 문장들
　　　　양과 질 하나같이 옥석을 가렸나니
　　　　동시대 사상의 은사, 일일이 밝히랴만

　　　　방문한 흔적 없고 번지수도 헷갈려
　　　　문 앞을 서성대며 세월만 돌이키니
　　　　기왕에 내친 걸음이 떨어질 줄 몰랐네

　주석) 花樣不同(화양부동)은 '꽃 모양이 서로 다르거나 문장이 남과 같지 않음'을 이르는 말이다

보령-부여 역사기행

6월 11일 오전 7시 30분에 출발한 차량은 오전 9시 반경 이미 보령 시내로 진입하고 있었다. 목적지인 성주사지(聖住寺址)로 가기 전 함께한 L 박사의 부모님 묘소를 잠시 들렀다. 조선 중기 영의정을 지낸 아계(鵝溪) 이산해의 직계후손으로 집안 묘역이 이곳에 갖춰져 있는데, 마침 모친 기일 즈음이라 간단한 벌초와 참배를 위해 들른 것이다. 15분가량 지체한 뒤 20분가량 걸려 목적지 성주사지에 당도했다.

성주사지(보령시 성주면 성주리 72번지)

성주사(聖住寺)는 백제 시대에 '오합사'라는 이름으로 세워진 절로, 전사한 영령들을 위로하기 위한 국가 차원의 호국사찰이었다. 백제 멸망 후 폐허가 되었다가 통일신라 시대 당나라에서 선종(禪宗) 불교를 공부하고 돌아온 무염(無染) 대사가 머무르면서 다시 크게 일으켰고 신라 문성왕이 성주사라고 이름을 바꾸었다.

통일신라 말기에 유행한 선종은 어려운 불경을 모르더라도 수양을 잘하기만 하면 마음속에 있는 불성을 깨달을 수 있다고 하는 불교 종파로서, 많은 백성의 지지를 받아 크게 유행해 큰 중심지 절이 전국에 9개가 세워졌는데, 이를 '9산선군(九山禪門)'이라고 한다. 이 중의 하나가 성주산문이며 그 중심지가 성주사이다. 특히 성주산문은 9산선문 중에서도 가장 규모가 컸고 긶은 승려를 배출한 최대의 산문이었으며, 무염 대사는 당시 최고의 선종 승려였다.

임진왜란을 겪으며 쇠퇴하다가 17세기 말 폐사되었으나 그 터와 많은 유물이 남아 있어 옛 성주사의 모습을 짐작하게 한다. 발굴 조사 결과 중문–석등–5층석탑–금당의 불대좌–강당으로 이어지는 1탑 1금당 가람 배치에, 오른쪽은 삼천불전지(佛殿址), 왼쪽은 다른 불전지의 평면 구성을 하고 있다. 이 터에는 국보 제8호인 대낭혜화상(大朗慧和尙) 백원보광탑비를 비롯해 통일신라 시대 석탑 양식을 충실히 반영한 1개의 5층 석탑과 3개의 3층 석탑이 남아 있다.

함께 한 L 사장이 드론 촬영을 하는 사이 주변부를 둘러보니 관련 시설은 성주사지 쉼터 건물 말고는 건축물은 전혀 없으나 탁 트인 지세가 예사롭지 않다. 고문을 통해 알아보니 〈택리지(擇里志)〉를 펴낸 이중환은 "보령의 산천이 가장 훌륭하다"라고 하였고, 조선 중종 때의 학자 박은은 일찍이 "땅의 형세는 탁탁 치며 곧 날려는 날개와 같고, 누정의 모양은 한들한들 마여 있지 않은 돛대와도 같다"라고 칭송했음을 알게 되었다.

부여 정림사지(부여읍 정림로 83)

정림사지(定林寺址)는 삼국시대 백제의 사찰터로 1983년 사적으로 지정되었다. 백제 성왕이 538년 봄, 지금의 부여인 사비성으로 도읍을 옮기면서 도성 안을 중앙·동·서·남·북 5부로 구획하고 그 안에 왕궁과 관청, 사찰 등을 건립할 때 나성으로 에워싸인 사비도성의 중심지에 정림사를 세웠다. 중국의 북위 낙양성(洛陽城) 내의 황궁과 영녕사(永寧寺)의 관계와 흡사해 사비도성의 기본구조가 북위의 영향을 받았음을 시사한다. 오층석탑 1층 탑신 표면에 당나라가 백제를 멸망시킨 전승기념비적인 내용이 새겨져 있어, 정림사는 백제 왕실의 상징적 존재였던 것으로 판단된다. 정림사지 오층석탑(1962년 국보 지정)은 백제인의 감성이 고스란히 담겨진 석탑이지만, 초층 하부에 새겨진 소정방의 '평제기공문(平濟紀功文)'으로 인해 오랜 기간 '평제탑(平濟塔)'으로 불렸다. 그러나 1942년 일본인 후지사와 가즈오가 발굴조사 중에 발굴한 기와 조각에 '太平八年戊辰定林寺大藏當草'란 명문이 적혀 있어, '태평 8년인 고려 현종 19년에 정림사로 불렸음'을 알게 되었다. 1979~1980년 2년간 충남대박물관에서 발굴 조사해 가람의 규모와 배치, 1028년에 중건된 사실 등이 드러났으며 다수의 소조인물상편(塑造人物像片)과 백제·고려 시대의 막새기와 및 백제 시대의 벼루·삼족토기 등이 출토되었다.

현재 절터에는 백제 시대의 정림사지 오층석탑과 고려 시대 때 만들어진 높이 5.62m의 석불인 정림사지 석조여래좌상(1963년 보물 지정)이 남아 있어 백제로부터 고려 때까지 계속 법통이 이어져 왔음을 알 수 있다. 중문·탑·금당·강당이 남북 자오선 상에 일직선으로 놓이고 강당 좌우의 부속 건물과 중문을 연결하는 회랑이 둘러싸고 있는 '일탑식가람(一塔式伽藍)' 배치이다. 이는 백제 사비 시대의 전형적인 가람 배치 양식이라 할 수 있다.

정오가 가까워지자 땅이 들끓는 느낌이다. L 사장은 촬영에 여념이 없지만, 갈증을 이기지 못한 L 박사와 나는 정림사지박물관 매장에서 생수를 사 마시느라 실내로 숨어들었다.

부소산성 백화암&고란사

부소산성 주차장에 차를 세우고 길 건너 식당가로 향했다. 찾아간 콩국수집은 이곳의 맛집인지 손님들로 붐볐다. 겨우 자리를 얻어 두 분은 콩국수를 시켰으나 나는 짜장면을 시켰다. 어려서부터 여름철이면 양할머니가 콩국수만 찾으시는 통에 어린 손주인 나도 어쩔 수 없이 콩국수만 먹었던 기억의 역작용은 커서도 쉬이 가시지 않아서다. ㅠㅠ

입구 안내판에서부터 빠른 코스의 왼쪽 길을 택해 걷다 보니 20분

쯤 걸려 낙화암에 당도했다. 바위 위에는 '백화정(百花亭)'이라는 작은 정자가 세워져 있다. 『삼국유사』에 인용된 백제고기(百濟古記)에 의하면 "부여성 북쪽 모퉁이에 큰 바위가 있어 아래로는 강물에 임하는데, 모든 후궁들이 굴욕을 면하지 못할 것을 알고 차라리 죽을지언정 남의 손에 죽지 않겠다고 하고, 서로 이끌고 이곳에 와서 강에 빠져 죽었으므로 이 바위를 타사암(墮死巖)이라 하였다"고 한다. 이 내용으로 봐서 낙화암의 본래 명칭은 타사암이었는데, 훗날 후궁이 궁녀로 와전되었고 이후 궁녀를 꽃에 비유하고 미화하면서 붙인 이름으로 추정된다. 이날 백화정에 일본인 관광객 십 수명이 몰려왔는데, 한 일본인 아주머니가 나를 같이 온 일행인 줄 알고 "오타꾸노 샤신(당신 사진)..?" 하며 사진을 찍어주겠다고 한다. "보꾸노 샤신(내 사진)..! 다이죠부데스(괜찮습니다)" 짧은 일본말로 대꾸하다가 결국 "와따시와 간꼬꾸진데스(나는 한국인입니다)"라 말하니 "에, 스미마센(앗 죄송)"을 연발하며 난처해했다. 정자에서 내려와 고란사로 향하며 '내 몰골이 일본인처럼 생겼나' 한참을 중얼거렸다.

10분 거리의 고란사는 부소산성 북쪽의 백마강 언저리에 있다. 법당 뒤의 암벽에 자생하는 '고란초(皐蘭草)'에서 이름이 유래했다. 암벽 아래 바위틈에서 솟아나는 고란약수를 한 번 마시면 3년이 젊어져서 백제의 임금도 매일 마셨다는 전설과 함께 부여 8경 중 한 곳으로 유명하다. 부여현감이 쉴 새 없이 드나드는 고관대작들을 접대하느라 지쳐서 '골란사'라는 이름이 생겨났다고 알려진 곳이다. BC 57년에 창건되었다고도 하고, 백제 아신왕(392~405) 대에 세워졌다고도 하지만 구체적인 근거는 없다. 백제에서 세운 사찰이 멸망과 함께 소실되었다가 그 후예들이 1028년(고려 현종 19) 삼천궁녀를 위로할 목적으로 다시 세웠다는 주장도 있다. 1236년 부령별초 전공열이 고란사 옆에 군대를 매복시켰다가 몽고 기병과 싸워서 승리하였다는 기록 등 관련된 고려의 유물도 많이 존재한다. 각종 지리지뿐만 아니라 수많은 시인·묵객의 군집을 통해 존재가 쉽게 확인되는데, 특히 이윤영(1714~1759)이 1748년(영조 24) 제작한「고란사도(皐蘭寺圖)」에서 당시의 실 모습을 추정할 수 있다. 19세기 후반에 폐허로 전락하였으나 중수해 방사 3칸과 누 1칸 규모를 갖추고 불상 3좌를 봉안하였다. 그 뒤 1932년과 1959년에 다시 보수해 단장하는 과정에서 일찍이 1797년(정조 21) 중수했던 사실을 알려 주는「중건상량문(重建上樑文)」도 발견되었다. 고란사는 낙화암과 함께 부소산에서 가장 유명한 사찰이지만, 규모는 그리 크지 않다. 암반 위에 세워진 법당 건물은 팔작지붕에 정면 7칸, 측면 4칸으로 구성되어 있다. 왼쪽 2칸은 요사채로 사용하고 있으며, 나머지 5칸에 마련된 극락보전에는 주존불인 아미타여래를 중심으로 삼존불이 모셔져 있다. 극락보전 오른쪽에는 영종각이 있고, 극락보전 뒤편에 삼성각이 있다. 삼성각 왼쪽에 고란초가 자생하는 암벽이 있으며, 암벽 바위틈에서 고란약수가 나온다.

이곳이 그날 방문의 마지막 코스라서 나는 조금이라도 젊어질 요량으로 고란약수 3잔을 거푸 마셨다. 설화에 의한다면 9년은 젊어진 셈이다. 그래서 그런지 돌아가는 발걸음이 한결 가벼웠다. 이날 운전은 종일 내 담당이었으므로 출발에서부터 도착까지 기사로서 최선을 다했다. 돌아와 L 사장이 호프집으로 데려가 마음껏 마시고 계산은 자신 앞으로 달아놓으라는 말에 500cc 3잔을 거푸 마셨더니 고란사에서 마신 약수 3잔의 효험을 고스란히 상쇄시킨 탓일까, 다음 날 아침까지 숙취가 가시질 않았다. 이날 다녀온 '낙화암 고란사'로 운을 띄워 한 수 남긴다.

낙하의 착시들이 비껴가는 백마강,
화를 부른 흔적은 강물로 사라지고
암암리 굳어진 바위, 원혼만 가득하다

고란초 줄기들로 버텨냈던 바위틈새
난리도 이런 난리가, 쏟아내는 눈물약수
사무친 원한 달래는 독경 소리 커지고

90대 할머니와 함께한 군산기행

 6월 12일(수), 아침 9시 반, 두 여인과 함께 멀리 군산으로 차를 몰았다. 1시간 전 두 여인 중 50대 P 여사로부터 전화를 받았다. "군산 근처 부안에서 강도 4.8의 지진이 발생했다는데 예정대로 가도 되겠냐"고. 구순을 넘기신 Y 여사께서 걱정이 되어 전화를 주셨단다. 일단 만나서 결정하자며 약속시간보다 조금 일찍 Y 여사 댁에 들르니 Y여사는 군장을 끝낸 군인처럼 우릴 기다리고 계셨다. (마음은 이미 군산으로 향해 있으시구나) 하여 '염려반 기대반' 군산기행을 감행하였다.

 1착지로 군산여고로 내비를 찍었으나 서천휴게소에서 점심 식사부터 먼저 하기로 변경해 목적지를 수정, 게장맛집으로 소문난 〈한주옥〉(영화동 15-11)으로 차를 몰았다. Y 여사께서 당뇨를 앓고 계셔서 식사시간을 제때 맞추기 위한 배려였다. 정오 조금 못 미쳐 도착한 식당은 이미 붐비고 있었다. 이곳의 명소답게 단체 손님 예약도 있어서 제일 구석진 곳에 겨우 자리해 게장 정식을 시켰다. 참고로 정식과 백반은 5천 원 가격차가 났는데, 아구찜이 포함되냐 안 되냐 차이였다. 다행인 것은 게장 요리와 생선탕, 밑반찬까지 연로하신 Y 여사를 비롯해 세 사람 다 밥알 하나 남기지 않고 싹싹 비웠다는 점이다.

 배를 불린 우리는 곧장 군산여고로 향했다. 1932년생이신 Y 여사는 이 학교 2회 졸업생으로서, 4,50년 만의 방문이라며 무척 감격해하신다. 2017년에 세워진 '개교 100주년 기념석' 앞에서 기념사진을 찍고 교정을 한 바퀴 둘러본다. 재학 시절 교실로 사용된 본관 건물(이곳도 증축됨)을 제외하곤 모든 게 낯설단다. 당시 2회 졸업생이 20여 명에 불과했으므로 지금은 생존해 있는 동창이 거의 없다며 한숨도 내쉰다. 본관 아래가 마치 수목원 같다. 정중앙에 세워진 동상이 궁금하여 내려가 보니 우리 집안의 자랑 신사임당 동상이다. 그곳에서도 찰칵 추억을 담았다. 한참을 벤치에 앉아 옛일을 떠올리는 사이 Y 여사의 표정이 점점 밝아지는 걸 느꼈다. 지진 염려는 싹 사라지고, 모시고 오길 정말 잘했다는 생각에 마음이 뿌듯해진다.

다음으로 찾아간 곳은 Y 여사가 3살 때 제주에서 군산으로 이사와 시집가기 전까지 쭉 살았던 옛집(영동 1번지)이다. 아버님이 모자 사업을 크게 일궜던 곳이라 1층은 매장이었고 실내계단으로 오르내리던 2층이 10,20대 젊음을 함께했던 공간이라고 회상했으나 문이 굳게 잠겨있어 실내를 들어가 볼 순 없었다. 돌아가신 아버님이 현재 80대 후반에 이른 남동생에게 물려준 가게로서 지금은 그의 아들인 조카에게 대물림된 상태라는데, 매장 안에 버려진 마네킹만 뒹굴고 여러 군데 천정이 내려앉았을 정도로 방치된 지 오래인 것 같다. 이때 어떤 여성분이 나타나 상가 번영회 부회장이라고 자신을 소개하며 말

을 건다. "한때 군산의 명동으로 불리던 곳인데 지금은 새로운 상권에 밀려났다. 이럴 때일수록 상권 재건을 위해 다 같이 힘써야 하는데, 이렇게 상가를 폐가처럼 방치하면 어쩌냐. 조카에게 경종을 울려달라"는 부탁이었다. 매운 말을 내뱉은 미안함에서인지 본인 가게에서 차를 한 잔 대접하겠다기에 따라갔더니 〈레드페이스〉 매장이다. 시원한 매실차를 대접받은 답례(?)로 신발, 의류, 모자 등을 사다 보니 세 사람이 산 금액이 50만 원에 달했다. 주인아주머니의 상술에 혀를 차면서도 기분 좋은 쇼핑이었다.

군산에 오면 꼭 들러야 하는 곳이 〈이성당〉 빵집이다. 이곳의 역사를 잠깐 살펴보면, 1906년 조선으로 건너온 히로세 야스타로가 '이즈모야(出雲屋, いずもや)'라는 빵집을 군산에서 연 것이 시초로, 이후 그의 장남 히로세 켄이치 대에 가장 크게 번성했다. 그러나 갑작스러운 광복 이후 몽땅 내버려두고 일본으로 다급히 귀국하게 된다. 이후 홋카이도로 이주했다가 이곳으로 돌아온 이석우 씨가 건물을 불하받아 '이성당(李盛堂)'을 차리게 된다. 가게 이름은 '이씨 성을 가진 자가 번성한다'는 의미를 담고 있다. 이곳은 광복 이후로만 따져도 창립 79주년, 전신인 '이즈모야'까지 포함하면 118년에 달하는 국내 최고(最古)의 빵집이다. 한편 Y 여사의 추억창고에도 학창시절 가끔 들렀던 이곳은 추억해야 할 장소로 자리매김되어 있다. 집과 학교를 오가는 길목에 있어서다. 우리는 이곳에서 빵을 한 봉지씩 사 들고 바로 옆 직영카페에서 딸기쥬스를 마시며 Y 여사의 추억 살리기에 합세했다.

마지막 코스로 고군산도 일대의 '선유도' 방문을 남겨두었으나, 지친 기색이 역력한 Y 여사의 건강을 염려하여 아쉽게도 군산 방문기는 이것으로 매듭지었다. Y 여사는 여전히 건강하신 편이나 작년부터 허리통증이 만연해져 매주 통원치료를 받고 계시기에 너무 무리해선 안 되어서다. 왕복 7시간, 군산 체류 3시간가량 하루 나절 방문을 무사히 끝내고 오후 6시경 군포에 도착, 대야미 막국수 집에서 저녁 끼니를 때우고 해산했다. 이날 Y 여사는 여고 후배가 운영해온 〈성진식품〉에 잠시 들러 울외장아찌 한 통씩을 선물해주셨다. 지금은 아들이 이어받아 사업 중이었는데, 하나둘 사라져가는 것에 대한 회한을 먹거리로나마 간직하고 싶어 하시는 것 같았다. 이날 헤어지며 건강이 허락하는 날까지 석 달에 한 번은 서해든 강화든 1시간 거리의 맛집을 찾아 담소를 나누자고 제안했다. 돌아오는 길에 '군산여고 방문'으로 운을 띄워 한 수 흘려 보았다.

군데군데 추억이 묻어나는 옛 교정,
산들바람 불어와 청춘을 소환해도
여기서 꿈을 키웠던 학창시절 아득해

고개를 돌리자니 낯익은 월명산만
방문객 손 잡아주듯 녹음(綠陰)을 드리우네.
문밖을 나서기까지 따라오던 교내풍경

P.S: 글 속의 Y 여사는 올해 93세로 '사상의 은사'로 칭송받으셨던 고 故 리영희 선생의 부인 윤영자 여사이고, P 여사는 군포의 시민활동가로 활동하는 박미애 씨다. 이날의 기행은 리영희기념사업회에서 함께 활동하는 나와 P여사가 사적으로 Y 여사를 위해 벌인 일종의 깜짝 이벤트였는데, 별 탈 없이 끝낸 것에 감사드린다.

| 부스 2 |

월요 3기 김정희

- 1960년 부산 출생
- 서울대에서 도시공학을 전공
- 오하이오 주립대에서 박사 학위 취득
- 인공위성으로 관측한 지구의 다양한 물리량을 재는 연구를 함
- 경남대 교수 역임, 현재 양산에 거주
- 여러 가지 자문역과 요트 세일링을 하고 있음

= 수록 글 =

두물머리(詩) / 경칩(詩) / 지진과 원자력 / 국수 / 첫 출조- 봄날 아내와 /
밤낚시(詩) / 일본 여행 / 붉은 10월 / 부산의 동네 이름

항해 중

고교 시절, 질풍노도의 시간이었지만 나를 지켜봐 준 월요문학회,
오랜 시간을 건너뛰면서도 여전히 나를 지켜보고 있다는 느낌의 월요.
이미 사라진 친구들과 함께 언제나 아련하고 아늑한.

두물머리

북한강
남한강이
봄볕에 만나
넉넉히 조근조근

굽이친 골짝 얘기
기름진 벌판 얘기
사람들 사는 얘기

모르는 강물처럼
삶은 또 그렇게 흘러가고

잊혀진 술처럼
삶은 또 그렇게 익어가고

강변 길엔
인연과 생각이
모이고 흩어진다

- 2018년 3월 9일 쓰다 -

경칩

정월 보름 지난 들판
논 갈던 소를 멈춘 아빠

뒤집어진 흙을 삽으로 떠서
빙글빙글 웃으며 내게 들이민다

꿈뻑꿈뻑 졸리는 눈
반지르한 얼룩 피부

땅속에서 나온 생명체를
세살 박이는 넋을 잃고 쳐다본다

― 2019년 3월 6일 쓰다 ―

[후기] 어제가 경칩이었습니다. 저의 고향인 양산도 제가 어릴 때는 농사가 대부분이었습니다. 보름날 소에게 밥을 먹이면 농사철이 시작됩니다. 그때가 그립습니다.

지진과 원자력

지난 2016년 9월 19일 저녁 8시 33분경에 경주에서 규모 4.5의 지진이 났는데, 이는 일주일 전에 난 경주지진의 여진입니다. 그 지진은 전진이 비교적 컸고, 본진은 우리나라에서는 겪어보지 못했던 강도라서, 경주를 중심으로 하는 울산, 부산, 대구 등지의 시민들이 크게 놀라 공포를 느끼기까지 하였습니다. 그러던 중에 다시 집이 흔들리는 정도의 여진이 났으니, 이게 또 무언가 하며 더 놀라는 것은 당연한 일입니다. 원래 무언지 모르면 더 무서운 것이 아니겠습니까?

저는 여기서 지진에 관한 얘기와 함께 왜 원자력발전소는 없애 나가야 하는가 라는 얘기도 하려 합니다.

영화 쇼생크탈출에 보면 주인공은 작은 광물 탐사용 망치 하나로 감방 벽을 십 수년간 파서 탈출합니다. 주인공은 지질학을 좋아한다 했는데, 그 지질학은 '시간과 압력의 학문'이라고 했고, 결국에는 작은 망치의 압력으로 오랜 기간을 파서 탈출한 것입니다. 지진은 짧은 시간 동안만 지속되지만 이 지진은 오랜 시간 동안 압력이 쌓여야 생깁니다. 그리고 지진을 통해 그 압력이 해소되고 그 뒤에 다시 압력이 생기기까지는 오랜 세월이 걸립니다.

지질학적인 시간은 우리 생물의 수명과는 비교할 수 없이 기나긴 시간입니다. 현세인류가 아프리카 동부지역에서 세계 각지로 출발한 것이 약 6만 년 전이며, 인류가 역사를 기록하기 시작한 것은 5천 년 전이며, 철근콘크리트 건물은 백여 년 전에 시작되었습니다. 이에 비해 판게아라는 거대 대륙이 지각운동에 의해 오늘날 여러 개의 대륙으로 나누어지는 데는 약 2억 년 이상이 걸렸고, 유라시아판 아래로 태평양판이 들어가며 일본열도가 사라지는 데는 앞으로 약 2백만 년이 걸립니다.

19일의 여진으로 앞으로의 여진, 그리고 더 큰 지진이 몇 개월이나 몇 년 안에 올지도 모른다는 두려움이 더욱더 커졌습니다. 정말 그럴 수 있을까요? 이탈리아에서 발생했던 규모 6.0 정도였던 한 지진의 여진은 본진 이후에 17일 동안 규모 4~5 정도를 포함하여 수백 차례나 일어났지요. 미국 중부지역에서 1811년경에 일어난 규모 8의 대지진 이후의 여진은 약 200년간 일어나고 있습니다. 지질학적으로는 아주 짧은 시간이지요.

두 지진에서 규모 6과 8의 규모의 숫자 차이는 2이지만, 실제 차이를 폭탄의 양에 비유하면 1000배 정도의 차이가 납니다. 즉, 비유하자면, 다이너마이트 1개가 터진 정도의 지진의 여진은 몇 주나 몇 달까지 다이너마이트 부스러기 여진이 생기고, 천 개가 터진 정도의 지진은 그 여진이 처음 1,2년 동안은 몇십 개가 터지는 정도였다가 그 뒤로는 부스러기 정도의 여진이 200년도 넘게 계속되는 것이지요.

그리고, 지진 규모에 따른 피해의 정도는 미국 USGS(지질조사국)에 따르면, 규모 5.9의 지진의 예상 최대 피해는 제대로 된 구조물의 경우는 무시할 정도이고, 어지간한 구조물은 경미하거나 약간이며, 그리고 부실한 구조물은 상당한 정도입니다. 여기서 주의해야 할 것은 최대의 피해, 즉 진원이 얕다든지, 진원과 거리가 가깝다든지, 지반이 약하다든지 등등의 나쁜 조건일 경우에 일어나는 것입니다. 또 우리나라의 대부분 구조물, 일반 철근콘크리트나 철골 건물(대부분의 일반 건축물, 아파트, 공장 등)은 제대로 지어진 건물입니다. 물론 부실한 비극의 삼풍백화점 같은 건물도 있겠죠? 아 그리고, 돌로 쌓아서 만든 많은 문화재들, 즉 첨성대, 불국사의 다보탑, 석가탑 등은 상당한 피해가 있을 수가 있습니다. 특히 외국의 건조하고 더운 지방의 집들은 돌로 쌓아 지은 것이 많아서 규모 6정도의 지진에도 큰 피해가 납니다.

그 밖에도 여러 가지 복잡한 상황들을 고려해야 하지만 근래에 보기 드문(1978년 관측 이후, 심지어 지난 수백 년 이래에 가장 강력한) 지진이 일어났다는 것은, 오히려 앞으로 당분간 강력한 지진이 일어나지 않을 확률이 훨씬 높다는 것이지요. 이에 비추어 보면 9월 12일의 경주지진 이후의 여진이나 새로운 강력한 지진이 머지않아 일어날 것이라는 두려움을 가질 필요는 없습니다. 이에 대한 치밀하고 규모 있는 연구가 이루어진다면 좀 더 잘 알게 되겠지요. 물론 절대 없는 것은 아닙니다만 그 확률 때문에 걱정할 이유는 없다는 것이지요. 거대 혜성이나 운석이 떨어져 하늘이 무너질 확률이 있다고 해도 걱정을 하지 않는 것처럼요.

지진은 거의 모두가 이런 형태를 띱니다. 이와는 다른 경우도 있습니다만 확률이 아주 낮으므로 굳이 무서워할 필요는 없습니다. 한편 지각에 큰 폭발이 일어나는 화산 지진은 별개입니다만, 이는 강력한 이상 징조가 반드시 있어서 관측을 주의 깊게 하면 상당히 정확하게 예측할 수 있습니다. 그리고 어차피 이런 지진은 대피 이외는 방법이 없습니다. 예를 들면 약 서기 920년 전후에 백두산이 크게 폭발하였고 대피할 수도, 대피할 곳도 마땅하지 않았던 백성의 발해는 갑작스럽게 쇠락하여 결국 역사에서 사라져버렸지요

경주지진으로 지진에 대한 경각심을 일깨웠지만 그렇다고 우리나라의 지진이 크게 염려할 일은 아니며, 그래도 좀 더 자세한 연구가 필요하다고 결론짓겠습니다.

그렇다면 초미의 관심사인 경주 주변의 원자력발전소는 지진에 안전할까요? 결론은 '예'이면서 동시에 '아니오'입니다

왜 '예'인가? 원전은 건설 당시에 내진 설계가 되는 등의 안전한 구조물이기 때문입니다. 규모 6.5의 지진에 견디도록 되어있는데, 이 규모의 지진은 우리나라에서는 언제 일어났는지를 잘 알 수 없는 정도의 강력한 지진입니다. 그래도 지어질 당시에 제대로 지어졌는지, 또 관리가 잘 되어 왔는지는 반드시 점검해야 합니다.

그럼 왜 '아니오' 일까요? 그것은 그래도 규모 7의 지진이 일어날 확률은 여전히 있다는 것입니다. 체르노빌이나 후쿠시마에서 봤듯이 원전 사고는 수십 수백 년간 아주 광범위한 지역을 황폐화시키기 때문에 안전할 수가 없다는 것입니다. 그리고 체르노빌에서처럼 그런

대재앙은 반드시 지진에 의해서만 일어나는 것도 아닙니다.

고리원전의 경우라면 족히 부산의 해운대에서 동래와 화명동을 거쳐 양산, 그리고 울산 대부분의 공업지역을 황폐화시킬 수도 있습니다. 아예 사람도 못살고 출입조차 안 되는 겁니다. 원전을 계획하고 짓기 시작한 1970년대에는 그 위험성을 실감 못 했고, 또 마땅한 대안이 없을 때라서 막연히 괜찮을 거라며 좋은 에너지 정책이라고 판단을 했고 지금까지는 크게 성공적이었습니다. 그러나, 이제 더는 아닙니다. 미래의 원전에 들어가는 비용이면 이젠 대체 에너지를 개발하여 실용화할 수 있을 만큼 관련 기술이 충분히 발전하였고 또 발전시킬 수 있습니다.

원전 포기와 재생 에너지 기술개발은 경제 논리보다는 미래를 향한 의지가 필요한 일입니다.

- 2016년 9월 20일 쓰다 -

국 수

원래 국수는 만들기에 손이 많이 가서 잔치 같은 행사에서나 먹을 수 있는 귀한 음식이었다고 한다. 이하응이 대원군이 되고 난 뒤 들른 모 김씨 세도가 집에서 벌벌 떨며 대접한다고 낸 음식이 국수였다.

나도 국수를 하도 좋아해서, 국수란 언제든 한 그릇 먹을 수 있는 음식, 심지어 고기구이 실컷 뜯고 어 배부르다 이제 그만 먹자면서도… 막국수~ 곱배기로 ㅋㅋㅋ, 한벗회 내 친구들 다 그러는 맛 난 국수~~~

한번은 학교에서 저녁 안 먹고 버티다가 9시쯤 국수집에 갔는데, 나 혼자뿐. 아지매요 곱배기보다 더 많이 한 그릇 말아주소. 값은 쳐드릴테니. 옴마야 세숫대야만 한 양푼이 그릇에 한 그득 ㅋㅋㅋ, 먹다 먹다 결국 한 젓가락 남겼는데, 아지매 왈, 삶아 놓은 거 다 넣었다고, 문 닫을 거라서 ㅋㅋㅋ, 학교의 경사진 길을 다시 올라가는데 뱃속에 국수가 무겁게 출렁이던 그 느낌 푸하하하, 이제는 나이 들어 국수를 저렇게 먹어치우지는 못하겠지만…

어제는 백김치를 좀 담갔고, 오늘은 동치미를 왕창 담그려 하니 내년 봄여름에 국수 왕창 삶아서 동치미 채 썰어 넣고 초고추장에 넉넉히 비벼서 같이 먹읍시다~

첫 출조 – 봄날 아내와

　창녕군 장척저수지를 밀양을 거쳐 국도로 갔더니, 과연 온통 흩어지듯 모여 있는 연두색 새잎 나무들과 함께 흰 벚꽃 붉은 복숭아꽃이 이 산 저 산 이 마을 저 마을 구석구석에 만발하고 앞차 뒤차에 눈처럼 벚꽃 잎도 날리는데 환갑 진갑 지난 널널한 머릿속이 털털해져서 좋더라.

　저수지에 도착해서 물가에 낚시할 자리를 살펴보다가 몇 년 전에 막내와 낚시하던 자리가 마침 비어 있는데 여전히 평평한 자리여서 우선 깔개를 깔고 누워있으니 내가 물속인지 물 밖인지, 붕어인 듯 사람인 듯, 그렇게 낚싯대도 안 펴고 따뜻한 봄바람에 날리는 듯 마는 듯 했더라.

　아내는 차에서 책 읽다 나와서 신종 낚시냐 하길래 맥주나 마시러 갈까 하니 땡큐라더라. 따뜻한 아내 손을 내 손등에 얹은 채 1시간 반 그렇게 따뜻한 봄바람에 운전하여 언양의 트레비어에 가서 놀다가 양 옆자리의 뼉다구 더 챙겨서 집에 오니 엊저녁에 집 나간 멍이는 아직 안 돌아와서 걱정이 꽉 되더라.

밤낚시

시월에 올해 처음
한가한 붕어 낚시

달님에 낚이고
붕어에 낚이는데

무심한 여윈 갈대에
내려앉는 찬서리

일본 여행

아버지를 모시고 오랜만에 해외여행을 하였습니다. 일본의 돗토리와 오사카를 다녀왔습니다.

아흔한 살이신데도 씩씩하게 다니셨습니다. 오만 것에 대해 호기심을 가지셨고 맛난 음식도 신나게 즐기셨습니다. 특히 돗토리의 요트클럽 회원들과의 만찬과 오사카 한국 식당에서의 족발과 생맥주는 더없이 좋아하셨습니다. 1945년 해방 때에 쓴 일본어를 조금씩 하셨는데 1주일만 계시면 유창하게 하실 것 같다고 그러시네요!

일본에 대해 어릴 때부터 이런저런 말씀을 많이 해 주셨는데 부정적인 것이 많았으나 긍정적인 것도 적지 않았습니다. 역사적으로 우리 민족이 많은 피해를 입어 왔지만, 이제는 인류 역사상 가장 번성하고 아마도 최종적인 이상에 가까운 자유민주주의 국가로 발돋움하여 지리적으로나 인종적으로 제일 가까운 이웃이 되었습니다.

역사를 잊은 민족에겐 미래가 없다지만, 역사에 매몰된 민족에겐 미래도 현재도 없습니다. 용서가 없으면 사람이건 민족이건 미래로 나아갈 수가 없습니다.

오사카 기업 뮤지엄에 들르니 일본 메이지 시대부터 나라를 산업화하고 선진화한 기업가들의 사진과 설명이 전시되어 있었습니다.

인류 역사에 있어서 최대의 격변의 시기였던 19세기, 과학, 이념, 산업, 철학 등등의 모든 분야에서 그랬는데, 일본은 깨어서 실행과 전진을 하였고 조선은 미몽에서 깨어나지 못하였습니다. 나라 안팎으로, 특히 백성들이 비참한 고초를 겪은 통한의 시대였다는 것이 너무나도 가슴 아팠습니다.

생각나는, 실제했던 이야기 하나를 소개합니다.

저의 친할아버지께서도 못 먹고 못 살아서 일본에 가셔서 상점에서 일하셨습니다. 1923년 관동대지진 때에 조선인이 죄 없이 학살을 당했을 때에는 일본인 상점 주인이 지하실에 석 달을 숨겨줘서 살아났다고 합니다. 그러고는 주인은 더 이상 일본에 있는 것은 위험하니 조선으로 돌아가라고 하며 많은 돈을 줬다고 합니다. 할아버지께선 그 돈으로 동래에서 큰 정미소를 하셨는데 태평양전쟁이 시작되자 군수 기업으로 지정이 되어 일본에게 빼앗겼고 해방 뒤에는 적산이 되어 할아버지가 아닌 정미소 기술자들의 소유가 되었다고 합니다.

붉은 10월 (영화)

1990년 미국 영화. 새로운 러시아 전략 잠수함의 함장(숀 코너리)이 잠수함 째로 간부 장교들과 미국에 망명하는데, 이를 출항 직후에 러시아 해군제독에 알려 온 러시아 해군이 뒤쫓게 만들고, 또한 망명의 가능성을 눈치챈 CIA분석가(알렉 볼드윈)가 이를 주장하며 북대서양의 쫓고 쫓기는 잠수함들의 액션과 전투를 보여준다.

이 영화는 최초로 CG(Computer Graphic)가 본격적으로 쓰인 영화로 잠수함 사이의 해저 전투 장면이 CG로 만들어진 기념비적인 영화이며 또한 소련이 와해 되는 단면을 미리 보여준 영화이기도 하다.

CG를 만든 Silicon Graphic사는 일반 PC(personal computer)보다 성능이 뛰어난 Work Station이라는 컴퓨터를 만드는 회사로, 이를 사용해 아주 큰 용량과 빠른 계산이 필요한 그래픽 작업을 가능하게 하여, 특히 이 영화의 주요 장면을 만들어내 유명해졌다. 나도 유학 중 연구에 많이 사용했던 친숙한 컴퓨터다. 1992년 대선 때는 클린턴이 시애틀에 소재한 이 회사를 방문하여 큰 이목을 끌었다. 당시 현직 대통령으로 재선에 도전한 부시와는 매우 대조적인 선거운동의 하나였는데, 러닝메이트인 엘 고어와 함께했던 선거운동 버스 투어를 목격하기도 했다.(이 버스를 오하이오의 한 애미쉬 마을에서 목격했다)

이 영화는 세계적으로도 큰 인기를 끌었는데 개봉한 그해에 미국 프로야구에서 신시내티 레즈(Reds)가 막강 오클랜드 A's를 무려 4:0 으로 이기고 우승을 하였다. 그러자, 가장 유명한 스포츠 주간지인 Sports Illustrated의 그 주 표지 타이틀이 'Red October'였다. 이 영화와 합성한 멋진 제목을 뽑아낸 것이다.

한편 이 영화에는 조연으로도 유명한 배우들이 출연했는데, 특히 미국 워터게이트 사건의 검사였다가 배우가 되고 나중에 테네시 상원의원(엘 고어가 그 전전 상원의원)을 했던 프레드 톰슨, 미국의 전설적인 흑인 배우인 제임스 얼 존스(한국전 참전용사), 쥬라식 파크(쥬라기 공원)의 샘 닐, 나홀로 집에 2의 호텔 안내자 팀 커리, 보디가드의 암살자 토마스 아라나, 그밖에 스캇 글랜, 리차드 조르단 등이 출연하였다. 한편 음향효과편집 아카데미상도 수상하였는데, '붉은 10월'호의 핵 누출과 폭풍우 장면은 단연 최고였다.

그리고... 부함장 샘 닐의 소원이 몬타나에 집을 짓고 트럭을 타고 마음대로 다니는 것이었는데 죽는 장면에서 마지막으로 남긴 말이 "정말 몬타나에 가고 싶었는데..."였다. 이 말과 함께 함장 및 장교들의 망명이 암시하는 이 영화의 주제어는 바로 'Freedom(자유)'이었던 것이다.

'인간의 본성이 무엇이냐'는 제자들의 물음에 대한 부처님의 말씀은 '깨닫는 것'이었다. 소금의 본성은 짠데에 있고, 물의 본성은 젖는데 있다고 말씀하셨는데. 과학적으로 소금과 물의 본성은 확실히 맞는 말이다. 소금은 부식을 잘 시키고(그래서 짬), 물은 액체이자 모든 것을 다 녹인다(스며든다는 말과 같음)는 부처님의 통찰력에 따르면 확실히 그렇다고 믿는다. 인간의 본성도 그러하리라고 믿고싶다. 그런데 이 본성을 위한 가장 기본적이며 큰 조건이 '자유'이지 않을까?

숀 코너리의 스코틀랜드식 낯선 억양과 함께 가장 멋진 모습을 보여주던 시절의 영화. 딱 80살이었을 때 파리 드골공항의 대합실에서 마주쳤을 때 10여 분간 앉아서 눈인사를 나눈 적이 있던 기막히게 잘생긴 유명 배우. 영국(England)으로부터의 독립 전에는 고국으로 돌아가지 않겠다며 프랑스에서 살다가 생을 마감했던 영화 속 'MI6 요원 007'이자 〈The name of the rose(장미의 이름)〉의 '카톨릭 수사'였던 전설의 배우. 숀 코너리, 10월이 되면 그가 생각난다.

부산의 동네 이름

연지곤지	연지동	햇볕쬐자	일광읍	샛별동네	금성동	남쪽항구	남항동
컴퓨터로	연산동	용이내는	용소리	설사멈춤	지사동	겨울인삼	동삼동
달삭하다	당감동	청룡황룡	기룡리	배고프면	우 동	신선놀음	신선동
서면가요	서 면	절반짜리	반룡리	그옆에는	좌 동	왕큰다리	대교동
(앉으면	안 감)	신천지다	신천리	그가운데	중 동	동래같은	봉래동
점방많은	전포동	똥누느냐	대변리	양복맞춤	기장군	수리반장	영선동
	(점포동)	꽥꽥꽥꽥	오 리	처음부터	월래리	푸른학의	청학동
어제전에	거제동	그안쪽에	내 리	헤엄치는	수영동	오나가나	가야동
뜨뜻하게	온천동	고고하다	학 리	큰불났나	대연동	결석없는	개금동
파면전에	사직동	삼성전자	삼성리	부전자전	부전동	동쪽반대	서 동
쏘기전에	장전동	꽃이피는	동백리	무엇이든	다대동	최고기술	명장동
저소나무	남산동	우리문중	문중리	올림픽의	오륜동	편안하다	안락동
구석졌나	구서동	연구개발	연구리	부평초의	부평동	오랜만에	감만동
우백호옆	청룡동	이리와여	와여리	진보말고	보수동	명당인가	용당동
육포인가	노포역	댁길이다	백길리	한가운데	중앙동	만득이네	만덕동
호프인가	호포역	의심스런	사상동	영주거주	영주동	몰아주기	모라동
두고두고	두구동	문어발식	학장동	불밝혀라	남포동	결혼식장	주례동
돌려보내	반송동	엄친궁디	엄궁동	대청마루	대청동	지성이면	감천동
다시보내	재송동	대강대강	대저동	똥광인가	동광동	찌릿찌릿	감전동
잘못해서	좌천동	부산에도	성북동	직접않고	대신동	아랫도리	하단동
난관뚫고	정관면	독립만세	광복동	비티에스	아미동	당리당략	당리동
달 려 라	철마면	이순신의	충무동	암울남자	암남동	열평말고	구평동
사대문안	장안읍	반짝반짝	수정동	초고추장	초장동	이재고만	할란다

항해 중

| 부스 3 |

월요 4기 김영춘

· 1961년 부산 출생/부산 거주(사실은 떠돌이 생활)
· 대학에선 영문학, 대학원에선 정치학 전공
· 서울과 부산에서 국회의원 3선 역임
· 해양수산부장관, 국회사무총장 역임
· 지금은 소규모 벤처스타트업 창업 운영 중

= 수록 글 =

어린 시절의 부산 바다 / 해안선 전국 일주 자전거 여행 / 남극 세종기지를 방문하다 / 내가 가본 발트해의 도시들 / 두려움없이 내려놓기 – 나이듦의 즐거움

긴 항해 끝에 기쁘게 집으로

꽤 오랜 시간 천지사방을 떠돌아 다니다가
이제 제 자리로 돌아오는 느낌이다.
그래서 어릴 적 추억부터 시작하여 내 삶의 단편을 엿볼 수 있는
몇 편의 여행기, 그리고 지금의 심경을 담은 에세이 한 편을 엮었다.
저와 함께 짧은 여행을 떠나 보시길...

어린 시절의 부산 바다

나는 부산 초량의 부산역과 부산진역 사이 군인 관사촌에서 태어났다. 철도 관사와 함께 있었다는데 지금은 철거되어 흔적도 없다. 일본이 경부선 철로를 부설하고 항만을 확장하면서 바다와 멀어지긴 했지만 강점기 전에는 그 일대가 바닷가였을 것으로 추측된다. 초등학교 입학 전부터 시내 한복판인 서면 일대에서 살았기 때문에 바다와는 동떨어진 성장기를 보냈다. 이 시기의 바다는 단연 여름의 해수욕장이다. 1년에 한 번쯤은 온 가족이 광안리나 송정으로 해수욕을 갔다. 때로 다대포를 갔던 기억도 있다. 그때도 해운대는 너무 사람이 많아 어른들이 기피했던 것 같다. 가봐야 백사장이나 바다는 수십만 명의 인파로 발디딜 틈도 없이 빽빽해 제대로 뛰어놀 수도 없는 지경이었지만 그래도 어린아이로서는 그 바다 소풍이 즐거웠다.

내가 다닌 성지초등학교는 동해남부선 열차의 기점인 부전역에 인접해 있었다. 그래서 초등학교 5~6학년 무렵 친구들과 개구멍을 통한 무임승차로 해운대까지 갔던 기억도 있다. 역무원들에게 잡히면 몇 시간 풀뽑기나 벌서기를 감내해야 했지만 그 위험을 통과하면 해운대 바다가 우리를 기다리기에 두근거리는 가슴을 안고 도전하곤 했다. 백사장에 도착하면 모래 속에 옷을 묻어두고 바다로 뛰어들었다. 하지만 그 바다에서 수영을 제대로 배우지는 못했다. 우선 바다에 사람들이 너무 많았다. 조금 풍덩거리며 눈감고 헤엄치는 시늉이라도 할라치면 부딪치는 어른들의 꿀밤이 날아왔다. 그렇다고 어린 초보가 무인지경의 먼 바다로 나가서 놀 수도 없고…

지금도 잊을 수 없는 바다의 추억은 고등학교 1학년 때, 거센 바람에 격랑치는 태종대 바다를 만났던 일이다. 그때 나는 질풍노도의 사춘기를 겪고 있던 문학소년이었다. 아버지와의 불화, 그리고 입시지옥같던 학교생활을 간신히 견뎌내던 중에 태풍주의보를 들었다. 그 방송을 듣는 순간, 나는 갑자기 성난 바다를 보고 싶어졌다. 그래서 버스로 1시간 30분이나 걸리는 태종대를 혼자서 찾아갔다. 통제 때문에 자갈마당까지 내려가지는 못하고 그 위 '곤포의 집'에서 한참을 내려다본 태풍의 바다! 장엄하였다. 내가 그 전에 보았던 해수욕장의 평온한 바다와는 차원이 다른, 거칠게 포효하는 바다였다. 똑같은 바다가 이렇게 달라질 수 있구나, 세상과 인생이 다 이럴 수 있겠구나 느끼면서 나는 그날 오후 내내 작은 가슴을 채웠던 스트레스를 확 풀어버리면서 소박한 깨달음의 시간을 만끽할 수 있었다.

서울로 대학을 간 후 20대 청년 시절의 부산 바다는 그야말로 향수의 바다였다. 바다가 보고 싶고 그 냄새가 그리워 서울에서 가까운 바다를 찾노라면 가장 쉽게 찾을 수 있는 곳이 인천 연안부두나 월미도였다. 가난한 청년들이 수도권 전철을 타고 1시간 이내에 갈 수 있는 곳이었다. 하지만 그 바다는 비슷한 도시의 바다라도 부산과는 다른 바다였다. 우선 색깔이 다르고 냄새가 달랐다. 그래서 부산의 바다가 못내 그리웠다. 그러던 중 방학이나 명절에 고향에 가면 친구들과 만나는데 자연스럽게 횟집이 밀집한 광안리 등의 바닷가를 찾게 된다.

젊은 청년들은 백사장에서 2차, 3차를 하다 술김에 결국 바닷물에 뛰어들거나 한 사람씩 집어던지기를 하기 일쑤였다. 가을, 겨울도 상관이 없었다. 지금도 그 바다가, 그 청춘의 시간이 그립다.

< 해안선 전국 일주 자전거 여행 사진 (오른쪽 83p) >

해안선 전국 일주 자전거 여행

　2008년 5월 말, 나는 전국 일주 자전거 여행을 떠났다. 서울에서 출발하여 서해, 제주도, 남해, 동해를 거쳐 다시 서울로 돌아오는 한 달 예정의 해안선 일주 여행이었다. 막 치른 총선에 불출마하였고 내 국회의원 임기는 끝났으므로 가능한 도전이었다. 원래는 홍은택의 《아메리카 자전거여행》을 읽고 미국 대륙횡단을 생각했었는데 3달이나 걸리는 시간도 부담되었지만 내 나라도 안 다녀본 주제에 하는 마음으로 결정한 여정이었다. 여의도에서 출발하여 한강을 따라 하류로 내려가 인천에서부터 해안선을 달리기 시작했다.

　29일 동안의 전국 일주 기간 중 돌아오는 길 속초~서울 간을 제외한 거의 25일은 해안선을 따라 달렸다. 내 인생에서 대한민국의 다양한 바다를 가장 가까이에서, 가장 오래 볼 수 있었던 소중한 시간이었다. 가장 아름다운 바다는 제주도 1132번 일주도로를 달리다 애월읍 한담공원에서 내려다본 애월 앞바다, 행원~김녕의 해안도로에서 얕은 바다와 함께 달린 해변의 풍경이었다. 경남 고성의 공룡박물관에서 통영으로 가는 1010번 지방도로의 언덕 위에서 바라본, 점점이 떠 있는 작은 섬들과 어울린 바다 풍경도 잊을 수 없는 '인생 장면'이다. 나는 도저히 그 바다를 그냥 지나칠 수 없어 자전거에서 내렸다. 너무 좋아서 눈물이 날 것 같다는 기분을 알게 되었다.

　여행 중 배는 두 번을 탔다. 한 번은 서해안 코스가 끝나고 남해로 접어들고 난 후 제주도를 다녀오느라 완도항에서 제주항까지 왕복으로 배를 이용했다. 오토바이는 운임을 받지만 자전거는 무임승차였는데 요즘은 달라져서 3천 원인가를 받는다고 한다. 3시간여의 항해 시간 중에 객실 의자에 앉아 그동안 자전거를 달리느라 쌓인 노독을 푸는 꿀맛 같은 낮잠을 즐길 수 있었다. 또 한번은 거제도에 들어갔다가 다시 통영으로 나오는 길이 너무 도는 길이라 고현항에서 바로 부산항으로 직행하는 여객선을 탔었다. 1시간도 안 걸리는 뱃길이었는데 아쉽게도 2010년 거가대교가 개통된 후 이 여객선들은 다 없어져 버렸다. 그런데 자전거는 거가대교를 탈 수 없으니…

자전거 여행길에서 만난 반가운 청년들이 있었다. 완도에서 제주로 향하는 배 안에서 만난 20대의 대전 청년 김호민은 군 입대를 앞두고 우리와 비슷한 코스로 전국 일주 자전거 여행에 나섰다고 했다. 혼자서 하는 여행인데도 씩씩하고 구김살이 없어 대견하기도 하고 그 청춘이 부러웠던 기억이 난다. 잘살고 있으리라 믿는다. 나중 제주에서 돌아와 순천에서는 거꾸로 막 군에서 제대한 기념으로 자전거 전국 여행에 나섰다는 또 다른 대전 청년 강화평을 만났다. 그도 참 씩씩했다. 복학을 앞두고 보름이라는 짧은 시간 동안 전국 일주를 하기 위해 하루에 2~3시간 비박을 하면서 밤에도 달리고 있었다. 강화평은 지금 대전에서 지방의원으로 열심히 일하고 있다.

부산 광안리 해안도로에서는 서울에서 자전거로 달려온 3명의 청년을 만난 적이 있다. 군대 훈련소 동기들인데 각기 다른 부대에 근무하다가 제대 4일 만에 다시 만나 전국 일주 여행에 나섰다고 한다.

제주도에서는 함께 오토바이 앞뒤에 다정하게 타고 전국을 누비며 신혼여행 중인 젊은 부부를 만나기도 했다. 섬을 한 바퀴 도는 이틀 동안 여러 번 마주칠 때마다 격려의 싸인을 보내준 친구들이었다. 이런 아름다운 청년들이 있기에 우리나라의 미래는 밝다고까지 생각하게 만든 '길 위의 만남들'이다. 그 친구들 모두 잘살고 있으리라 믿는다.

요즘은 그 때보다 자전거 여행을 즐기는 사람들이 훨씬 많아졌다. 그런데 가만히 보면 한강, 낙동강 등 4대강을 따라 만든 자전거길을 많이 다니는 것 같다. 그런 길도 좋겠지만 해안도로를 따라가는 여행도 꼭 추천하고 싶다. 생업이 있다면 한꺼번에 전국 일주는 어렵겠지만 서해안, 남해안, 동해안, 제주도 등 허용된 시간에 맞게 구간 구간 달려보면 좋겠다.

다만 한 가지, 우리나라는 산악국가이다. 해안도로들은 바다로 떨어지는 산 고개를 넘어야 하는 곳이 많다. 그래서 강변 자전거길을 달리는 것보다 훨씬 운동이 많이 된다는 것은 각오해야 한다. 고진감래! 고개를 오르며 땀을 많이 흘리는 만큼 고갯마루를 내려갈 때의 쾌감도 훨씬 커진다는 것을 잘 알고 있지 않은가?

남극 세종기지를 방문하다

　해양수산부 장관 시절 남극 세종과학기지를 방문하는 데는 큰 결심이 필요했다. 비행기로도 가는 데 3일, 오는 데 3일 걸리는 지구상에서 가장 먼 여정이기 때문이다. 우리나라는 남극에 2개의 기지를 운영하고 있다. 2014년에 세운 장보고기지는 뉴질랜드 정남방의 남극대륙에 위치해 있고, 제일 먼저 건립된 세종기지는 남미 대륙의 끝에서 가까운 남극 대륙의 입구 킹조지섬에 있다. 두 기지 사이의 거리는 4,500km이다. 1988년에 세운 세종기지의 준공 30주년 기념식을 현지에서 거행하기 위해 방문단이 구성되었다. 극지 과학기지들은 해수부 산하 극지연구소에서 운영하므로 내가 단장을 맡았다.

　방문단은 나와 극지연구소장 및 연구원들, 관련 국회 상임위원장들과 정부 여러 부처의 공무원들로 짜여졌다. 취재 기자도 4명이 결합하여 총 28명의 대규모 일행이었다. 우리는 2018년 1.20(토)에 인천공항을 출발하여 12시간 30분 만에 파리에 도착, 다시 비행기를 갈아타고 칠레의 산티아고로 향했다. 14시간 30분이 소요되었다. 산티아고에서 하룻밤을 묵고는 다음날 남미 대륙의 맨 끝에 있는 푼타아레나스라는 도시로 날아갔다. 3시간 30분이 걸려 칠레가 남북으로 긴 나라라는 사실을 실감할 수 있었다. 거기서 또 1박을 한 후 작은 50인승 제트기로 두 시간 거리의 최종 목적지 킹조지섬에 도착하였다.

　포장이 아니라 작은 자갈로 다져진 활주로의 칠레 프레이 기지에 우리 세종기지 대원들이 마중 나와 있었다. 그때가 남극의 한여름이었고 킹조지섬의 위도가 남위 62도라 기온이 평균 0도 정도로 온화한 편이었다. 반면 같은 시기 남위 72도에 자리 잡은 남극대륙의 장보고 기지는 영하 10도였으니 위도의 차이에 따라 여름에도 기온 차이가 컸다. 주변에 비행장이 따로 없고 기후조건이 열악한 장보고 기지는 비행기로 착륙할 수 있는 시기가 연중 한 달 정도밖에 되지 않는다고 한다. 그래서 장보고기지 대원들은 세종기지를 서울이라고 부른다는 우스갯소리도 들었다.

일행은 기지에서 준비한 두터운 방수복을 원래 복장 위에 겹쳐 입고 다시 고무보트를 타고 남극해의 파도를 가르며 세종기지로 향했다. 30분 만에 기지가 멀리 보이기 시작하는데 기지 주위의 절벽이 온통 하얀 빙붕으로 장관이었다. 기지대장은 우리 보트를 그 부근까지 몰고 가서 남극의 기온상승으로 일부 빙붕들이 무너지고 있다고 설명했다. 기후변화가 남극에까지 직접 영향을 미치는 현장을 목격한 것이다. 세종기지는 여름철이라 70~80명이 인원이 상주하며 연구 활동을 진행 중이었다. 이들이 활동하는 데 지장이 없도록 숙소동, 연구동, 장비동 등 여러 건물들이 세워져 있다. 남반구의 겨울이 오면 매년 월동대 17명 남짓만 남아서 밤낮의 구분이 거의 없는 동절기 몇 달을 버텨내며 연구와 기지관리에 최선을 다하고 있다.

기지에 대한 신선식품 보급이나 긴급한 수요 물품은 우리가 들러온 칠레 프레이 기지를 통해 비행기로 공수한다. 그밖에 장기적 예측과 보관이 가능한 물품들은 한국으로부터 극지연구소의 아라온호가 공급을 담당한다. 아라온호는 2009년에 진수된 우리나라 최초의 7천 톤급 쇄빙연구선이다. 1m 두께의 얼음을 깨고 나아갈 수 있고 전후

좌우 이동이 가능하며 얼음이 달라붙으면 선체를 흔들어 털어낼 수도 있다. 각종 첨단 조사, 연구장비들이 설치되어 있어 60명의 연구원들이 연구를 수행할 수 있다.

　이 배는 1년 중 10개월 정도는 남극 지역에 투입되어 연구와 함께 장보고기지, 세종기지에 대한 보급지원을 담당하다가 2달 남짓한 기간만 북극해에 투입된다. 우리나라로서는 북극 지역의 기후변화가 미치는 영향이 더 심대한데 아쉬운 대목이 아닐 수 없다. 그래서 해양수산부와 극지연구소는 북극 지역의 2미터 이상 해빙을 깨고 더 오래, 더 깊숙이 항해할 수 있는 제2 쇄빙연구선의 건조를 추진하고 있다.

　우리는 도착하자마자 기지준공 30주년 기념식부터 거행하였다. 문재인 대통령의 영상 축하메시지도 방영하고 유공자에 대한 포상도 하였다. 월동연구대의 물품과 대통령을 비롯한 각계각층의 메시지를 담은 타임캡슐도 매설하였는데 기지 설립 100주년인 2088년에 열어볼 예정이다. 한반도의 60배 크기인 남극대륙은 1959년 체결된 남극조약에 의해 영유권 불인정, 개발과 군사적 이용 등이 금지되어 있다. 다만 과학적 조사연구 활동은 보장되어 있어 각 국가가 경쟁적으로 과학기지를 설치, 운영하면서 향후 자원개발 등의 기득권을 확보하기 위한 노력을 기울이고 있다. 강대국과 인접 국가들은 상시적으로 5~6개의 기지를 운영하는데 조약은 일단 2048년까지 효력이 유지된다.

　기념식을 마치고 나서 기지에서 2km 떨어진 펭귄마을을 방문했다. 남극특별보호구역 중 하나로 지정되어 우리 기지에서 관리 중인 이 언덕 위 노상마을(?)은 수천 마리 이상의 턱끈펭귄, 젠투펭귄이 살고 있는 집단서식지인데 우리는 도둑갈매기들과 함께 멀찌감치서 구경하다 돌아왔다. 남은 일정은 세종기지에서 기념파티를 한 후 하룻밤을 묵고 다음 날 귀국하는 것이었다. 곧 기지식당에서 모든 대원들과 방문단이 함께 하는 기념 파티가 열렸다. 그런데 맛있는 김치찌개를 곁들여 이른 저녁식사를 하고있던 중 뜻밖의 긴급보고를 받았다. 다음날 바람이 세게 불어 비행기 운항이 불가능하다는 소식이다.

그렇게 되면 최소 3일, 길게는 1주일 이상 기지에 발이 묶일 수도 있으니 저녁에 나가는 비행기를 타야 한다는 보고였다. 잠시 고민 끝에 바로 나가기로 결정했다. 안 그래도 장기출장인데 1주일 이상 더 지체할 수는 없는 일이었다. 한데 동행한 카메라 기자들이 불만을 표시했다. 이 먼 남극까지 어렵게 회사의 출장 허가를 받고 거금의 출장비를 들여왔는데 이렇게 몇 시간 만에 나가버리면 회사에서 욕을 먹는다는 것이다. 하는 수 없이 그들은 남아서 취재를 마저 하도록 하고 우리만 귀로에 올랐다. 아니나 다를까 그들은 우리보다 1주일 뒤에 귀국했다. 한 이틀은 재미있게 취재를 했는데 그 뒤에는 비행기 뜨기만 기다리며 기지에 갇힌 채 감옥생활을 하다 왔다는 것이다.

우리 일행은 푼타아레나스에서 마젤란 도청, 남극연구소 등을 방문한 후 귀국길에 올랐다. 남극에서의 하룻밤 체류가 수포로 돌아갔고, 너무 멀어 힘들었지만 내 평생 가장 귀중한 남극 맛보기 출장이었다.

내가 가본 발트해의 도시들

2007년 처음 스칸디나비아 지역에 갔을 때는 바다에 대한 의식이 없었다. 비행기로 이동을 하였으니 그 나라나 도시들만 보이고 바다가 보이지는 않았다. 그런데 스웨덴의 스톡홀름에서 바사박물관을 방문해보고 스톡홀름에서 핀란드의 헬싱키까지 밤새 항해하는 대형여객선을 타보면서 발트해라는 바다에 대해 생각해보게 되었다. 그 박물관은 1628년 첫 항해에 나서자마자 침몰했던 전함 바사 호를 333년 만인 1961년 인양하여 전시한 해양박물관이다. 당시 스웨덴은 발트해의 신흥 강국으로 부상하며 과거의 지역 강국이던 덴마크, 폴란드 등과 치열한 전쟁을 벌이던 구스타브 2세가 통치하던 때였다. 바사호도 아마 그런 전쟁을 수행할 목적으로 건조된 전함이었으리라.

내가 국회 상임위원장이던 2016년 코펜하겐(현지어로는 쾨벤하운)을 방문했을 때 비로소 발트해를 둘러싼 과거의 무역 관계나 지정학적 교두보를 둘러싼 전쟁들의 배경을 이해할 수 있었다. 코펜하겐은 덴마크와 건너편 스웨덴 사이의 좁은 외레순 해협에 바로 면해 있는 항구도시이다. 한 나라의 수도가 왜 이리 국토 끄트머리에 있을까 하는 의문은 과거 역사를 알면서 해소되었다. 덴마크는 지금은 인구가 580만 명으로 작은 나라지만 중세와 근세 초기까지는 발트해 지역의 절대 강국이었다. 해협 건너편 스칸디나비아반도의 스웨덴 땅 일부와 노르웨이 지역까지 차지하고 있었기에 당시에는 코펜하겐도 그렇게 외진 입지가 아니었던 것이다.

외레순 해협의 목줄을 쥐고 발트해와 북해를 오가는 선박들에게서 통행료를 걷던 시절, 코펜하겐은 덴마크의 으뜸가는 전략적 요충지였을 것이다. 현재 세계 최대의 선사는 머스크(MAERSK) 라인인데 본사가 코펜하겐에 있는 덴마크 기업이다. 왜 덴마크? 하기 쉽지만 머스크의 해운 DNA는 이렇듯 오랜 역사 속에서 성장해온 것이다. 해협의 가장 좁은 지역에 위치하며 그 옛날 통행세를 징수하던 코펜하겐 북쪽의 헬싱외르는 셰익스피어의 희곡 〈햄릿〉의 배경이 된 크론보르 성으로도 유명하다. 스웨덴과 덴마크는 이 해협의 통행세와 지역 주도권을 놓고 여러 차례 전쟁을 치루었다. 그 승자는 스웨덴이었다. 17세기 중엽 스웨덴은 외레순 해협 통행세를 면제받았고, 1812년에는 노르웨이를 점령하여 100년 가까이 지배하기도 했다.

코펜하겐과 스웨덴 쪽의 항구도시 말뫼 사이는 외레순 해협을 가로지르는 대교와 해저터널로 연결되어 있다. 두 항구는 나라가 다름에도 불구하고 하나의 항만공사가 통합운영을 하고 있는 것이 특이하다. 말뫼는 과거 융성했던 조선산업이 쇠퇴하면서 조선소 도크의 골리앗크레인을 단돈 1달러에 우리나라 현대중공업에 매각했던 아픈

역사를 갖고 있는 곳이다. 이른바 말뫼의 눈물 사건이다. 하지만 지금 말뫼는 아주 혁신적인 생태도시, 연구개발 도시로 거듭났다. 유엔 산하 세계해사대학(대학원 과정)도 여기에 있다.

발트해의 제해권을 둘러싼 싸움은 러시아와 스웨덴 사이에도 벌어졌다. 17세기까지는 전통의 강자 스웨덴이 지금의 핀란드를 포함한 발트해의 동쪽 연안 전체를 사실상 지배하면서 러시아의 발트해 진출을 성공적으로 봉쇄했다. 이런 봉쇄 상태를 깨고 스웨덴의 패권을 무너뜨린 인물이 바로 러시아의 표트르 대제이다. 표트르는 스웨덴에 짓눌려 있던 덴마크 및 폴란드와 동맹을 맺고 대북방전쟁을 개시해 스웨덴을 무너뜨렸다. 그 결과 러시아는 1703년 발트해 연안으로 진출하여 해변 늪지대였던 상트페테르부르크를 새 수도로 건설하고 막강한 발틱함대를 육성함으로써 해양 강국의 길을 열 수 있게 되었다.

그 상트페테르부르크에 나는 두 번이나 방문할 기회가 있었다. 한 번은 2007년의 여행 때 핀란드의 헬싱키에서 열차편으로 8시간 걸려 도착했었다. 1917년 볼세비키 혁명 전야에 레닌이 귀국하면서 탔던 그 열차 노선이다. 하필 우리가 탄 기차 이름도 '레닌호'였다. 또 한 번은 2016년이던가 이곳에서 열린 독립국가연합 합동 의회 행사에 한국 참관 대표단의 일원으로 가본 적이 있다. 두 번 다 1박 2일 정도의 아주 짧은 체류라 많은 곳을 보진 못했으나 세계 3대 박물관의 하나로까지 꼽히는 에르미타주 박물관과 공산혁명의 도화선이 되었던 크론슈타트 요새 방문은 러시아제국과 소련연방이 모두 무너진 지금 남다른 감회를 불러일으키는 역사의 현장들이었다.

2018년 6월에는 폴란드의 발트해 연안 항구도시 슈체친을 공무 방문한 적이 있는데 폴란드가 주최한 "세계 해사의 날" 기념행사에 참석하기 위해서였다. 그런데 이 도시는 옛날에는 스웨덴령이었고 러시아가 대북방전쟁에서 스웨덴에 최종 승리하면서 맺은 1720년의 스톡홀름 조약으로 프로이센에 넘어간 지역이었다. 그래서 도시의 아담하고 예쁜 풍경이 독일 지방 도시를 많이 닮아 있었다. 나중에 비스마르크 전기를 보니 이 주변에 그의 영지가 있었다는 것도 알게 되었다. 슈체친은 독일 영토이다가 2차 세계대전 패전으로 폴란드에 넘어갔지만 독일에 붙어있어 나도 베를린 테겔공항을 통해 육로로 들어갔다. 베를린에서는 차로 2시간, 바르샤바에서는 5시간 이상 걸리는 거리에 있다.

두려움없이 내려놓기 - 나이듦의 즐거움

　　10.26사태로 박정희 전 대통령이 사망했을 때 그의 나이는 만 61세였다. 갓 환갑을 지난 나이. 18년 장기집권을 했던 이라서 그것밖에 안 돼서 작고했나? 하는 사람들이 많을 듯싶다. 쿠데타든 혁명이든 젊음의 혈기가 있어야 벌일 수 있는 일이니 5.16은 그들의 젊은 야망이 불 지핀 역사였을 것이다. 시작은 그러했더라도 정말 아쉬운 것은 그가 듣는 대로 이해할 수 있다는 이순(耳順)의 나이를 넘어서서도 내려놓기의 결단을 하지 못해 참변을 당했다는 것이다. 길었던 권력의 길 만큼 마땅히 내려오는 길도 준비해두고 주변과 공유했었어야 지혜로운 사람이다.

　　나는 그런 레벨의 사람이 되지 못하지만 일찌감치 만 60세가 되었을 때 정치 그만두기를 결심했다. 너무 일찍 그만두는 게 아니냐, 지금 시절에 회갑 나이는 한창 일할 때다 등등의 만류가 많았으나 나는 과감하게 정치은퇴를 결정했다. 그 가장 큰 이유는 내가 정치 생활을 너무 오래 했구나 하는 자각이다. 대통령직선제 개헌운동의 깃발이 올라가던 1986년 연말부터 김영삼 전 대통령 비서 생활을 시작했으니 35년 넘는 세월을 그 안에서 몸담았다. 국회의원 생활만 하더라도 첫 당선된 2000년 16대 국회 등원 동기생이 박병석 전 국회의장이고 김진표 직전 국회의장, 우원식 현 국회의장은 나보다 늦은 17대에 첫 등원을 했다.

내가 정치계에 입문했던 1986년 말 우리나라는 아직도 후진독재국가였고 1인당 국민소득은 3천 불 수준에 불과했다. 반면 2021년 대한민국은 국민소득 3만5천 불 이상을 자랑하는 선진(?)민주공화국이 되었다. 그 35년 동안 우리나라는 경제력과 다방면의 국가 위상이 10배 이상 높아진 천지개벽의 시간을 보낸 것이다. 모든 것이 다 좋아진 것은 아니되 적어도 외양 면에서는 괄목상대할 진전이 이루어졌다. 그 큰 변화는 필연적으로 국민들의 삶과 의식의 변화를 초래할 수밖에 없다. 한마디로 지금의 국민들은 1986년의 국민이 아닌 것이다. 다른 시대의 정치는 새로운 세대의 정치인이 하는 게 맞다.

그동안 나는 비교적 자유롭게 내가 옳다고 믿는 대로, 내가 가장 유용하게 쓰인다고 생각하는 과업에 충실하면서 살아왔다. 나는 그것을 타인의 기준이 아니라 내 생각과 양심의 기준대로 따랐다. 그리하여 때때로 사람들은 어, 저 사람은 왜 저런 행동을 하지? 하고 의문을 가질 때가 있었을 것이다. 그것은 내가 정치인이 아니라 정치운동가로, 그것도 특정 정파에 소속되는 것을 거부한 채 자신의 사명을 설정하고 행동한 대가였다. 그 자유함이 세상에 해악을 끼치지 않고 조금이라도 도움이 되는 행보였다면 그것으로 나는 족하다.

내가 정치 조기 은퇴를 결심한 두 번째 이유는 내 인생관의 발로이기도 하다. 아직 활동할 나이가 맞다면 여전히 가슴 설레는 사명, 기쁘고 흥분되는 과업을 찾아 일해야 한다고 믿는다. 지난 30여 년 정치는 내게 썩 어울리는 직업은 아니었지만 그래도 국가와 국민을 위해 내가 할 일이 많다고 믿고 나섰던 사명의 과업이었다. 하지만 지금 바뀐 시대의 정치는 내게 보람을 주지 못한다. 우리 정치는 여전히 미완이지만 어차피 인간이나 세상은 늘 미완성이다. 대통령 비서관을 해보기도 하고 국회의원 3선과 장관을 지내기도 했는데, 그럼에도 불구하고 이루지 못한 일이 있다면 그것은 내 능력과 자질의 부족 탓이다. 그러기에 남은 과제는 새로운 사람들에게 맡기고 떠날 줄 알아야 한다.

나는 정치 말고도 남은 인생의 시간 동안 하고 싶은 일이 많다. 언젠가는 또 당선되겠지 하는 미련으로 정치백수 생활을 계속하기 싫은 이유이다. 우선 사회적 봉사이다. 나는 한 나라의 발전에 정치가 중요한 역할을 하는 것은 맞지만 궁극적으로는 그 나라 정신문명의 수준이 정치와 경제, 사회 발전의 밑바탕이라고 믿는다. 하지만 우리나라는 집약적인 경제발전의 결과 외양은 선진국의 틀을 갖추었으되 내면은 아직 그 수준에 이르지 못하거나 어떤 면에서는 퇴보한 나라다. 지금 정치의 퇴보와 난맥상은 그 단적인 증거이다. 쉽게 말해 육체의 성장을 따라가지 못한 정신적 지체 현상이 발생한 것이다.

이것이 내가 부산에서 사단법인 〈인본사회연구소〉의 운영에 참여하고 편집주간으로서 계간 소잡지 〈인본세상〉을 출간하는 이유이다. 정기적으로 인문학 강좌를 열고 지역의 작은 인문학단체들을 지원하는 사업도 한다. 다양한 형식으로 인간과 우리 공동체의 문제들을 함께 고민하는 자리들을 만들고 있다. 뜻을 같이하는 분들이 많이 계셔서 큰 힘이 된다. 사실 이런 일들을 수행하는 가장 기본적인 단위들은 학교, 종교, 언론 같은 분야일 것이나 안타깝게도 우리 사회는 황금만능, 경쟁지상주의의 물결에 전방위적으로 오염되어버렸다. 그래서 시민사회 저변에서의 정신문화운동이 전국적으로 더 많이, 더 광범위하게 일어나야 한다. 많은 국민들의 집단지성으로 좌, 우의 극단적 행동들을 제어하고 우리 사회를 관통하는 최소한의 양식과 기준을 만들어내야 한다. 그 바탕 위에서 우리나라는 명실상부한 선진국으로, 통일 강국으로 도약할 수 있을 것이다.

또한 시민사회는 그런 과제들을 선도해나갈 지도자들을 스스로 육성해나가야 한다. 하늘에서 뚝 떨어져 홀연히 나타나는 백마 탄 초인은 없다. 어떤 시대정신이 만들어져 큰 물결을 이룰 때 그에 부응하는 인물도 탄생하는 법이다. 우리는 정계, 경제계, 학계, 종교계, 언론계 등 각계각층에서 그런 지도자들을 키워내야 한다. 나에게 그런 역량과 여유가 있다면 뜻 맞는 분들과 함께 지도자양성학교를 열어 인재 키우기에 헌신하고 싶다. 저변의 정신문명운동과 함께 우리나라, 나아가 인류의 미래를 살찌울 가장 중요한 농사가 될 것이다.

생각은 좋지만 그 성과가 언제나 나겠느냐고 묻는 사람들이 있다. 걱정할 필요 없다. 이런 일들이 중요하다고 믿는 사람들이 존재하고 하나둘 늘어나는 순간 이미 승리하는 싸움이다. 하나가 열이 되고 열이 백이 되는 것이 어렵지, 그 다음부터는 백이 만이 되고 억이 되는 것이 곱셈효과이다. 사람 사이의 긍정적 희망에너지는 더하기가 아니라 곱하기로 증폭된다. 중요한 것은 시작하는 것이다. 나이 들어도 잘할 수 있는 일이 지혜 나누기와 사람 키우기 아닐까?

20세기 초반 미국의 문명운동가 스콧 니어링은 100세까지 살다가 스스로 세상을 떠났는데 나는 그렇게 오래 살고 싶지도 않지만 그의 건강한 생활 원칙은 참 부럽다. 그는 죽기 직전까지도 하루 일과를 3등분해 살았다고 한다. 생계를 해결하는 노동에 1/3, 세상을 위한 봉사에 1/3 그리고 취미 활동 등 자기 자신의 고양을 위한 시간에 1/3을 썼다는 것이다. 나 역시 가족생계를 위해 아직 일을 해야 하고 부족한 노후대책도 걱정해야 하지만 어찌어찌 살아지겠지 하는 낙관주의가 가장 큰 빽이다. 필요한 경제활동을 하면서 한편 세상을 위한 봉사도 하고 나 자신을 즐겁게 하는 일에도 적당한 시간을 쓰면서 살고 싶다.

　60세가 지나니 세상에 두려운 것도 없고 심지어 죽는 것도 그다지 두렵지 않다. 부모형제의 죽음을 겪었고 주변에 중병을 앓고 있는 가까운 분들이 계셔서 늘 영원한 이별을 생각하지 않을 수 없는 나이가 되었다. 그래서 두려움 없이 내려놓을 수 있다. 욕심을 내려놓고 더욱 즐겁게 살 일을 찾으려 한다..

| 부스 4 |

월요 5기 박창희

· 1962년 부산 출생, 울산에 거주
· 현대중공업 퇴직 후 방통대 중문과 졸업
· 현재는 전업주부(夫)와 책 읽기를 업으로
  살아가고 있음

= 수록 글 =

청도도원 가는 길 / 세월의 각질 / 김생원 전 / 숲 이야기와 가문비나무 / 기억의 공유 / 해암 선생을 보내며 / 그리운 백모님 / 아버지의 치매 / 인연 / 정승과 형 / 부채 / 축 합격 / 농사 3道 / 모범생활

肝 간

膽 담

相 상

照 조

肝膽相照 (간담상조)는 서로가 간과 쓸개를 꺼내 보인다는 뜻으로 마음속을 툭 털어놓고 숨김없이 친하게 사귀는 친구를 의미한다. 살면서 월요가 그런 친구이다.

청도도원 가는 길

　무릉도원 가는 길이 그러하듯 선배가 사는 청도도원, 그곳을 가려면 겨우 나룻배 하나 지나가는 두 절벽 사이를 더듬듯이 통과해야 한다. 자동차 한 대가 겨우 지나가는 후미진 산길을 올라가다 보면 그 길 끝나는 곳에 복숭아나무 숲이 나타난다. 본디 청도는 복숭아로 유명하지.

　방향 감각을 잃고 헤매는데 저 멀리서 바구니에 복숭아를 가득 담아 지고 가는 노인이 보인다. 길을 묻고자 차를 세우고 노인장에게 선배가 사는 집을 물어도 답이 없다. 귀가 어두우신가 보다. 선배가 알려준 번지 하나를 가지고 목적지를 찾아가는 길. 카카오 맵을 켜고 따라 가보지만 도달한 곳에는 더는 들어갈 수 없다는 팻말만 서 있다. 들어온 길을 되돌아 나가 마을 어귀에서 선배에게 전화를 걸어 길을 물으니 카맵으로는 못 찾고 티맵을 켜고 와야 한단다.

　도원은 절대 한 번에 모습을 보여주지 않는다. 가던 길을 되돌아 나오고 이정표도 없는 길을 한참 헤매다 포기할 때쯤을 기다려 비로소 모습을 보여준다.

　본래는 동기가 동행하려 했는데 전날부터 내리는 억수 같은 비에 혼자서 찾아갔다. 여전히 비바람은 거칠고 처음 가보는 산 깊은 곳이라 마음은 소심하여 사방을 경계하는 야생동물처럼 부스럭 소리에도 몸을 움츠리기도 한다. 승용차 한 대 겨우 지나는 길옆은 조금만 바퀴가 틀어져도 논두렁으로 박힐 듯 아슬아슬하다. 그러기를 30여분, 저 멀리 서있는 새둥지 같은 나무 우체통을 발견하고서야 마음이 놓이고서 주변이 시야에 들어본다. 과연 여기는 집 뒤로 병풍처럼 복숭아나무들이 숲을 이루고 집 앞으로는 작은 호수가 펼쳐져 있다. 신비로움이 가득한 곳이다.

2천 년 전 무릉에 사는 어부가 발견했다는 무릉도원이 중국에 있다면 한국에는 청도도원이 있다. 무릉의 어부가 그곳을 방문하고 돌아와 다시 여러 사람을 이끌고 갔지만 끝내 찾지 못했듯이 청도도원 또한 한 번 나오면 다시 찾을 수 있을까?

우여곡절 끝에 선배 집을 발견하니 입에서 시 한 수가 절로 나온다.

> 그렇게 그곳을 통과하면 산속에 섬이 있다.
> 저수지 위로 봉우리처럼 솟아있으니 섬이요,
> 물과 산이 해자처럼 사방을 둘러싸 있으니 성이다.
> 이곳은 언제나 시끄러운 도시 이방인을 경계한다네
>
> 하루 종일 인적은 없고,
> 밤에는 달과 물고기의 대화 소리가 들리고,
> 낮에는 하늘과 새의 담소 소리가 들리며,
> 꽃은 제철마다 무지개 일곱색으로 피고,
> 나무는 성문을 지키는 무사처럼 늠름하다네.

그곳 섬 같은 성에 선배 부부가 멍 때리며 늦깎이 자연인으로 살고 있다.

    인터넷도 없고, 가로등도 없고, 인가도 없는 그곳에.

    안방에 탁자 하나만 두고, 해인사 퇴설당에 새긴 경허 스님의 선시(禪詩) 하나를 명심보감처럼 가슴에 품고 살아가고 있다.

> 靜聽魚讀月 (정청어독월)
> 笑對鳥談天 (소대조담천)
> 물고기가 조용히 달 읽는 소리를 듣고
> 새들이 하늘과 얘기하는 걸 보고 웃네

    여기는 경북 청도 중곡지 산속리 선배는 지금 부산과 청도를 오가는 삼부사청을 하고 있다. 나는 겨우 한나절을 지내고 왔는데, 만나는 사람마다 강산이 변했다고 한다.

    아! 중국에 무릉도원이 있다면 한국에는 청도도원이 있구나.

*월요 2기 이 선배는 방송국 PD로 근무하면서 인문학 강의를 기획하여 인문학 붐을 조성하였고 은퇴 후에는 중곡지에 은둔하며 선비로 살고 있다.

세월의 각질

일흔,
아침부터 그 나이쯤 최백호 노래를 듣다보면
발뒤꿈치 각질처럼 허옇게 떨어지는 기억들.
비밀을 들킨 것처럼 부끄러워 각질 위에
연고를 바른다.

언제였지,
일흔의 기억을 거슬러 오르다 보면
어금니 빠진 빈자리에 사랑니가 돋아난다.
그래 그때는
너도 사랑니를 앓았었지.

이제는,
부질없는 일이라고
각질처럼 떨어지는 기억들을 훔치면서도
오늘 하루는 사랑니를 앓듯이
아무 것도 못하고 지내겠다.

세월이란
소중했던 추억도 각질처럼 딱딱하고
허연 먼지로 소복이 쌓였다가

어느새 쉰내처럼 버려지는 일이다.

(詩作 후기) 지난 모임에서 다가오는 지인의 칠순 이벤트 준비를 위해 그 사람에 어울리는 호(號)를 지어보자고 제안했다.
그리고 하루 종일 칠순을 맞이하는 그 사람에 어울리는 호를 생각하다 밴드에 올라온 또 다른 지인의 글을 읽고 느낌을 졸시(拙詩)로 지어보았다. 당시 최백호가 부른 노래는 "낭만에 대하여"였다. 아마 가수도 칠순을 훌쩍 넘겼을 것이다. 목소리에서 쉰내가 난다.

그리고 우리는 그 사람 호를 '배정(培正)' 선생으로 지어주었다. 그 분은 함안에서 나서 부산으로 유학하여 문현동 산 위의 배정고등학교를 다녔기 때문이지만 평생을 바름과 공정을 실천하며 살아온 이미지와 부합했기 때문이었다. 칠순을 맞이하면 살아온 날보다 훨씬 적은 살아갈 날을 남겨 놓고 있지만, 시간을 아끼면서 열심히 살아갈 것이다.

김 생원 전

　김 생원은 어려서 배우기를 좋아했고 시경을 읽고 짓는데 특출하였다. 어려서부터 지역에서 개최하는 각종 시험에 응시하여 여러 번 급제했다. 결국 김 생원은 성균관을 거쳐 음서로 벼슬길에 나아갔고 나중 문형(文衡)이 되었다. 문형(文衡)이란 물건의 무게를 재는 저울처럼 글의 무게를 달 줄 아는 사람에게만 주어지는 훈장 같은 관직이다.

　그는 동아학숙에 부임 받아 평생을 유생들에게 경서와 시문을 가르쳤고 은퇴를 앞두고는 호젓한 곳에 정자를 지어서 그 곳을 애한정(愛閑亭)이라 불렀다.

　애한정이란 한량이 한가로이 소일하는 거처란 뜻이다. 그는 시간만 나면 애한정에 앉아 책을 읽거나, 그림을 그리거나, 차를 마시거나, 계곡물이 바위 엉덩이를 툭 치고 지나가는 장난기를 노려보거나 바람이 나뭇가지를 흔들어 풍경이 땡그랑거리는 소리를 즐겼다. 그러고도 심심하면 벌렁 누워 오수를 즐겼다. 혹시 뱀이나 구렁이가 무섭지 않냐고 하니 오히려 그들이 깜짝 놀랄까 조심한다고 하고 범보다 저녁 모기나 쇠파리가 제일 무섭다고 했다.

　그는 일찍부터 은퇴 후 마음이 한가로이 노닐 곳을 찾아다녔다. 근처에 물이 있어야 하고, 집은 길이 끊어지는 끝에 있어야 하고 낮에는 햇볕이 잘 들고 저녁에는 석양이 비쳐 혼자서도 능히 술잔을 비울 수 있는 곳이어야 했다. 그리고 딱 맞는 집을 덕계 무지개 계곡 끝자락에서 발견하고 金을 부르는 대로 쳐주었다. 나중 이웃이 그 金에 놀라했으나 개의치 않았다. 그는 손재주가 있어 버려진 팔레트를 거두어서 집을 짓고 창을 내고 바닥을 깔았다. 주중에는 유생들을 가르치고 주말이나 방학을 기다려 농사를 짓고, 꽃밭을 가꾸고, 담벼락이며, 정자며, 연못과 마당을 만들고 책걸상이나 식탁을 만들었다. 지금처럼 제법 모양이 나오기까지 5~6년이 걸렸다. 만들다가 태풍을 만나 방치된 온실도 한 켠에 있다. 집을 짓는데 가장 많이 들어간 비용은 못 값이라고 했다.

그는 출입문을 나무꼬깔처럼 만들어 대문에 걸어두고 사람이 없어도 찾아오는 사람은 빗장을 열고 텃밭에서 키운 상추며, 양파며, 고구마며, 계절에 따라 열리는 보리수 열매며 밤이며 감이며 먹거리를 먹을 양만큼 따가도 언짢아하지 않았다.

김생원의 꿈은 이곳에 학동들이 놀고, 체험하고, 공부하고, 책을 읽는 숲속 조그마한 도서관을 만드는 것이다. 앞은 늘 열려있고 옆으로는 계곡물이 책 읽는 소리처럼 흐르고 뒤로는 우뚝 솟은 숲이 지키고 서있어 이웃과 사회를 위해 많은 꿈나무들이 자라날 수 있는 좋은 정기가 느껴지는 명당자리인 것 같다.

김 생원의 꿈이 이루어지는 날에 또 찾아보리라.
갑진년(2024) 봄날에 장 총무와 김 생원 농가를 다녀와서 그 소감을 적다.

숲 이야기와 가문비나무

주미향 작가는 자작나무에서 시작해서 숲 이야기로 생각을 넓혀간 울산에서 활동하는 유화작가이다. 그리고 마틴 술레스케는 가문비나무로 바이얼린을 제작하는 명장으로 독일 출신이다.

5월 한 달간 울산 문화예술회관 근처의 Roxy 갤러리 카페에 전시되고 있는 주미향 작가의 숲 이야기 그림 시리즈를 우연히 지인들과 들렀다가 현장에서 작가님을 만나게 되어 커피와 맥주를 마시면서 작품 이야기를 들을 수 있었다.

작가님이 한때 몰입했던 자작나무는 위도가 높은 추운 지역에서 자라고 특히 강원도 인제에서 군락을 이루어 자라기 때문에 작품을 하는 동안 참 많이도 인제를 갔었다고 하였다. 특히 겨울에 만나는 자작나무가 인상적이어서 늘 눈 오고 추운 겨울을 골라 그곳을 갔었다고 했다.

얼마 전 가문비나무의 노래라는 책을 읽었는데 자작나무 역시 나무가 곧고 단단한 것이 아마도 바이올린을 제작할 때 쓰는 가문비나무와 물성이 비슷할 것 같아 연관해 보았다.

우리는 누군가에게 그 사람에 대해 평을 할 때가 있다. 기준은 제각각이지만 결국 사람의 평가는 좋은 사람, 나쁜 사람으로 구분한다.

악기는 울림으로 평을 한다. 바이올린 판을 만드는 나무로는 곧고 단단하고 나이테가 촘촘한 나무가 좋다. 아마도 독일에서는 고지대에서 곧추 선 가문비나무를 최고로 치는 듯하다. 춥고 척박한 환경에서 자라기 때문에 천천히 그러나 단단하게 자라고 생존을 위해 불필요한 곁가지는 스스로 쳐내어 몸통을 길게 곧게 높인다고 한다. 이런 나무로 바이올린 판을 만들면 울림이 크고 소리가 좋다고 한다. 온화한 기후와 좋은 토양에서 자라는 나무는 빨리 자라기 때문에 세포벽이 넓고 단단하지 못해 악기를 만들면 울림이 적은 것과 대조적이다.

사람도 마찬가지일 것이다. 사람을 오래 사귀어 보면 큰 울림을 주는 사람들이 있다. 그 사람들도 척박한 환경에서 자신을 키운 가문비나무처럼 절제하고 견디며 용기와 결단으로 단단히 살았을 것이다. 그렇다고 풍요롭고 큰 어려움 없이 자라는 것을 폄하하는 것은 아니고 단지 울림에는 그렇다는 이야기다.

이런 이야기들로 대화를 하다가 창밖으로 보이는 왕생로 문화의 거리에는 울산을 대표하는 조각가 우성립의 작품들이 전시되어 있다. 똥배가 불룩하게 나오고 뒤뚱거리며 걷지만 사람 좋은 얼굴로 웃고 있는 중년 남성 조각이 트레이드 마크이다.

주 작가님은 우리가 울산에 살면서 아직 우성립 조각가를 모르고 있다는 것에 깜짝 놀라는 표정에서 얕은 밑천이 드러나기도 했다.

그리고 헤어지면서 오늘의 기억들을 잊지 말자고 Roxy 갤러리 카페 앞에서 강제로 작가님을 붙잡고 우성립 작가의 조각을 포인트로 이날 모인 동료들과 한 컷 했다.

즐거운 인생, 인생은 아름다워~

기억의 공유

평소 마음으로 따르던 신 선배님이 두 번째 책을 내셨다. 한평생을 같이했던 가족과 또는 일부분을 함께했던 가까운 지인과의 추억을 함께 나누자는 의미로 기억의 곳간을 풀어 형님, 가족, 믿음, 세상 그리고 인도에 관한 주제들로 잔잔한 글을 풀어내셨다.

신 선배님은 6.25가 발발했던 해에 태어났기에 전쟁의 생채기를 고스란히 마음에 안고 70여 년을 사셨다. 전쟁이 나던 해 납북된 제헌국회의원이신 신성균 선생의 막내아들로 태어났으나 한 번도 아버지의 얼굴을 보지 못하고 오롯이 어머니만의 그늘과 아버지를 대신한 형님에게 정신적으로 의지하며 굴곡의 70년을 살아내셨다. 그리고 반복해서 몰아치던 폭풍우를 견뎌내고 이제는 잔잔한 바람처럼 나이듦으로써 편해지셨다고 말씀하신다.

그러나 세상을 정리할 겨를도 없이 서둘러 떠나신 형님을 마음에서 놓아드리기도 전에, 또 형님의 잘못이 당신의 잘못인 양 자책하시다가 뒤따라가신 어머니에 대한 사모곡이 이 책을 내게 된 동기가 되셨나 보다.

황망히 먼저 가신 형님을 추모하며 형님이 생전에 써 놓으셨던 몇 편 글을 모아 공동 수필집을 내신 것이다.

형님이신 고 신현주 님은 2012년 폐섬유증 진단을 받고 불과 두 달도 채우지 못하고 67세 젊은 나이로 가신 것 같다. 입원 치료도 한 달을 못 채우셨다니 참으로 급하신 듯하다. 형님의 지인들이 전하는 고인의 성격이 모두 신 선배님의 모습과 닮아있다.

평소 내 기억 속의 모습도 점잖음, 진중함, 남에게 폐 끼치는 것을 극도로 싫어하시고 속을 내보이시지 않는 삭힘의 삶. 문상 온 문우들이 말씀하셨다지. '형님의 언행이 태산 같았다'고.

신 선배님도 그러하셨다. 단지 형님이 느긋한 성격이라면 신 선배님은 좀 불같았고 속에 화가 있으시다고 느끼는 것이 장남과 막내의 차이 때문이 아닐까 여겨진다.

형님에 대한 병상 기록 중에서 산소마스크를 쓴 채 동생과 의사전달을 필담으로 나누는 대목은 가슴이 미어진다. 반 수면 상태에서 신 선배님과 나눈 동상이몽(同想異夢) 필담은 마지막 유언처럼 서로가 평생을 형 동생으로 살면서 방식은 달라도 생각이 같고 일치되는 꿈을 공유하고 있다. 반동 집안으로 낙인된 절망과 아픔 그리고 치유 해결까지도.

나 또한 2011년 혼자 뭄바이지사 근무 중 간단한 감기 증상으로 입원하셨다가 3개월 만에 중환자실에서 폐렴으로 세상을 떠나신 장모님 생각이 나고, 학교와 병실을 오가며 아픔과 무서움을 혼자서 감내한 집사람이 생각나 가슴이 아렸다.

신 선배님은 2013년 수필전문지 〈에세이스트〉에서 신인상을 받고 수필작가로 등단하였다.

그리고 2015년부터 〈에세이스트〉에 15회에 걸친 "아버지를 위한 변론"을 연재하고 2018년 한 권의 책으로 묶어 첫 번째 단행본을 출간하셨다. 그 책을 읽다 보면 태백산맥은 아니라도 소백산맥과는 견줄 만한 한국 전쟁문학의 한 획으로 여겨진다.

고향이 예향의 도시 전주라서 한학에도 능통하고 책에서 구사하는 어휘력은 쓰임이 맞고 글에 군더더기가 없다.

직장을 다닐 때는 직책에 맞는 호칭을 불렸지만 은퇴하고는 항상 성함을 부르는 것이 결례일까 봐 대선배님이라고 불러드렸는데 '대' 자를 빼달라고 당부하신다. 내 마음의 존경심을 표현할 적절한 호칭을 못 찾고 있었는데 이 책에서 나이 지긋한 친구들이 이름을 부르기 민망도 하니 호를 지어 부르자고 해서 찾은 호가 '평산(平山)'이라고 밝히셨다. 우연히도 그 호는 돌아가신 형님도 쓰셨다고 하니 동상(同想)이 천생연분인 것 같다. 참고로 평산은 평산 신씨 33세손에서 가져왔다고 하셨다. 남들에게는 평산 선생으로 일컬으면 되겠는데 선배님께 부르기는 여전히 민망하다.

에세이는 소설처럼 단번에 다 읽기보다 입안에서 사탕을 녹이듯 한 제목 한 제목 천천히 시나브로 읽어야 단맛이 오래 우러나는 것 같다. 인문학이나 고전을 읽을 때도 처음엔 책상에 앉아서 읽다가, 소파에 앉았다가, 소파에 누웠다가, 그러면 잠이 들기도 하고, 깨면 다시 읽고 시간에 쫓기지 않아 좋다. 오래 볼수록 생각도 깊어지는 듯하기 때문이다. 늘 생각이 변하니까.

임인년 (2022년) 여름에 책을 읽고 소감을 남긴다.

해암(海巖) 선생을 보내며

사람의 삶은 찰나다.

고전에 1200년을 살았다는 사람도 지금은 수를 다하여 이미 세상에 없다. 이럴진대 반백에 요절했다 한들 또 백수를 누렸다 한들 백사장 모래 알갱이만큼의 차이요 오십보백보다.

하물며 인간의 살아온 날에 비해 마지막 이별은 더 짧다.

부고를 띄우고 하룻밤을 지새우고 발인을 하고 추모공원에 안장하기까지 보통은 3일 길어야 5일을 넘기지 못한다.

언제나 이승에서 보내는 마지막 집은 병원이고, 욕을 먹을 만큼 욕심을 내어 봐도 마지막은 한 줌 흙으로 남는다. 살면서 체득한 적잖은 지식과 주옥같은 지혜, 물러설 줄 모르는 욕망도 마지막은 분서갱유처럼 깡그리 불태워져 흔적도 없이 묻힌다.

지금 사랑하는 사람을 떠나보낸 유족들은 비통한 마음을 가누지 못할 것이다. 그러나 슬퍼할 겨를도 없이 세상이 정하는 절차에 따라 부고를 띄우고 문상객을 받고 장례를 치르느라 정신이 없다.

본디 천둥은 번개가 치고 한참 후 터지는 법, 고인을 잃은 슬픔도 번개가 친 후 한참이 지나야 비로소 터지게 될 것이다.

고인을 추모공원에 모시고 집으로 돌아와 삼베옷을 벗고 베개를 베고 누운 뒤에야 비로소 고인을 잃어버린 슬픔이 천둥소리처럼 가슴에 쏟아질 것이다.

해암 선생은 몹쓸 병을 앓고도 억척스럽게 병을 밀어내었다. 그리고 거의 병을 극복하고 이젠 오랫동안 함께 할 수 있을 것이라 믿었다. 미얀마 이연학 신부도 늘 기도로 힘을 보탰다.

모두들 해암이라는 자호(自號)처럼 바다 위 성난 파도와 폭풍우를 만나도 꿋꿋하게 바위처럼 끄떡도 없을 거라 믿고 싶어 했다.

작년 10월에 만난 해암은 나에게 3가지 약속을 했다.

첫째는 내가 방송대 일문과를 등록했다 하니 본인이 일본에서 15여 년을 지낸 일본통이라 일본 구석구석을 소개할 수 있다고 몸이 나아지면 함께 일본 여행을 가자고 제안했다.

둘째는 내가 골프 경력은 10년이 넘는데 여전히 백돌이를 못 깨고 있다고 하자 연습 방법을 소개하면서 석 달이면 백돌이를 깨는 비법을 전수해 주고 날씨 좋은 봄에 부부 라운딩을 함께 하자고 했다.

셋째는 내가 물을 무서워해서 남해가 고향이라도 수영을 못 한다고 하니 물을 무서워하는 마음을 버리면 된다고 여름에 동해 양양 근처 스노클링을 함께 가자고 했다.

올 2월에 다시 만난 해암은 더 쾌활해지고 표정이 밝았다. 그러나 3월 말쯤에 몸이 조금 안 좋아지는 것 같다고 전화를 주었다. 그런 중에도 회고록 초안이 완성되어 완섭 형님을 만나 발간 방안을 협의하고 최종 일정을 조율하였다고 했다. 그러면서 지금은 몸이 안 좋아 회고록 발간기념 북콘서트를 가을로 미루어야겠다고 미안해했다. 그때 내가 사회를 보기로 되어있었다.

해암은 고비를 넘지 못하고 허망하게 살아온 60년 회고록 초안만 남기고 갔다. 결국 회고록은 유고집이 되어 발간될 것이고 그 일은 남아있는 우리의 몫처럼 보인다. 병상에서도 힘을 얻고 전력을 다했던 그의 60년 회고록이 발간되는 날, 해암은 하늘에서 기뻐하며 특유의 하회탈 같은 해맑은 얼굴로 한장 한장 넘겨볼 것 같다.
　이승의 기록을 다 남겨두고 떠나는 해암, 부디 잘 가시게.

　해암 베네딕도 김해곤 님은 2024년 5월 30일 밤늦게 강남성모병원에서 영원히 눈을 감았다.

　삼가 고인의 명복을 빕니다.

2024. 5. 31.

그리운 백모님

이번에 고향 남해에 흩어져 있는 조상묘들을 한데 모아 문중묘를 조성했다. 전국으로 흩어져 사는 후손들의 산소 관리 수고로움을 덜어주자는 취지에서다. 올해만 세분의 숙모님을 보내드렸고 집안의 제일 어른이신 백모님도 아흔이 넘어서자 갑자기 쇠약해져서 생사를 다투고 계시다. 작년 설에 찾아뵙고 사진을 찍어두었는데 집사람이 사진을 보고 블로그에 글을 올렸다. 그래서 집사람의 글을 살짝 빌려왔다.

나이 들어가는 일을 생각해볼 때가 있다. 부쩍 피부의 탄력이 떨어지고 안 보이던 점들도 올라온다. 친구 중에는 피부과나 성형외과를 들락거리는 이들도 보인다.

그러나 통영 박경리 기념관에서 선생의 사진을 보고 나서 난 늙음과 민낯을 겁내지 않기로 마음먹었다. 사진 아래 적혀있는 설명을 보니 원주 자택 텃밭에서 직접 농사지은 고추를 갈무리하며 찍은 사진이라고 되어있다.

같이 여행하던 친구들은 무심하니 그 앞을 지나갔지만 나는 그 사진을 본 순간 엷은 그 미소가, 노작가의 민낯이, 신성한 노동이 어찌나 아름답던지 지금 글을 적는 이 순간도 울컥한다. 그렇게 텃밭에서 키운 농작물로 자신을 뵈러 내려온 후배 문인들에게 따신 밥을 차려 먹이시는 소박한 삶을 유지했단다.

기념관 마당의 비석에 새겨져 있던 글귀는 또 어떤가.

모진 세월 가고
아아 편안하다
늙어서 이리 편안한 것을
버리고 갈 것만 남아서 참 홀가분하다.

그리고 또 한 분이 있다. 나의 백모님.

작년 설날 즈음 뵈었을 때인가보다. 아흔셋의 나이로 동네에서 제일 연세가 많으셔 洞首로 불리신다. 그 연세에도 인사차 들른 우리를 위해 시금치를 캐어주신다며 텃밭으로 나가시는 걸 남편이 사진으로 남겼다.

신혼여행에서 돌아와 처음으로 신행간 본가 댁. 갑갑한 한복 두루마기에 버선, 고무신 차림으로 하루 종일 어른들에게 인사를 다니니 죽을 맛이다. 큰댁을 찾았을 때 백모님께서 차렵이불을 내어주시며 이불속에서 잠시라도 버선을 벗고 쉬라며 손을 꼭 잡아주시던 그 순간부터 이분은 나에게 남다른 분이 되셨다. 영혼으로 닿았다는 느낌? 물론 나 혼자만 그랬을 지도

미소 짓는 얼굴이 꼭 하회탈 같으셨지만 그 미소 앞에서는 저절로 무장해제가 되고 만다. 아름답게 늙는다는 게 어떤지 보여주는 전형이라고나 할까. 주름진 얼굴이지만 얼마든지 아름다울 수 있다는 걸 이 두 분을 보고 느꼈다면 아직 어린(?) 나이에서 비롯된 치기일까.

그 백모님이 고관절수술에 따른 노환으로 결국 요양원으로 들어가시게 되었다. 코로나로 면회도 안 되었는데 어찌 견뎌내셨는지…

이후 백모님은 6개월을 더 버텨내시다가 결국 코로나를 이기지 못하고 세상을 뜨셨다.

肝膽相照(간담상조)

아버지의 치매

치매 끼가 있는 아부지가 하루는 나에게 저 나무에 앉아있는 새 이름이 뭐냐고 물으셨다.
아들은 "까치입니다" 하고 대답했다.
응~ 하고 돌아서서는 조금 전 한 말을 잊어버리고 또 물으셨다.
"까치요" 하고 귀찮아져서 퉁명스럽게 대답했다.
응, 까치~ 그러곤 물어본 걸 또 잊어버리고 다시 물으셨다.
"아이씨~ 까치라니까" 아들은 버럭 화를 내고 말았다.

치매가 진행될수록 아부지는 옛날 기억은 더 뚜렷해졌다.
하루는 내 어릴 적 까치 이야기를 들려주었다.
꼬마인 내가 나무에 앉아있는 새 이름이 뭐냐고 물었다.
아부지는 "까치란다" 하고 알려주었다.
나는 응 까치구나~ 하고 돌아서서는 또 잊어버리고 다시 물었다. 아부지는 똑같이 대답했다. "까치란다"
나는 돌아서면 또 잊어버리고 그렇게 23번을 물었고, 아부지는 똑같은 대답을 23번을 하면서도 너무 내가 사랑스러웠다고 했다.

세월이 가고 내가 아부지가 되고 예순 즈음이 되니 알게 되었다.
아부지의 그 속마음을. 그리고 아부지가 안 계시니 전화 한 통도, 먹을 거 하나라도 잘 챙겨드리지 못한 것에 대한 후회가 되었다.
아부지 당신이 그립습니다.

설을 앞두고 2년 전 돌아가신 장인어른이 계신 하늘공원을 다녀와서 점심을 먹는 자리에서 먹먹한 그리움을 고백해서 이미 고인이 되신 웃음 전도사 황수관 박사의 위 이야기를 들려주었다.

시간이 갈수록 안개처럼 희미해져만 가는 그리운 얼굴을 그리면서 정훈희와 송창식이 부른 영화 음악 삽입곡 '안개'를 듣는다.

2023년 1월 쓰다

인연

작은 동수는 월요 5기 동기이다. 우리는 우리 윗 기수인 4기에 박동수 선배가 있어 흔히 우리는 큰 동수, 작은 동수로 구별을 했다.

내가 본 동수는 천재형 인간이다.
공부는 대충대충하는 것 같은데 기본 논리를 익혀 공부에 활용하여 성과를 내는 타입이다. 카리스마가 강해 조직을 주도하는 리더형 인간이고 친화력도 뛰어나다. 조그마한 키에도 열정이 대단하여 문예실에서 후배들 군기는 그가 다 잡았다. 더운 날이면 문예반에 올라와 소매 없는 런닝만 입고 마대 씻는 물통에 발을 담근 채 공부하던 기억이 생생하다.

월요 전통처럼 우리 동기는 4명이지만 모두 공부를 잘했다. 그 결과 동수는 수능고사에서 흡족한 성적으로 이과에서 문과로 교차 지원하여 서울대 경제학과에 진학했고, 나머지 동기도 서울로 진학하고 나만 부산에 남았다.

동수를 불러낸 것은 집사람과의 인연 때문이기도 하다.
나는 집사람을 '안샘'이라 부른다. 안샘은 동수와는 거제초등 동기동창이다. 동수가 주선한 여자 초등동기 미팅에서 안샘을 만났다. 본고사가 없어진 그해, 수능을 치르고 합격자 발표를 기다리고 있던 1981년 1월이었다. 남포동 타임이라는 카페에서 만나 소지품 고르는 걸로 짝이 정해졌던 것 같다. 파트너를 정한 후 각자 헤어져서 나는 서면 대한극장 앞 약속 다방으로 옮긴 기억이 있다. 지금도 서면을 나가면 그 장소를 찾아보지만 간 데 없이 사라지고 없다.

아무튼 결혼까지 성공한 짝은 나와 안샘 뿐이다.
안샘은 여전히 같이 미팅했던 초등학교 여자 동기들과는 왕래를 계속하고 있다. 신혼 때는 부부같이 가끔씩 야외를 간 적이 있었던 것 같은데 내가 울산으로 오고 또 다른 사람들이 직장을 따라 부산을 떠나고부터는 부부 동반으로 만난 적이 없다. 아무튼 대학교 1학년 때 동수가 부산에 내려오면 미팅에 나온 파트너들과 주선자인 여자 동기 집에서 모여 카드놀이를 한 기억도 난다. 아마도 한 동네에 살면서 집안끼리도 잘 알고 있어서 거리낌이 없었던 것 같다.

모두 62년생이니까 이제 모두 환갑이 지났다. 그때의 풋풋한 모습은 이제 반백의 흔한 옆집 아저씨 아줌마로 변했다. 코로나 때 아들을 장가보내면서 친구들을 초대했는데 동수는 나의 우인으로, 함께 미팅했던 여자 파트너들은 안샘 우인으로 초대되어 한 장소에서 극적인 조우를 했다. 내가 하객분들께 인사말을 하면서 두 사람을 불러내어 두 사람과의 인연을 소개하고 감사 인사까지 했다. 사람들이 나중에 그날은 아들 결혼식이 아니라 내 회갑 잔치를 하는 것 같았다고 놀려댔다.
어쨌든 모두 다 놀랐을 것이다. 동수는 늘 변함없는 초등학교 그대로의 모습에, 여친들은 너무 변한 수다스러운 아줌마 모습에. 그래도 언제나 친구들이 정겹다.

肝膽相照(간담상조)

내 생에 역전 드라마를 쓸 수 있도록 가장 큰 인연을 만들어 준 동수에게 양복 한 벌 못 해준 것이 늘 미안함으로 남아 있다. 그때는 지독하게 가난해서였다. 옛날 우리 선조들이 먼길 떠나는 친구들에게 돈이 없어 글로써 대신하였듯 나도 글로써 보답하네.
　영원한 젠틀맨 김동수 고맙네. 그리고 사랑하는 우리 동기들.

<좌로부터 박창희, 이수철(목사), 김동수(회계사), 김영학(대표)>

정승과 형

지금은 진행자가 교체되었지만, 한때 주영진 앵커가 진행하는 낮 방송 SBS 뉴스브리핑을 가끔 시청하곤 했다.

그 프로에 정계 은퇴를 선언한 소위 386의 맏형격인 K 전 장관이 출연하여 앵커와 대담했다. 이전부터 느끼는 것이지만 앵커는 상당히 K 전 장관에 호의적인 것 같다. 항상 차세대 리더 그룹을 이야기할 때마다 상위는 아니지만 K 전 장관을 빠트린 적이 없기 때문이다. 이번 대담에서도 똑같은 멘트를 했다.

K 전 장관의 정계 은퇴 선언은 한마디로 거대한 담론정치에서 디테일한 생활 정치로 바뀜을 실감하고 더이상 신진 젊은 정치인들보다 더 잘할 수 없겠다는 판단이 들어 과감하게 정치를 떠날 결심을 했다고 한다. 사실 민족, 민주, 통일 등 중요하면서도 인내를 요하는 담론 정치보다는 즉시 만족감이 체감되는 생활 정치에 젊은 유권자들이 더 반응을 보이는 게 현실이다.

그러나 정계에서는 은퇴하지만 시민운동을 통한 보편적 삶의 질 향상과 지역발전 및 정치를 시작하는 젊은 정치인을 키우는 아카데미 활동 등은 계속하겠다는 은퇴 이후 계획도 이야기했다. 앵커는 한마디로 선거 정치는 하지 않더라도 패널로 활동을 기대한다고 했다. 또 대담프로에 자주 초청해서 현안에 대한 견해를 듣고 싶다고도 했다.

나이로 치면 60은 청장년인데 이미 386은 퇴역정치인이 되었다. 당시 민주 학생운동을 거쳐 패기 있고 정치철학이 뚜렷한 30대의 80학번 60년대생을 일컫던 존경받는 386은 민주화운동에 앞장서 한국의 새 정치에 활력소가 되었으나 시간이 흐르면서 486, 다시 586으로 불리다가 이제 환갑을 넘긴 쉰세대로 동력을 잃어가고 있다는 평가를 받고 있다.

현재 우리가 잘살게 된 건 돌이켜보면 보수와 진보를 떠나 과거 중요한 고비 고비마다 목숨을 바쳐 희생해왔던 분들의 노고가 녹아있기 때문이다. 전쟁에서 목숨을 바쳐 나라를 지켜냈고 욕을 들으면서도 강력한 경제성장주도 정책으로 가난에서 국민을 구해냈고, 자기희생으로 인간 중심의 민주 사회를 이루어 낸 덕분이다.

조건이 허락되면 가까운 지인들과 자연인으로 돌아온 K 장관님이 아닌 K형이라 부르며 조촐한 식사 자리라도 마련했으면 좋겠다.

* K장관은 해양수산부장관을 지낸 월요 4기 김영춘 선배이다

부 채

경남 의령에 사는 중학교 절친의 공장을 방문했다.
근처에 고 이병철 회장의 생가가 있어 부자 기운을 받고 싶어 들렀다. 마주한 이병철 회장이 한마디 거든다. "누워있는 나를 봐라" (空이라는 말이겠지)

의령 사는 그 친구는 꼿꼿한 성질머리 때문에 직장에도 적응 못 하고, 하는 사업마다 말아먹었다. 5년 전 친구는 의령으로 내려가 마지막 사업이라며 폐기전자제품 재처리 가공 공장(속칭 고급 고물상)을 시작하였다. 자존심이 강해 힘들다고 말은 안 해도 어려운 걸 안다.

당시 성공하면 갚으라고 5백만 원을 조건 없이 주었다. 늘 자금에 허덕이며 한 5년간을 죽을 고생을 한 것 같다. 살아 있다는 소식만 전해주더니 작년부터 앞이 보인다고 공장을 보러 오라고 연락이 왔다. 공장을 보여주면서 어려울 때 도움을 준 5백만원이 50억으로 갚을 때까지 열심히 하겠다고 하였다. 자신감이 넘친다. 그날이 기다려진다.

문득 친구 이야기를 적다 보니 월요 바로 아래 후배가 생각난다.

후배는 부모님이 안 계시고 할머니 밑에서 컸다. 생활이 여유롭지 않았기에 동기들이 늘 옆에서 챙겨준 것 같다. 친구 덕에 성격이 밝아 방사선과를 졸업하였고 창원에 있는 삼미특수강에 취업했다. 학생일 때는 자주 만났다.

　그 후 후배는 결혼을 앞두고 전셋집을 마련하는데 돈이 좀 부족했던 모양이다. 부모님은 안 계시고 할머니는 연로하니 손 벌릴 곳이 없었다. 나에게 큰돈은 아닌데 부탁을 했다. 그러나 나 또한 갓 결혼한 가난한 월급쟁이라 여유가 없었다. 어려운 부탁을 거절하고 참 마음이 아팠는데 지금 생각하면 대출을 받아서라도 주었으면 하고 후회가 된다. 그도 나의 사정을 이해했다.

　그 후로도 한 번씩 안부를 묻곤 했는데 언제부터인지 소식이 끊기고 지금은 어디에서 무얼 하는지 궁금하다. 살면서 소주 한잔할 날이 올지 문득 그가 그립다. 잘 지내시는가?

축 합격

    옛날에는 과거 시험을 통해 관직에 나아갔다. 그 시험은 오로지 작문 하나로 실력을 평가했다.
    글을 지으려면 고대 하·은·주(나라)와 진한을 거쳐 당·송까지 중국의 역사와 공자·맹자 사서오경에 당송 문인들의 글을 꿰고 있어야 답을 쓸 수 있을 만큼 해박해야 했다.

    그 수준을 감히 상상 못 하다가 마침 옛글을 읽으면서 조선 후기 숙종 때의 문신인 신정하 본인이 쓴 과거 시험 답지를 보게 되었다. 참고로 그는 글과 시로는 당대 최고의 문인 중 한 사람이었지만 36세로 단명했다.
    과거 시험의 글제가 '소식이 쓴 범증의 인물관에 대해 논하라' 정도로 이해된다.
    소식은 누구이며 또 범증은 누구인가. 그리고 소식은 범증에 대해 어떠한 평가를 내렸는지를 알아야 답을 쓸 수 있다.
    소식은 북송 때의 대학자이자 문인이다. 소동파로 알려진 인물이다. 범증은 초한지에 나오는 항우의 장군이자 책사이다.
    그리고 소식의 범증론은 '항우가 유방에게 패한 원인은 최고의 책사인 범증을 잘 쓰지 못하고 의심했기 때문이다'라고 했다. 그래서 절대적 우세에도 유방에게 패한 책임은 전적으로 군주인 항우에게 있다고 했다. 이러한 배경 지식을 알고 있었기에 신정하는 답안지를 작성할 수 있었다.

그러나 그의 견해는 소식과는 반대였다. 범증이 인(仁)과 의(義)로 항우를 인도하지 않고 얕은 꼼수와 술책으로 군주를 잘못된 길로 인도했기 때문에 신하로써 책무를 다하지 못한 죄를 따졌다. 초나라가 망한 책임을 신하인 범증에게 돌렸다.

아무튼 과거 시험의 수준이 고대 역사와 문장에 해박한 지식이 있어야 하고 그것을 해석해 내는 뚜렷한 자기 철학을 요구하고 있다. 대비의 상복을 입는 것에도 과거 기록을 근거로 시시비비를 가리는 당파싸움이 지금 눈에는 한심해 보여도 학문의 깊이 때문에 발생한 것이 아닌가 생각된다. 그만큼 조선은 철학이 있는 문의 나라였다. 그렇다고 무신들이 학문을 등한시한 것도 아니고 문신들이 병법을 모르지도 않았다. 단지 백성보다 군주와 사대부를 우선한 과오는 있다.

내가 이 글을 쓰게 된 이유는 동문 후배의 따님이 2024년 변호사시험에 합격했다는 소식을 들어서이다.

나는 동문 후배의 평소 글이나 말을 통해 딸 바보인 것을 익히 알고 있었다. 머리가 좋아 공부를 잘하고, 애교가 많아 아빠와도 허물없이 지내고, 장녀답게 매사를 딱 부러지게 야무지게 잘하고, 외모까지 준수해서 아버지를 닮았기 때문이기도 하지만 그냥 부녀지간만으로도 사랑스럽기 때문이었다. 그런데 엉덩이에 피가 나도록 공부하여 한번 만에 시험을 통과해 버렸으니 얼마나 대견하고 사랑스러울까?

사법고시가 변호사시험으로 명칭이 바뀌었어도 그 영향력은 여전히 조선 시대 과거 시험과 견줄 만하다. 그리고 변호사시험의 문제도 과거 시험의 문제 수준과 비슷할 것이라 여겨지기 때문에 그 노력과 공부의 폭이 대단했을 것이다.

  뒤에 알게 된 사실이지만 김동수 동기의 막내딸 역시 같은 해 변호사시험에 합격했다는 소식을 듣게 되었다. 이제 새로운 고생길이 열릴 수도 있겠지만 오늘은 두 딸의 합격을 축하해주고 싶어 글을 남긴다..

2024년 3월 쓰다

농사 3道

딸을 잘 키워 좋은 짝에게 시집보내는 후배로부터 청첩장을 받고 자식을 키우는 것도 농사를 짓는 것처럼 혼신을 노력을 다하는 것일 거라 생각했다.

> 농사에는 3가지 道가 있다.
> 첫째는 때를 놓치지 않는 것,
> 둘째는 꾸준히 하는 것,
> 셋째는 부지런히 하는 것이다.

부산 녹산에서 중견의 강소기업을 경영하는 월요 후배가 딸의 결혼 소식을 전해오니 문득 농사 3道가 생각났다.

그는 일찍 세상을 떠난 선친으로부터 당시 크지 않은 기업을 이어받아서 지금의 내실 있는 지역 중견기업으로 일구어냈을 때도, 한 집안의 가장으로서 자녀들을 사랑스럽게 키워냈을 때도 세상사의 기본인 농사 3道를 잊지 않았기에 가능했을 것이다.

세상에는 꽃을 즐기는 사람과 나무를 가꾸는 사람이 있다. 꽃은 화려하지만 한 철 피었다 진다. 그러나 나무는 그런 꽃들을 매년 피운다. 일시적 화려함과 당장의 이익만을 좇는다면 꽃보다 좋은 것은 없을 것이나, 지금 당장 꽃은 볼 수 없지만 매년 피는 꽃을 생각하는 사람은 나무를 키울 것이다.

세상의 온갖 유혹에 빠지기 쉬운 한참 청춘일 때 선친기업을 물려받은 후배가 당장의 화려함과 안락함을 좇았다면 지금처럼 10배 이상 커진 중견기업을 만들어내지 못하였을 것이다. 꽃의 유혹보다는 당장은 힘들겠으나 나무를 가꾸어야겠다고 결심을 했기 때문에 가능했을 것이다.
　정말 휴일도 휴가도 없이 열심히 앞만 바라보고 달려온 그이기에 환갑을 바라보는 나이에 딸을 시집보내게 되면서 많은 생각에 젖어 있을 것이다. 이제는 나무는 다 자라 매년 저절로 꽃을 피울 것이니 조금은 인생을 즐기면서 살아도 될 듯한데.

　신부인 딸에 관한 기억은 우리가 한창 젊었을 때 경주 콘도에서 가졌던 1박2일의 가족 모임에서이다. 그때 딸은 초등학교를 입학했는지(?) 아무튼 아버지 엄마를 닮아 뛰어난 미모에 특히 키가 유난히 크고 날씬했던 기억이 난다. 성격도 활달하여 구김이 없었다.
　그런 딸을 후배가 나무를 가꾸는 정성으로 예쁘게 훌륭하게 키웠으리라 짐작된다.

　이번 계절의 여왕 5월에 결혼하는 신부에게 인사를 보내며 개혼하는 혼주에게도 자녀를 잘 키웠다고 응원을 보낸다.

　"축하합니다"

2024년 5월에 쓰다.

모범생활

언행(言行)일치의 삶을 사는 것은 참으로 어려운 일이다.

골프의 스윙처럼 매일 매일 연습하고 노력하여 몸에 배이지 않으면 항상 엇박자가 난다. 행동보다 말이 앞서면 슬라이스가 나고, 말보다 행동이 앞서면 훅이 난다. 말과 행동이 일치할 때 삶은 똑바로 나간다. 그 삶이란 말이 당겨주고 행동이 버텨주는 균형감이다. 거기다가 어깨에 힘까지 뺀다면 삶은 더 멀리 나아간다.

고다 신완섭 시인의 일곱 번째 단풍시선 시집 제목이 '모범생활(Model Life)'이다. 이 시집은 골프의 스윙처럼 말과 행동이 일치하는 삶을 살다간 사람들의 이름을 한 사람씩 불러내며 지은 詩이다. 아마 시인이 닮고 싶어 하는 삶인 듯하여 박수를 보낸다.

누구나 마음속에
아쉬움을 묻고 산다

단단해 지려거든
절망부터 배워야
희망이 보인다

믿을 구석
하나 없는 세상
너무 멀리 가지 마라
돌아오기 힘들다

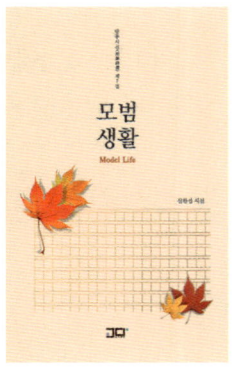

| 부스 5 |

월요 5기 김영학

- 62년 부산 출생, 울산 거주
- 서울대 화학과를 졸업
- 기업체에 몸담았다가 은퇴
- 현재 블로그 '코디의 세상이야기' 연재 중

= 수록 글 =

입춘(立春) / 경칩(驚蟄) / 하지(夏至) / 소서(小暑) / 추분(秋分) / 상강(霜降) / 소설(小雪) / 동지(冬至)

사 계

내 블로그는 옛 성현의 글을 배우고 익히면서 그들의 삶을 공유하고자 함이다. 옛 성현들은 이름을 멀리하고 혼자 마음을 닦는 일을 즐거움으로 삼았거늘, 어찌하다가 장자의 담론에 끼어들었다가 이 지경이 되었다.
블로그 꼭지 중 '24절기 이야기'가 있다. 전체를 다 올리기엔 분량이 많아 계절별로 몇 편을 추려 보았다.
성현의 발자취를 더 알고 싶은 분은 블로그 '코디의 세상이야기' (https://blog.naver.com/wcodi) 를 찾아 주시면 된다.

24절기 입춘(立春)

"입춘대길 건양다경" 그리고 솟을대문 입춘첩(立春帖) 이야기

절기상으로는 봄이 성큼 다가오고 있다. 양력으로 2월 4일은 24절기의 시작인 입춘이다.

입춘은 봄이 들어서는 날이라는 의미를 담고 있다. 입춘은 대한(大寒)과 우수(雨水) 사이에 있는 24절기의 첫 번째 날이다. 겨울 추위를 상징하는 소한(1월 6일), 대한(1월 20일)은 이미 지났다. 얼음이 녹아 물이 된다는 우수(雨水)는 2월 19일, 개구리가 겨울잠에서 깨어난다는 경칩(驚蟄)은 3월 6일이다.

진정한 의미의 봄은 우수와 경칩을 지나야 온다지만, 입춘은 겨울이 끝나가고 있음을 알리는 징표다. 입춘 이후에도 큰 추위는 올 수 있지만, 봄의 기운은 막을 수 없다.

입춘날 아침에는 대문이나 기둥에 '입춘대길(立春大吉) 건양다경(建陽多慶)' 등 입춘첩을 붙이는 풍습이 있다. 입춘대길 건양다경은 '봄이 시작되니 크게 길하고 경사스러운 일이 많이 생기기를 기원한다'는 의미를 담고 있다.

입춘첩은 입춘 날에 각 가정에서 그해를 축원하는 글귀나 그해의 복을 비는 상서로운 글귀를 써서 대문 또는 대들보, 부엌문, 문미 등

에 붙이는 풍속이다.

입춘에 붙이는 입춘첩 이야기

입춘첩은 조선 시대에 궁중에서 설날에 문신들이 임금에게 지어 올린 새해 축하 시문 가운데 뛰어난 것을 뽑아 대궐의 기둥이나 문설주에 붙인 것에서 유래했다.

입춘첩에 가장 많이 쓰는 글귀는 '입춘대길 건양다경(立春大吉 建陽多慶)'이다. '봄이 시작되니(立春) 크게 길하고(大吉), 따스한 기운이 도니(建陽) 경사스러운 일이 많이 생기기(多慶)를 기원한다'는 뜻이다. 참고로 건양다경(建陽多慶)을 쓰게 된 유래는 고종황제 즉위 이후 '건양(建陽)'이 연호로 사용된 다음부터 써 붙였던 것이 지금까지 이르게 되었다고 한다.

비슷한 축원으로는 서기운집(瑞氣雲集, 상서로운 기운이 구름처럼 가득 하라), 만사형통(萬事亨通, 모든 일이 뜻대로 잘 이루어진다) 등도 쓴다. 만사여의(萬事如意), 만사대길(萬事大吉)도 같은 뜻이다.

이외에도 소문만복래(笑門萬福來, 웃는 문으로는 만복이 들어 온다), 부모천년수 자손만대영(父母千年壽 子孫萬代榮, 부모는 천 년을 장수하고 자식은 만대까지 번영하라.), 수여산 부여해(壽如山 富如海, 산처럼 오래 살고 바다처럼 재물이 쌓여라) 등이 있다.

퇴계 이황 선생 고택 솟을대문 성림문(聖臨門) 이야기

성림문은 글자 그대로 성인이 태어난 곳이라고 하며, 퇴계 선생의 어머니인 춘천 박씨께서 임신 중에 꿈을 꾸었다.

박씨는 공자께서 제자들을 이끄시고 대문으로 들어서는 태몽을 꾸었다고 해서 퇴계 선생의 수제자 학봉 김성일이 '성림문'이라 명명한 것이라 한다.

성림문과 같은 형태의 대문을 솟을대문이라 하는데 기와집 대문의 한 형식으로 행랑채를 두고 대문 있는 곳을 높임으로써 그 집의 권위를 나타낸다.

솟을대문이 높은 이유는 양반들이 말을 타거나 가마를 타고 대문으로 들어설 때, 고개를 숙이지 않고 진입하려면 대문이 높아야 하기 때문이다.

솟을대문은 양반가의 기와집에서 주로 사용했던 형식이다. 양반집은 대개 외행랑이 갖추어져 있으며 대문은 주로 외행랑에 설치되는데

아산 맹사성 고택

병산서원 복례문

행랑의 높이대로 대문을 내면 타고 다니는 가마가 걸리기 때문에 대문간 지붕을 높게 만든 대문이라고 한다.

대문 위에 현판이 걸려있다. 충신지려이다. '忠臣 贈 吏曹參判 趙旅之閭(충신 증 이조참판 조려지려)'라 적혀 있다.

조선 초 세종 때 청백리로 잘 알려진 맹사성 일가가 살던 고택
정승을 지낸 고불 맹사성의 저택답게 솟을대문을 하고 있다. 대문은 후대에 만들어진 것으로 보인다. 솟을대문 양쪽에는 문간채를 두고 있다.

'복례'(자기를 낮추고 예(禮)로 돌아가는 것이 곧 인(仁)이다) 일반적인 삼문(三門)의 형식이 아닌, 가운데 칸만 판문(板門)이고, 좌우로 벽체를 한 칸씩 두고 있는 것이 특징이다.

24절기 경칩(驚蟄)

그리고 울산 성안옛길 홍매 백매 청매 영춘화 이야기

경칩은 우수(雨水)와 춘분(春分) 사이에 들며, 양력 3월 6일경이다. 경칩은 흔히 겨울잠을 자던 개구리가 잠에서 깨는 나는 날로 알려져 있다.

경칩은 놀랄 경(驚), 숨을 칩(蟄)이다. 겨울잠을 자는 벌레를 의미하는 뜻이 담겨있다. 즉 겨울잠을 자던 개구리와 뱀 등 동물들과 벌레들이 놀라서 깨어나는 시기를 뜻한다.

경칩의 유래는 천둥이 치는 소리에 벌레들이 놀라서 땅에서 나온다고 하여 놀랄 경(驚)을 사용한다. 겨울잠을 자던 동물들이 땅속에서 깨어나고 초목의 싹이 돋기 시작한다는 뜻을 지니고 있다.

꽃 중에서 가장 먼저 봄을 맞이한다고 해서 붙여진 꽃나무 '영춘화(迎春花)'

설중사우(雪中四友) 중 하나로도 꼽히고 조선 시대 장원급제자의

울산 성안옛길

영춘화(迎春花)

머리에 꽂는 어사화로 쓰였다고 해 '어사화', 매화와 거의 같은 시기에 꽃을 피워 '황매(黃梅)'라고도 불린다.

희망, 사모하는 마음의 꽃말을 가졌으며 개나리와 유사한 모양이지만 개나리보다 꽃 색이 연노랑색이고 꽃잎이 6장인 것이 상이하다 (개나리는 4장)

매화는 꽃의 색깔에 따라 홍매(紅梅), 백매(白梅), 청매(靑梅)라고 부른다. 전체적으로 붉은색을 띠고 있는 것이 홍매화, 꽃받침은 붉지만 꽃잎의 색이 하얀 것이 백매화, 흰 꽃잎에 꽃받침이 청색인 것이 청매화이다. 우리가 먹는 매실은 백매화의 열매라고 한다. 홍매화나 청매화의 열매는 먹을 수가 없다고 한다.

매화는 봄이 왔음을 가장 먼저 알리는 꽃 중 하나다. 매화가 피었는데 그 꽃 위로 눈이 내리면 설중매, 달 밝은 밤에 보면 월매, 옥같이 곱다 해서 옥매, 향기를 강즈하면 매향이 된다. 월매는 남원 사는 성춘향의 어머니 이름이기도 하다.

아주 오랜 옛날부터 선비들의 지조와 절개를 상징하며 우리 조상들 사랑을 듬뿍 받은 나무가 바로 매화나무다. 끼니 때우기도 힘들던 시절 매화 감상을 떠나는 이들은 대부분 양반가의 선비들이나 풍류를 즐길 수 있었던 시인 묵객들이었다. 이른 봄에 처음 피어나는 매화를 찾아 나서는 것을 심매 또는 탐개라고 한다.

퇴계 이황은 아침마다 마당에 있는 매화와 대화를 나누고, 매군(梅

君), 매형(梅兄), 매선(梅仙)이라고 불렀다고 하며, 임종 직전에는 "저 매화 화분에 물을 주거라"는 말을 남겼다고 전해진다. 도산서원 광명실 앞 매화는 퇴계가 풍기군수를 할 당시 두향이라는 관기로부터 선물 받은 매화였다.

퇴계 이황은 '매화는 추워도 그 향기를 팔지 않는다'는 말을 평생의 좌우명으로 삼았다고 한다. 아무리 어려운 상황에 처하더라도 원칙을 지키며 의지와 소신을 굽히지 않겠다는 뜻이 담겨있는 말이다.

사군자는 매화, 난, 국화, 대나무를 군자에 비유한 것인데 그중 으뜸인 것이 매화가 아닐까 한다.

선비들이 매화나무를 좋아하는 이유는 추운 날씨에도 굳은 기개로 피는 하얀 꽃과 은은하게 배어나는 향기, 즉 매향 때문이다. 서리가 내리는 시기에 눈 속에서 피어난 매화를 보면서 어려움을 딛고 일어나는 기상을 보여주는데, 이것 또한 선비정신의 발로일 것이다.

군자는 일반적으로 덕을 갖춘 사람, 인품이 높고 벼슬을 하지 않은 사람을 일컫는다. 군자의 다른 이름이 선비이고 그들의 정신을 선비정신이라 부른다.

24절기 하지(夏至)

울산 장생포 수국정원 그리고 장생포 고래마을 이야기

24절기 중 하지는 양력으로 대개 6월 21일 무렵이 된다. 일 년 중 태양의 적위가 가장 커지는 시기로, 태양은 황도상에서 가장 북쪽에 위치하는데, 그 위치를 하지점(夏至點)이라고 한다. 북반구에서는 낮의 길이가 가장 길고, 태양의 남중고도(南中高度)가 가장 높아지는 시점이다.

하지에는 우리나라의 경우 정오의 태양 높이도 가장 높아 일사량도 많으며 햇빛이 비치는 시간도 길어지게 된다. 그렇기 때문에 일 년 중 태양이 가장 높이 뜨고 낮의 길이가 길어져 북반구의 지표면은 태양으로부터 가장 많은 열을 받는 날이기도 하다. 하지를 시작으로 기온이 상승하여 여름 더위가 시작된다고 볼 수 있다.

하지가 시작되면 장마철이 시작되고, 또한 더운 날씨로 인해 가뭄 대비도 해야 하기 때문에 농번기로 본다면 하지는 일 년 중 추수와 더

장생포 고래문화마을

불어 가장 바쁜 날이기도 하다.

강원도 평창군 일대에서는 하지 무렵에 감자를 캐어 밥에다 하나라도 넣어 먹어야 감자가 잘 열린다고 했으며, '감자 천신한다'고 하여 감자를 캐어다가 감자전을 부쳐 먹기도 했다고 한다. 하지 속담 중에 "하짓날은 감자 캐어 먹는 날이고 보리 환갑이다."라는 말이 있는데, 이 뜻은 하지가 지나면 보리가 마르고 알이 잘 배지 않는다고 하여 생긴 말이다. 하지가 지나고 나면 감자 싹이 죽기 때문에 '감자 환갑'이라고 하기도 했다.

수국(水菊)은 '물을 담은 항아리'라는 뜻으로 물을 좋아하는 꽃이며 수분이 많은 곳에서 잘 자란다고 한다.

수국의 꽃은 색깔이 5~6번 변한다고 한다.

- 피기 시작할 때 흰색
- 꽃이 커지면서 점점 청색
- 다시 붉은 기운이 돌다가
- 나중에는 자색이 된다.
- 토양이 알칼리성이면 분홍빛이 진해지고,
- 토양이 산성이 강하면 남색이 된다.

수국의 꽃말이 '변하기 쉬운 마음'이 된 것은 이러한 수국의 특성에서 비롯된 것이다.

수국의 탐스러운 꽃은 사실은 꽃이 아니라 꽃받침이고 거기다가 암

술 수술 모두 퇴화된 무성화(無性花)이다. 그래서 수국은 결실을 하지 못하여 씨로서 번식할 수 없다고 한다.

장생포 고래문화마을에 있는 오색수국정원은 2019년부터 2021년까지 3년 동안 탐스럽고 화사한 20여종의 다양한 수국 10,000여 본이 식재되었다고 한다.

장생포 고래문화특구는 장생포 고래박물관, 고래생태체험관, 고래바다여행선과 연계한 국내 유일의 고래 관광인프라 구축을 위해 고래생태 체험공원인 고래문화 마을을 조성하여 세계적인 고래 관광도시로 발전하는 것이 목적이라 한다.

장생포 고래문화마을 수국

24절기 소서(小暑)

장마와 더위 그리고 선비나무 태화강 배롱꽃 이야기

24절기 소서는 하지와 대서 사이에 들며, 음력 6월, 양력 7월 7일 쯤 된다. 태양이 황경 105°의 위치에 있을 때이다. 이 시기에는 장마 전선이 우리나라에 오래 자리 잡아 습도가 높아지고, 장마철을 이루는 수가 많다.

소서를 중심으로 본격적인 더위가 시작되므로 온갖 과일과 소채가 풍성해지고 밀과 보리도 먹게 된다.

소서 때는 과일과 채소가 풍요를 이루어서 제철 채소인 오이, 애호박, 감자 등과 많이 자라나 영양가가 풍부해진 다슬기들을 잡아서 요리하여 먹었으며 제철 과일인 자두, 토마토, 수박, 참외 등을 함께 챙겨먹으면서 더위를 식혔다고 한다.

한여름 백일동안 핀다는 배롱나무는 깨끗한 나무껍질은 깨끗한 청결과 고요함을 상징한다. 정자와 향교 묘지에 배롱나무가 눈에 띄는 것은 선비들이 사랑했기 때문일 것이다. 배롱나무는 떠나간 벗을 그리워하는 나무라고 한다. 누구를 그렇게 그리워해서 심었을까? 정자 옆에도 향교에도 묘지에도 배롱나무가 참 많다.

배롱나무는 나무를 자르면 겉과 속이 같아 선비나무라고도 한다.

배롱나무의 나무껍질은 옅은 갈색으로 매끄러우며 얇게 벗겨진다. 이렇게 배롱나무가 껍질을 다 벗어 버리듯 스님이 세속을 벗어버리길 바라는 마음에서 배롱나무를 절 마당에 많이 심었다고 한다.

조선의 충신으로 유명한 사육신 성삼문(成三問, 1418~1456)은 배롱나무를 보며 한시를 지었다. 당시 성삼문은 당시 혼란스러운 나라를 걱정하는 마음을 이 시에 담았다고 전해지고 있다.

어제 저녁 꽃 한 송이 지고　昨夕一花衰(작석일화쇠)
오늘 아침 꽃 한 송이 피어　今朝一花開(금조일화개)
서로 일 백일을 바라보니　相看一百日(상간일백일)
내 네가 좋아 한잔 하리라　對爾好銜杯(대이호함배)

목백일홍 배롱꽃 전설 이야기

옛날 어느 어촌에 목이 세 개 달린 이무기가 나타나 매년 처녀 한 명씩을 제물로 받아갔습니다. 그해에 한 장사가 나타나서 제물로 선정된 처녀 대신 그녀의 옷으로 갈아입고 제단에 앉아있다가 이무기가 나타나자 칼로 이무기의 목 두 개를 베었습니다.

태화강 국가정원 십리대숲 배롱나무

처녀는 기뻐하며 "저는 죽은 목숨이나 다름이 없사오니 죽을 때까지 당신을 모시겠습니다." 하자,

"아직은 이르오. 이무기의 남은 목 하나도 마저 베어야 하오. 내가 성공을 하면 흰 깃발을 달고 실패하면 붉은 깃발을 달 것이니 그리 아시오." 하고 길을 떠났습니다.

처녀는 백일 간 온몸과 마음을 다하여 정성껏 기도를 드렸습니다. 백일 후, 멀리 배가 오는 것을 보니 붉은 깃발이 걸려 오는 것을 보고 그만 자결하고 말았습니다. 장사는 이무기가 죽을 때 뿜어져 나온 피가 깃발에 묻은 줄을 몰랐던 것입니다.

그 후 이듬해 봄에 처녀의 무덤에서는 낯선 나무 한 그루가 돋아 붉은 꽃을 피우니 이 꽃나무가 저 유명한 잡귀를 쫓는 목백일홍이었다고 합니다.

태화강 국가정원 원추리

24절기 추분(秋分)

수확의 계절 성안옛길 그리고 천고마비 농가월령가 이야기

추분은 백로(白露)와 한로(寒露) 사이에 있는 24절기의 하나이며, 양력 9월 23일 무렵으로, 음력으로는 대개 8월에 든다. 여름 하지 이후 낮의 길이가 점점 짧아져 추분에는 낮과 밤의 길이가 같아진다. 추분이 지나면 밤의 길이가 더 길어지기 때문에 기상학적으로 더 가을에 가깝다. 정말 가을 같은 날씨이다.

추분은 한자어로 가을 추(秋), 나눌 분(分)이다. 계절의 분기를 말한다. 여름과 겨울을 구분한다는 의미이다. 추분처럼 낮과 밤의 길이가 똑같은 날이 있다. 바로 춘분이다. 춘분은 겨울과 봄을 구분한다.

꽃범의꼬리는 한국에서는 이름을 꽃이 핀 모습이 호랑이가 입을 벌

울산 성안옛길 꽃범의꼬리와 꽃무릇

리고 있는 모습을 하고 있고 꽃이 피어오르는 모습이 꼬리처럼 길며 뾰족하게 보여서 '꽃범의꼬리'라고 이름 지었다고 한다.

"추분이 지나면 우렛소리 멈추고 벌레가 숨는다"는 뜻은 추분에는 벼락이 사라지고 벌레는 땅속으로 숨고 물이 마르기 시작한다는 뜻이다.

농촌에서는 추분을 즈음하여 논밭의 곡식을 수확하고, 목화와 고추를 따서 말리는 등 가을걷이로 분주하기 짝이 없는 시기다.

추분 시절은 긍정적이고 낙관적인 심정을 기르는 것과 정신의 평안을 유지하는 것이 중요하다고 한다. 이렇게 해야 외부의 악한 기운이 침입해 오는 것을 막으며 기를 수렴할 수 있고, 가을의 평온한 기운에 순응을 할 수가 있다고 한다.

천고마비 사자성어 이야기

천고마비(天高馬肥)는 '하늘이 높고 말이 살찐다'는 뜻이다. 가을이

울산 성안옛길 익어가는 햇벼와 울산배

썩 좋은 계절임을 의미하는 말이다. 풍요로움을 표현할 때도 쓰인다. 가을을 상징하는 사자성어로 이만한 게 없다. 원래 '추고새마비(秋高塞馬肥)'로 당나라 시인 두심언(杜審言)의 시에 나온다.

증소미도(贈蘇味道)　초당(初唐)　두심언(杜審言 645 ~ 708)

구름 걷히고 혜성도 떨어지니　雲淨妖星落
가을은 깊어 변방의 말은 살이 찌겠구나　秋高塞馬肥
말안장에 의지하여 명검을 휘두르고　據鞍雄劍動
붓을 들어 격문을 띄우리라　搖筆羽書飛

두심언은 당대의 시성(詩聖) 두보(杜甫)의 조부로, 변방에 근무하는 친구가 빨리 돌아오기를 바라며 시를 지었다고 한다.

성안동 주민의 자랑인 성안옛길은 함월산 둘레를 감싸는 오솔길로 자연 그대로의 명품 산책길이다.

절기별 옛 농민의 일상 삶을 엿볼 수 있는 농가월령가 이야기

농가월령가 : 조선 시대 정학유가 일상적 농민의 삶을 취재하여 적은 글이며, 농사짓는 이들이 매월 할 일을 적어놓은 글. 덧붙여 세시풍속, 놀이, 행사, 음식 등에 대한 소개도 녹아있다.

*정학유(丁學遊, 1786-1855) : 조선 후기 문인. 다산 정약용의 둘째 아들

24절기 상강(霜降)

첫서리 내리는 시기 그리고 울산 태화강 국화꽃 이야기

상강은 24절기 중 18번째로서, 한로(寒露)와 입동(立冬) 사이에 놓인 가을의 마지막 절기로 10월 22일 경이다. 된서리가 내리기 시작하는 이 무렵에는 농촌의 가을걷이가 한창으로, 수확의 계절이다.

첫서리가 내리기 시작하는 시기로, 아침이면 온 땅이 서리로 뒤덮여 아침 햇살을 받아 온통 하얗게 반짝거린다. 이 시기에는 쾌청한 날씨가 계속되며, 밤에는 기온이 매우 낮아 수증기가 지표에서 엉겨 서리가 내리며, 온도가 더 낮아지면 첫얼음이 얼기도 한다.

상강 때는 단풍이 절정에 이르며 국화도 활짝 피는 늦가을의 계절이다. 중구일(重九日)과 같이 국화주를 마시며 가을 나들이를 하는 이유도 이런 계절적 사정과 밀접한 관련이 있다.

상강에는 가을걷이를 마무리하고 월동 준비를 시작하며, 단풍이 절정에 이르는 시기다.

울산 태화강 국화정원

권문해(權文海, 1534~1591)는 '초간집(草澗集)'에서, 한밤중에 된서리가 팔방에 내리니, 천지가 일순 숙연하고 맑아진다'라고 했다.

국화꽃 오상고절(傲霜孤節) 유래 이야기

　국화는 추워지면서 서리 내릴 때까지 꽃을 피우는 특징이 있어서, 오상고절이라고 불리는 식물이라고 한다. 첫서리 내리는 추위에도 굴하지 않고 홀로 외로이 절개를 지킨다는 의미로 옛사람들이 국화꽃에 지어준 별명이라고 한다.

　*오상고절(서릿발이 심한 추위 속에서도 굴하지 않고 홀로 꼿꼿하다)

　홍시가 말갛게 제 색깔을 낼 때면 국화꽃 봉오리도 살짝 벌어지기 시작한다. 상강 무렵 새벽하늘 가득 서리가 내리면 모든 초목이 숨을 죽이고 내년을 준비한다. 푸릇한 기운 여전히 머금고 여름 흔적의 조금이나마 간직하고 있던 풀들도 서리가 내린 날 아침이면 완전히 땅에 몸을 누인다. 상강에 내리는 서리는 강한 살기를 품고 있다고 한다. 이런 상황을 과감히 이겨내고 피는 꽃이 바로 국화다.

　조선 시대 문신 이정보는 〈국화야 너는 어이〉라는 시에서 국화를 '오상고절'이라 표현했다.

> 서리를 견디는 자태 외려 봄꽃보다 나은데
> 삼추를 지나고도 떨기에서 떠날 줄 모르네
> 꽃 중에서 오직 너만이 굳은 절개 지키니
> 함부로 꺾어서 술자리에 보내지 마오.

국화야 너는 어이 삼월동풍(三月東風) 다 지내고
낙목한천(落木寒天)에 네 홀로 피였는다
아마도 오상고절(傲霜高節)은 너뿐인가 하노라.

국화가 군자의 기품을 상징하는 사군자 이야기

국화는 삶의 품격을 생각하게 하는 꽃으로 군자에 비유했다. 둥근 꽃송이가 높이 달린 것은 하늘을 본받은 것이고, 잡티 없이 순수한 황색은 땅의 색이다. 일찍 심어 늦게 꽃이 달리는 것은 군자의 덕이고, 찬 서리를 아랑곳하지 않고 꽃을 피우는 것은 굳세고 곧은 기상을 드러낸 것이다. 술잔에 가볍게 떠 있는 것은 신선의 음식이라는 것이다. 꽃들이 다투어 피는 봄·여름에 피지 않고 날씨가 차가워진 가을에 서리를 맞으면서 홀로 피는 국화를 보며 선인들은 고고한 기품을 지닌 군자의 모습을 발견했다.

백운거사 이규보 (1168~1241)의 〈국화를 읊다〉

춘삼월 봄바람에 곱게 핀 온갖 꽃도
가을 한 떨기 국화만 못하네
향기롭고 고우면서 추위를 견디니
사랑스럽고 더욱 말없이 술잔속에 들어오네
서리를 견디니 더욱 봄꽃보다 뛰어나
삼추를 지나고도 가지에서 떠날 줄 모르네
꽃 중에 오직 너만이 굳은 절개 지키니
함부로 꺾어서 술자리에 보내지 말게나

24절기 소설(小雪)

첫눈과 첫얼음 시기 '손돌바람' 그리고 태화강 태화루 이야기

소설(11월 22일)은 입동과 대설 사이에 들며 첫눈이 오고 첫얼음이 얼어 겨울이 본격적으로 시작되는 시기다. 이때는 하늘의 기운은 올라가고 땅의 기운은 막혀 모든 생명의 활동이 점차 시들해진다. 겨울에 접어들었지만 그나마 따뜻한 햇살은 남아 있어 '소춘(小春)'이라고도 한다.

소설은 대개 음력 10월 하순에 드는데, "초순의 홑바지가 하순의 솜바지로 바뀐다."라는 속담이 전할 정도로 날씨가 급강하하는 계절이기도 하다. 그래서 사람들은 소설 전에 김장을 하기 위해 서두른다. 이미 농사철은 지났지만 여러 가지 월동 준비를 위한 잔일이 남는다.

소설 즈음인 음력 10월이면 숨 가빴던 농사일이 얼추 끝나서 그나마 한숨을 돌리고 허리를 펼 수 있다. 그래서 음력 10월을 일하지 않고 놀고먹을 수 있다 하여 '공달'이라고 했다. 그러나 농촌의 일이란 것이 늘 손을 타기 마련이다. 겨울나기 준비를 소홀히 할 수 없다.

소설과 손돌바람 이야기

소설 무렵에는 찬바람이 일면서 갑자기 날씨가 추워지곤 하는데, 이를 '손돌바람'이라고 한다.

'고려 시대 몽골군의 침입으로 왕이 강화로 피란을 할 때, 손돌이란 뱃사공이 왕과 그 일행을 배에 태우고 안전한 물길을 택해 초지(草芝)의 여울로 배를 몰았다. 마음이 급한 왕은 손돌이 자신을 해치려고 배를 다른 곳으로 몰아가는 것으로 생각하고, 신하를 시켜 손돌의 목을 베도록 명하였다.

손돌은 참수당하기 직전, 바가지를 물에 띄우며 바가지가 떠가는 대로 따라가라고 했다. 물살이 점점 급해지자 일행은 하는 수 없이 손돌이 가르쳐준 대로 바가지를 물에 띄우고 그 뒤를 따랐다. 무사히 뭍에 내린 왕은 그때야 비로소 손돌의 재주와 충심을 알았다. 그러나 이미 때는 늦었다. 후하게 장사를 지내주는 일 외에 왕이 할 일은 없었다. 이때부터 해마다 소설 무렵에 부는 차고 사나운 바람을 손돌바람이라고 부르게 되었다고 한다.. 이는 억울하게 죽은 손돌의 원혼 때문이라 하여 이때의 추위를 손돌추위, 그 바람을 손돌바람이라고 한다. 또 지금의 강화도 초지진 앞바다를 바로 손돌목이라 부른다.

김시습은 울산에 들렸을 때 태화루에 올라 태화루의 풍광을 노래했다.

울산 태화루와 태화강

높은 누각에서는 멀리 대마도가 보이고
끝이 없는 바다는 밤낮으로 물결치네
드넓은 하늘에는 구름 한 점 없는데
환한 숲에는 마침 귤나무가 우거졌네
난간에 기대어 멀리 서쪽 고향 바라보니
동녘에서 기둥에 시 쓰며 세월만 보냈구나
삼한 땅 두루 다니다 울산까지 왔더니
내 마음 아는 이, 한 마리 갈매기 뿐이구나

24절기 동지(冬至)

작은 설, 밤이 긴날 그리고 울산 함월루 야경 이야기

24절기 동지는 대설과 소한 사이에 있는 절기로 일 년 중 밤이 가장 길고 낮이 가장 짧은 날이다. 보통 양력 12월 22일경이다.

기나긴 겨울의 가장 춥고 어두운 날 '동지'는 예로부터 아세(亞歲), 또는 작은설이라 하였는데, '동지를 지나야 한 살 더 먹는다. 동지팥죽을 먹어야 진짜 나이를 한 살 더 먹는다'라는 속담에서 의미를 잘 알 수 있다.

동지의 대표적인 음식은 팥죽이다. 동짓날 팥죽을 먹지 않으면 쉬이 늙고 잔병치레가 잦으며 잡귀가 성행한다고 믿었다. 예로부터 우리 조상들은 양의 기운을 상징하는 팥의 붉은색이 귀신을 쫓는 벽사의 힘이 있다고 생각하여 팥죽을 대문이나 벽에 뿌려 귀신을 쫓아내고 새해의 무사안일을 기원하였다.

동지와 작은설 이야기

동지는 일 년 중 밤이 가장 길고 낮이 가장 짧은 날이다. 이날은 북반구에서 태양이 가장 남쪽에서 뜨기 때문이다. 이와 반대로 남반구에서는 이날 낮의 길이가 가장 길다. 말하자면 남반구에서는 절기상 이날이 가장 긴 '하지'가 되는 셈이다.

동지 이후부터 해가 다시 살아나 낮이 길어진다고 여겨 '작은 설'이라고도 한다. 동지부터 낮이 다시 차차 길어지는 현상을 고대인들은 태양(해)의 부활로 여겨 생명과 광명의 주인인 태양신에 제사를 올렸다.

민간에서는 동지를 작은설(아세 亞歲)이라고 하여 팥죽을 쑤어먹었다. 정월 설날에 떡국을 먹고 "한 살 더 먹었다."라고 하는 것처럼 동지에 팥죽을 먹고도 "한 살 더 먹었다."라고 하는 것은 고대에는 동지로서 설을 삼았던 풍습에서 비롯한 것이다.

동지와 팥죽 이야기

동짓날 먹는 음식으로 팥죽이 있다. 팥죽은 찹쌀로 경단을 빚은 다음 팥을 고아 만든 죽에 넣고 끓인 것이다. 이때 경단은 새알만한 크기로 만들기 때문에 '새알심'이라고 부른다. 새알심은 먹는 사람의 나이만큼 팥죽에 넣어 먹기도 한다. 이날 쑤어먹는 팥죽은 '동지팥죽'이라고 부른다.

팥죽은 예로부터 질병이나 나쁜 귀신을 쫓는 음식으로 알려져 왔다. 팥이 곡식 중에서도 유난히 붉은 빛을 띠기 때문. 우리 조상들은 팥이 붉은색이어서 귀신을 쫓는 데 효과가 있다고 믿었다. 실제로 팥은 혈액 건강에 좋다. 짠 음식을 먹어 몸속에 늘어난 나트륨을 빼주는 칼륨도 풍부하다. 바나나의 4배 이상이다.

그 밖에도 우리 조상들은 팥이 들어가는 음식은 소원을 이루어 준다고 믿어 경사스러운 일에 팥을 넣은 음식을 만들고, 이사하거나 새 집을 지었을 때도 팥시루떡이나 팥죽을 먹으며 집안의 평안을 빌었다. 그만큼 팥죽은 우리 민족에게 단순히 음식 이상의 소중한 의미를 담고 있다.

동지 관련 속담 이야기

동지와 관련된 속담에 '동지가 지난 뒤 열흘이면 해가 노루꼬리만큼씩 길어진다'가 있다. 이는 동지가 지난 뒤부터 해가 하루에 약 1분씩 길어지는 것을 노루꼬리로 비유한 것이다.

'동지를 지나야 한 살 더 먹는다'는 동지팥죽을 먹어야 진짜 나이를 한 살 더 먹는다는 관습이 이어진 것이다. '동지가 지나면 푸성귀도 새 마음 든다'도 있다. 추운 겨울 몸을 움츠리고 있던 푸성귀들이 동지가 지나면 봄을 기다리며 마음을 가다듬기 시작한다는 뜻이다. 온 세상이 새해를 맞을 준비에 들어간다는 뜻을 비유적으로 이르는 속담이다.

동지를 '호랑이 장가가는 날'이라 부르기도 한다. 이는 열이 많은 호랑이의 특성에서 유래됐다. 날씨가 춥고 밤이 긴 동짓날에 암수가 짝짓기를 할 것이라고 여겼기 때문이다.

함월루는 2015년 지어졌다. 해발 130m 함월산 자락에 있다. '달을 품은 누각'이라는 뜻으로 함월루에서 울산 시가지의 전경을 한눈에 볼 수 있어 울산 최고의 명소이며 매년 해맞이 장소로도 각광받고 있다.

　함월산은 200미터 남짓한 야트막한 산이지만 울산의 주산으로 동쪽은 무룡산과 동대산이 지켜주며 서쪽으로는 가지산과 문수산을 곁에 하고 남쪽으로는 멀리 대운산을 바라본다.

　그 안에 울산의 젖줄 태화강이 유유히 흘러가며 이 모든 천혜의 기운으로 울산을 산업, 문화도시로 발돋움시켰던 원동력이 되었다는 것이 함월루기에도 언급되어 있다.

　함월루는 중요무형문화재 제74호 최기형 대목장이 도편수로 참여했고 서울시 무형문화재 제31호 양영호 선생이 단청, 조계사와 해인사 현판을 쓴 원로 서예가 송천 정하건 선생이 현판을 맡아 최고의 완성도를 뽐내고 있는 누각으로 인정받고 있다.

| 부스 6 |

월요 6기 김해곤

· 1963년 부산 출생
· 부산 상대 졸업
· ROTC 육군소위 임관
· ㈜쌍용, ㈜하이닉스를 거쳐 오스템 임플란트에서 퇴직
· 퇴직 후 회고록을 마무리하던 중 급환으로
  2024년 5월 별세

= 수록 글 =

프리지아 꽃향기 그대를 만나(詩) / 그대를 만나고 / 고백합니다 / 서러운 달(詩) / 결혼(詩) / 오십보백보(五十步百步) / 슬기로운 투병 생활(1) / 슬기로운 투병 생활(2) / 슬픈 투병 생활

사랑으로 그리움을 쓰다

이승에서 나에게 단 하루만 더 시간이 주어진다면,
당신을 사랑한다고 말할 걸. . . .

프리지아 꽃향기 그대를 만나

난, 그저 내가 아는 모든 지인들이
추억으로 가는 산골 간이역사에 홀로 앉아
도착하지도 않을 완행열차를 마냥 기다리며
햇살 좋은 화단 철길에 이름 모를 들꽃을 바라보며
아카시아 꽃차 향기를 음미하는 한적함을 가져봤으면.

낯부끄러운 몇 통의 편지들이
지금껏 살아온 느긋한 삶의 여유와
기다림의 미학과
아름다웠던 기억들을 되새기며.

난, 잠시나마 유치찬란했던 청춘 시절로 되돌아갈 수 있는
자신만의 아름다운 나홀로 추억여행이 되었으면 하는
소소한 바램 그것만으로도 족하다

- 2023년 1월 17일
당신, 김미련을 만난 지 40주년을 기념하여 詩 쓰다 -

그대를 만나고

내 나이 어느덧 60세 그리고,
당신 김미련을 만난 지 40년이 지난 2023년 1월 17일 오늘,

그리 긴 세월은 아니었지만 얼마 전 죽음의 문턱에서 뒤늦게 새로운 삶의 진리를 깨우쳤던 고난과 역경, 눈물겨운 과거들이 스쳐 지나간다. 그냥 이대로 흙으로 사라지기에는 너무나도 억울하여 2022년 여름부터 글쓰기를 시작한 수필 형식 자서전인 회고록(I) 1집 "60까지 살아보니 지금이 청춘, 2050 프로젝트 90까지 건강하게"를 집필하기 시작했다. 100여 개의 에세이 제목을 선정하는데 반년 정도 걸렸으며, 현재 20여 개 초안은 끝났지만 완성하려면 앞으로 1년 정도. 30~40년 전 아련한 추억과 기억들을 머릿속에서 짜내야 하는 고통도 당연하고 과거로 돌아가는 일은 단순 기억만으로는 감당해낼 수 없는 노릇, 유일하게 모티베이션이 되는 매개체는 역시 당시 사진이었다.

하지만 그전에 어린 대학 학창시절 한 여학생을 만나 시작된 Post meeting, Love Letter 연애편지는 나에게 소중하고 아련했던 추억들이 많이도 남아있어 그냥 그대로 사장 시키기엔 너무나 아까웠고, 어쩌면 감추고 싶어 하는 나의 때 묻은 속내와 같은 부끄러운 연애 흑역사가 될지도 모르겠지만 그래도 용기를 내어 "프리지아 꽃향기 그대를 만나"라는 서간문 회고록 2집을 1집보다 먼저 출간하게 되었다.

총 210통의 편지를 활자화시켜 연도별로 관련 사진도 참고삼아 분류하여 모음집을 만들어 보았는데,

1부

110통의 편지는 1983년 대학 1년 겨울, 지금 아내와의 첫 미팅 이후 서울, 부산, 포항, 대전을 오가며 6년간 사랑을 키워온 레브레터 Love Letter! 그때 나의 캠퍼스 시절 불확실한 미래 불안감과 고독, 한 여학생을 그리워하며 써 내려간 연민의 편지들, 군 복무 후 기다려지는 사회에 대한 동경심 등을 회상하며 주고받은 편지를 가능한 그대로 타이핑하여 편지봉투와 함께 책자로 펴냈으며,

2부

54통은 2년간 경기도 연천군 초성리 26사단에서 군 복무 중 부친을 비롯한 가족들, 결혼 전 아내, 학창시절 친구, 선후배들에게 받은 편지를 본인의 허락하에 책자로 담아 오랫동안 남기고자 했으며,

3부

46통은 1998~1999년 필리핀, 캐나다 유학 시절 아내, 딸, 아들 그리고 친구, 선후배들의 편지를 모아서 별도로 편성한 것이다.

4부

아내에게 들려주고 싶은 청춘 시절 즐겨 불렀던 노래를 한국가요, 일본노래, 영어팝송으로 구분하여 대표곡 11곡씩 총 33곡을 상기해 보았다.

주로 학창시절, 군 복무 시절에 오고 간 서간문을 리얼하게 그대로 옮긴 것이며 210통 편지 대부분이 아내와 가족들의 내용이고, 훗날 자식들과 그 자식들의 후손들이 어쩌다 한번쯤은 할아버지, 할머니의 사진과 편지를 읽어보며 나와 아내를 그리워하는 가족들 간의 그리움과 애환을 되새겨보는 그런 가족 기록물이 되었으면 한다.

딸 연주(娟朱), 아들 재우(宰宇)가 먼 훗날 부모가 되었을 때, 할아버지, 할머니는 이런 분이었다고 말 한두 마디라도 할 수 있는 그런 개인 자료로서 발간 부수는 가족, 친지 몇 분들에게만 증정해드리고자 소량 한정적으로 발간하고자 하며, 편지 원본과 관련 파일들은 딸과 아들에게 모두 넘길 참이다. 물론 편지를 보내주신 모든 분들에게는 당연히 1권씩 증정하고자 한다.

어린 시절부터 책 읽기를 좋아했고, 중·고교 시절 문예반/월요문학회에서 문학 활동으로 시, 수필 등 글쓰기 등에 관심이 많았던 탓에 나이가 들어서도, 은퇴하고 나서라도 세상에 하고픈 이야기, 가족들에게 쓰고픈 이야기들이 머릿속에서 빙글빙글 돌아다니며 입가 주변에서 툭툭 터져 나오고 있는데 이를 그냥 무심코 머릿속으로만 간직할 수가 없어서 마침내 회고록의 형식을 빌려 서간문으로 2집을 먼저 발간하였고, 시간이 좀 더 흐른 뒤에는 수필집 형식의 회고록도 연속해서 집필하고자 한다.

1983년 1월 17일, 40년 전, 노란색 프리지아 꽃향기 그윽한 그대를 난 처음 만났고, 그로부터 2023년 1월 17일은 정확히 40주년이 되는 우리 부부의 기념비적이고 운명적인 날이다. 지금의 아내를 만나서 시작된 편지들이 이렇게 40년 후 책자로 발행되었다. 지금 다시 읽어보니 감회가 새롭고 다시 아내와 만나서 연애하는 그런 기분이 든다.

이제 40년 전 그 마음으로 돌아가서 지금의 아내를 다시 한 번 진심으로 사랑하게 되었으며, 서울, 부산으로 떨어져서 못내 아쉬워하고 애틋했던 '짧은 만남 긴 이별'의 과거들은 이젠 모두 사라졌고, 60세 동갑내기 그대와 나는 그때 못다 했던 연애를 다시 이어가는 계기가 되었으면 하고, 앞으로도 둘이서 함께 살아온 삶의 열매를 수확하며 하루하루 기쁘고 즐거운 나날들을 보내고자 기대하고 있다.

"고마워, 토끼띠 동갑내기 내 친구 김미련!
사랑해~♥~ 아주 많이 많이 ~♥~ "

2023년 1월 17일,
그대를 만난 지 40주년 기념일에 남편 김해곤 쓰다

고백합니다.

첫 미팅이자 마지막 미팅, 설마 했던 만남이 우연이었을까 아니 다시 만날 운명적인 해후였다고나 할까, 그날 1983년 1월 17일 토요일.

"아름다운 세상을 눈물 나게 하는, 눈물 나는 세상을 아름답게 하는
그대와 나는 두고두고 사랑해야 합니다.
그것이 내가 네게로 이르는 길,
내가 깨끗한 얼굴로 네게로 되돌아오는 길
그대와 나는 내리내리 사랑하는 일만 남겨두어야 합니다."

사랑하고픈 친구에게
늘 그리워해야 할 일만 남겨주었던 여인에게
내 반쪽이 여기에 있었다고 마치 소설 주인공이 되어준 그대에게 나는 그대를 만난 992일째인 1985년 10월 5일 오늘 이렇게 고백합니다.

1

연이어 쏟아지는 가을비 문턱에 서서 그리움에 못 이겨 한마디 끄적거려 봅니다. 내게 이렇게 펜대를 사각거리게 해준 그대가 고맙지마는 한 조각 용해 물질을 녹아 버리게 하는 감당키 어려운 남정네의

열기는 오히려 날 힘들게 하는군요.

날 꽉 잡아주어서 녹아 흘러내리지 않게 해주시고 불살라버릴 추억의 미련 덩이가 남아있다면 그것만 조용히 불살라 없애주시죠. 그럼, 부탁합니다.

2

초저녁 참지 못해 꺼져버린 불씨 쪼가리는 그대로 재(灾)로 남게 하여 둘이서 하나의 등불이 되고, 못 다한 그리움도 가시덤불의 슬픔도 먼 훗날 우리들의 변할 수 없는 믿음으로 남게 하고 싶네요. 아득한 그대, 눈물겹도록 보고 싶은 그대. 안타깝고 아련했던 짧은 만남과 긴 이별이 익숙해질 때까지 우리가 종이에 쏟아부은 펜의 잉크만큼 기억하고 싶어집니다. 2층 내 책상에서 쓰는 편지는 그대 곁에서 속삭이는 귓속말, 그대 곁으로 가는 경부고속버스, 그레이하운드 7번 창가 좌석 자리입니다.

그래요, 나는 요즘 매일 밤 책상에 앉아 편지를 쓰며 서울행 고속버스를 타곤 합니다.

3

새벽에 기도하는 시간도 아닌데 난 그대에게 기도하려 합니다. 먼저 음성을 듣고 마치 내 곁에 있는 모습처럼 숨결도 느껴보고 그 풋풋한 내음이 마치 분홍빛 맑은 향기가 되어 날 촉촉이 적셔주고 마침내 흠뻑 젖은 날 발견했으면 하고 두 손을 모아봅니다. 언제부터 노란 프리지아 꽃향기를 느꼈냐구요, 처음 본 그날 거상(巨像)다방에서 성냥

머리를 주저하지 않고 집어대는 그대의 손가락을 보고 나서 지금까지 늘 항상 그랬답니다. 제대로 손 한번 포근히 잡아주지도 못하고 가볍게라도 두 어깨를 감싸며 앉아주지 못해 미안합니다.

이제 내가 먼저 그대 손목을 잡고서 내가 먼저 그대 목을 감싸며 입술을 살포시 깨물 수 있도록 기도합니다. 그대 곁을 무작정 찾아가는 내 책상 가상의 고속버스는 서울 반포 강남 고속 터미널에 도착, 동대문역 지하철에서 하차합니다. 차마 이 한밤중 보고 싶어 부산에서 무작정 왔다고 하면 그대가 섬짓놀랄 것 같아 말없이 다시 새벽 버스로 하부(下釜)하곤 합니다.

4

그대와의 만남보다 헤어짐이 더 익숙했던 나날들, 430km의 기약 있는 이별은 언제든 감당할 수 있지만, 결별, 작별, 고별, 사별은 생각해보지도 앞으로 생각하지도 않겠습니다. 난 3년간 그대에게 짧은 만남 속에서 긴 이별을 아쉬워할 줄 아는 아름다운 그리움을 배웠군요. 또 외롭고 힘든 날들을 스스로 이겨낼 수 있는 의지도 함께 터득한 유능한 사랑꾼이 되었네요.

하지만 나에게 가장 큰 힘이 되어준 것은 편지입니다. 서로 눈과 눈, 손과 손, 가슴과 가슴, 입술과 입술은 마주칠 수가 없었지만 72번째 보내는 이 편지에서 나의 영혼을 그대에게 충분히 전달되리라 굳게 믿습니다. 앞으로 몇 통까지 이어질지 모르는 러브레터.

오고 가는 '펜과 펜'의 만남 속에 그대의 영혼은 물론 서로를 위하는 사랑의 고귀함도 내 맘속 깊이 간직하고자 합니다. 4개월 후면 졸업, 그대는 간호사, 나는 육군소위로 사회생활을 시작하게 되고, 내가 제대하는 1988년 이후, 남은 3년 동안 또 얼마나 많은 '펜들의 만남'이 이루어질지 난 모릅니다. 아마도 지금만큼 Mail delivery, Post Meeting은 계속되겠지요. 앞으로 3년이면 될까요.

5

심야에도 그칠 줄 모르는 이 비는 언제나 멈추게 될까요. 난 압니다. 우리의 Post Meeting, Love letter가 마무리되는 3년 후쯤 1988년 가을에 이 비는 그치게 될 것 입니다. 난 예언가도 아니고, 미래 식견 능력조차 없는 미숙한 인생 경험자이지만 자신의 앞날을 판단하고 예견할 수 있을 정도의 확신과 신념 정도는 가지고 있는 꿈 많고 바른 생활 청년입니다. 불같이 타오르는 영혼은 항상 살아 꿈틀거리고 있음에, 내가 그대로부터 인정받는 그 날이 그리 멀지 않았다고 생각합니다. 내 맘속 흐르는 잔잔한 물결은 992일 전 그 느낌 그대로이고 결코 곁눈질 없이 오직 한 곳만 주시하며 생활해온 날들을 그대는 잘 알고 계시겠죠. 남자로서 인정받는 그 날, 사랑하고픈 친구가 사랑받는 연인으로 다시 태어난다면 그보다 더 큰 생의 기쁨은 없겠지요. 미련 씨, 과연 그날이 언제일까요.

1985년 10월 5일, 992일째
앞으로 그대를 사랑해야 할 한 사내가 드립니다

[출처 : 회고록 2집 〈프리지아 꽃향기 그대를 만나〉]

서러운 달

어무이, 아부지를 그리워하며

아부지!
하늘나라 그곳에서 어무이를 만나 잘 지내시지요.
천국 그곳은 죽음도 없고 이별도 없답니다.
두 분 매일 같이 손잡고 피아노도 치시고
금정산 금강원 산책도 가시고 낙동강 구포다리로 낚시도 다니세요.

어무이!
매년 2월 말에 자식들, 손주들 다 모이고
좋아하시는 홍합 넣은 탕국 끓여 놓을 테니
아부지랑 손 꼭 잡고 이승으로 오셔서 맛나게 드시고
증손주들 사랑이나 듬뿍 주셨으면 좋겠네요.
그럼, 매년 2월 28일 어둠이 깔리는 초저녁에
두 분 오시길 손꼽아 기다릴께요.

   1993년 3월 선친께서 먼저 가신 어무이를 사모하는 마음을 담아 시집을 내셨고 그 후 30년이 지난 오늘, 두 분을 그리워하며 살아생전 추억의 사진들과 함께 '찔레꽃 피고 지고'라는 포토 시집으로 다시 편집하여 헌정합니다.

— 2022년 가을 장남 김해곤 드림

서러운 달

유월 달은 입원하던 달
말하고 음식 들던 달

칠월 달은 말 못 하던 달
눈만 뜨고 있던 달

팔월 달은 하늘도 모르던 달
조마조마 하던 달

구월 달은 서러운 달
그대 가신 달

나머지 수많은 달
외로운 달
눈물의 달

– 선친 시집 '찔레꽃 피고 지고' 中에서

[후기] 김해곤 아버님(金烇瑋님)의 시 한 편을 싣는다.
살아계신다면 90이 넘으셨지만 이미 20년 전 고인이 되셨다.
그 분은 우리와 같은 회사를 다니고 가족을 사랑하고 소소한 이룸에 행복해했던 보통의 아버지이자 남편이다.
한결같이 아내를 끔찍이 사랑한 금슬 좋은 부부다.
그러다 환갑을 한해 앞두고 갑자기 쓰러져 먼저 세상을 떠난 부인을 그리워하며 60이 넘은 나이에 그리움을 이겨내고자 노트에 적어놓은 글을 시집으로 만들었다.
한학을 배우시긴 해도 전문적으로 시를 공부하지 않았고, 시인도 아니어서 다소 투박한 듯해도 된장처럼 진한 맛이 오래 입안에 남아있는 시이다.
큰딸을 시집보낼 때는 아버지가 붓글씨를 쓰고, 어머니가 한 땀 한 땀 자수를 놓은 6폭 병풍을 만들어 주었다는 그리운 아버님이시다.

결혼(結婚)

첫사랑이자 끝사랑
부산-서울-포항-대전으로 이어지는
연애 6년
짧은 만남 긴 이별의 430킬로미터.

프로포즈도 없었다
가진 것도 없으니 해줄 것도 없었다
같이 살아보자
하늘에 별이라도 따주겠다는 말조차 안했다
어쩌면 오갔던 110통과
38통 편지들의 영혼이 긴 잠에서
스스로 깨어난 것일 뿐.

타올라 터져버린
불꽃 화염 같은 젊은 청춘이었기에
외면 않고 받아주었던
샛노란 프리지아
꽃향기에 이끌려 선택할 수밖에 없었고
평생 반려자로 선택받음을
포근히 보듬어 주었던
한 여인의 순수했던 순애보와

둘만의 사랑과 믿음이 새롭게 시작된 날일 뿐.

8명 함잡이도
동대문 기숙사 나이팅게일 후예들도
을지로 P 과장님과
N 대리님과 88 동기들도
평생 손님 대접해주실 대구와 포항 어르신들도
모두 분홍빛 꽃잎을 뿌려주시고
흰 백합 한 송이씩
축복처럼 던져주신 그날
나는 평생 모실 왕비님의 선을
기꺼이 가슴으로 대답했고
나를 죽을 때까지
지아비로 희생할 신부 또한
만인 앞에서 증명했다.

세상에 내 편이 한 명 생겼다
항상 서로를 지지하고
언제나 서로에게 의지하고
늘 함께 살아가는
그런 든든한 무촌(無寸)
평생 친구 한 명이 새로 생긴 것이다
가족 친지들도 아닌
피 한 방울도 섞이지 않고

유전자도 휑하니 낯선 타인
1촌, 2촌, 3촌도 아닌 것이,
그렇다고 남도 아닌
묘하디 묘한
운 명 공 동 체

27년 전 태어나서 미리 맺어진 인연
내가 네가 되고, 네가 내가 되어야만 하는 서로의 맹세
부모 · 형제 · 친척 · 지인 만천하에 선포하는 우리 둘만의 언약
내 목숨만큼 소중하고 귀중하고 숭고한 희생

그래서 나는 그날
그녀의 첫 남자이자 마지막 남자로 간택되었다.

1989년 4월 20일 금요일 12시.

[후기] 서울 강남성모병원 간호사로 근무한지 3년 된 신부는 군복무후 종합상사에 입사한 지 1년도 채 안된 신입사원 신랑과 동갑내기. 89년 4월 20일 부산역 앞 아리랑 호텔에서 화촉을 밝혔다. 둘 다 바쁜 직장생활로 결혼식 하루전 下釜 하여 신부는 화장하고 피부 관리 받을 시간적 여유도 없었고, 신랑은 집 근처 동네 이발소에서 머리만 잠시 다듬고 면도한 것이 전부. 식후 밤늦게 새마을호 기차로 상경, 신혼집 삼성동 AID아파트에서 첫날밤을 보내고 익일 토요일 밤 비행기로 필리핀 4박 5일 신혼여행을 다녀온 34년 전, 그날은 내 생애 최고의 날이었다.

그날을 기억하며 써내려간 시(詩).

[편집자 후기] 그는 35주년 되는 2024년 하와이행 '리허니문' 예식을 계획하기도 했지만 아쉽게도 불발로 끝났다.

오십보백보(五十步百步)

왼쪽이라고 눈 부라리고 콕 집어 일렀건만
오른쪽 왼쪽으로 자꾸만 두리번 돌아보려 하네
신바시(新橋)를 거쳐 우에노역(上野驛)으로 가야 하니
2시 지하철을 타야 하는데
다음 차를 타면 하늘이 무너지냐고
따복따복 토라지고 올라가는 입꼬리
연말 출하분이니 반만 발주해도 된다고 지시했건만
못 팔고 남으면 내년 정월도 있는데 세월이 좀먹느냐며 투덜투덜

누르고 비틀고 강요하고 독촉하고 우겨댄다고
내가 네가 되고 네가 내가 되는가
성깔 낼 때 못 이긴 척 알면서 넘어가 주면
물먹은 화장지처럼 풀어져버리고, 잘근잘근 손톱 물어뜯고 핏줄 터져
아등바등 귀신같은 상사 앞에서도
만만디, 논비리(のんびり,한가로이)
세월아 네월아를 외치는 이삼십대 청춘들.

어제도 물에 물탄 듯, 오늘도 술에 술탄 듯
하지만 다가올 미래를 위해 헛된 꿈이라도 꾸는 지친 삶의 샐러리맨

그 옛날 으싸으싸 술잔 올려 뿜어대는
싸구려 낭만은 기대할 수 없구려.

바삐 서둘러 후다닥 뛰어갔더니
픽 하고 오히려 쓰러진 적은 없었는가
출세에 눈이 멀어 앞만 보고 돌진했더니만
쌓아온 소중한 인연은 사라지고

마침내 내 곁을 떠나버리고
되돌아보며 되새길 과거 교훈이랑 아예 무시한 적은 없었는가
가끔은 거북걸음 느릿느릿 신중하게
그리고 쉬엄쉬엄 전후좌우 돌아보며
삶을 살아가는 내 인생의 걸음 미학을 알고는 있겠지.

인생이란 여지껏 살아보니
그래, 자네들 말이 맞았었네
이래도 저래도 도긴개긴, 그 나물에 그 밥
느릿느릿 파닥파닥 소용없는 오십보백보이더라

— 東京 京急蒲田駅 근처
6년간(2012~2018년) 근무한 사무실을 상기하며

슬기로운 투병 생활 (1)

친구들아! 오랜만에 안부 인사 전한다.

내 건강상태, 슬기롭게 환자 생활 잘하는지 잊지 않고 감시(?)해주는 친구들이 좀 많아져 의무감으로 단톡으로 근황 전한다.

개복 수술한 지 15개월, 휘플수술(PPPD, 췌십이지장절제술) 부작용으로부터 꽤 많이 회복되었고 정상인의 60~70% 생활은 유지하고 있다네. 당뇨, 황달, 복통은 전혀 없고 다만 소화기 절개로 설사, 잦은 변으로 조금 고생은 하고 있으나 이 또한 인내해야 할 과정, 잔잔한 아픔과 함께 동반해야 하는 내 운명으로 받아들이고 있다네.

칭친들 모임, 한강변 산책, 2~3시간 등산 (남산, 청계산, 아차산, 인왕산, 수락산, 안산등), 스크린 골프, 골프라운딩, 수영/기타(강습), 자서전 회고록 집필 및 국내외 패키지 여행 일상생활은 아주 자연스럽게 무리 없이 즐기고 있으나 단 한 가지 식사가 제한적이다. 소위 말해서 몸에 좋은 것만 먹어야 하니 술, 삼겹살, 치킨, 치맥, 소맥, 짜장면, 돼지갈비, 새우깡, 자갈치, 아이스크림 등등은 금식 대신 전복, 문어, 삼계탕, 비빔밥, 오리백숙, 샤부전골, 두부요리, 우엉, 마늘, 양배추 등 아주 제한적이며 섭취량 또한 성인 30~40% 정도이니 하루에 4~5끼를 적은 양으로 자주 먹어줘야 한다는 것이네.

좀 힘들지만 90세까지만 팔팔하게 지내려면 감수해야 할 숙명, 소식은 기본, 과식한 음식은 한마디로 체내 암세포에게 먹이를 던져주는 꼴이니 절대 과식해서는 안 되는 절체절명 룰도 지켜나가고 있다네. ㅎㅎ

해질녘 쐬주/삼겹살로 회포를 푸는 친구들을 자주 만날 수가 없어 아쉽지만 보고 싶다고 연락하는 친구, 병 발발 1년간의 치료 긴긴 얘기를 듣고 싶은 친구들은 연락하면 바로 만나 술 안 먹어도 안주 조절하면서 만남 가능하니 언제든지 연락 주게나.

대신 수영/기타강습, 회고록 집필, 3~4일 여행, 일일 산책 등으로 시간이 한정되어 좀 바쁜 시간을 보내고 있고, 가능하면 주말에 칭구들을 만나니 미리 연락 주면 맛있는 마장동 한우, 왕십리 제일곱창 사주꾸마 ㅎㅎ, 언제든지 연락하면 가능하니 만나서 회포를 풀자꾸나.

그럼. 또 잊을만하면 연락하꾸마.

보고싶다 친구들아!!

김해곤은 잊어버리고 날마다 변신, 오늘은 김태권, 내일은 베네딕도.

2023. 6월 강남성모병원 정기 항암약물치료 중에   ~坤 쓰다~

슬기로운 투병 생활 (2)

친구들아! 슬기로운 곤이의 투병생활! 오랜만에 소식 전한다.

수술받은 지가 벌써 1년 8개월!

본암(本癌) 췌장이 잘 아물어 부작용도 거의 사라졌고 소화 기능도 예상보다 빨리 회복되어 5~6개월 안정치를 유지하고 있다네.

근데 그리 쉽게 치료되는 병이 아닌 모양일세!

CT나 MRI로는 보이지 않는 좁쌀같이 쬐그만 잔존 전이암들이 스물스물 머리를 쳐들고 마침내 수일전 림프절에서 신장(콩팥)까지 침투했다.

참으로 고약하고 질긴 녀석들!

해서 오늘 아침 다시 입원해서 4차 "오니와이드" 약물치료를 시작했다네. 수술 후 지금까지 통증이 거의 없어 좀 편하게 회복준비를 했었는데 이번엔 통증이 꽤 심한편이네. 급기야 진통패치 붙이고 마약류 진통제까지 먹어가며 치료를 받고 있다.

1~2년 전보다 체력이 떨어져 다소 걱정이 되지만 "미세 잔존암"과의 전쟁을 피할 수 없는 생존투쟁이라 야물딱지게 정면 승부하기로 각오를 다져 본다.

병원 내원 날짜에 맞춰 병원에 오면 3일간 집중 치료를 받고 그러고 2주후 다시 병원에 와서 3일간 받으니 그 외 날짜에는 몸이 좀 힘들어도 운동, 여행, 친구들 모임에 참석하고자 하니 시간 되면 연락

주시게나.

    서로 안부만 묻고 오랫동안 못 보고 지내온 친구들, 개인적으로도 함 보자구. 방구석에서 낑낑대면 지내는 것은 환자 자신을 나약하게 만들기에 친구들 자주 만나 살아가는 얘기 나누며 지내고 싶다.

    아직은 힘이 있어 골프는 한 달에 1~2번, 다음 주에도 1박2일 초청 라운딩이 있고 주말에는 부산에 다녀올까 한다.

    암튼 응원해주시고 3번째 머리카락 쫙쫙 빠져 까까머리 스님이 되더라도 자주 얼굴 보도록 하세.

    〈60년을 살아 보니 지금부터가 청춘〉이라는 제목의 내 인생 회고록 집필 진도율도 70% 정도 비교적 순조롭게 진행되어 2024년 내년 봄에는 출판기념도 할 수 있을 듯하다네.

    앞으로도 변함없는 응원과 쾌유의 기도 많이 많이 해주구려!

모두 사랑해요(뽀뽀)

2023년 10월에 쓰다.

[참고] 여기서 친구는 특정인이 아닌 자신의 건강을 염려해주는 모든 지인을 대표하는 호칭입니다.

슬픈 투병 생활

    2024년 새해 처음으로 슬기로운 환자 생활 여부를 친구들에게 전합니다.
    한동안 투병 생활 연락이 없어 주위로부터 전화가 많아지네요.
    미리미리 보고 드려야겠습니다.
    본암 췌장의 기능은 큰 문제 없이 준(準)정상! 조심조심 소화시키며 지내고 있으나 잔존암(殘存癌) 임파절 부위에 자그마한 종양이 생겨 약물치료를 받고 있습니다.
    오니바이드와 페로폰 약물치료 6차 마무리하고 있고 신장 쪽을 압박하여 요관 요도 통증이 심해져서 좀 힘들게 치료받고 있습니다.
    암튼 2월 CT 결과 보고 앞으로 치료 여부 결정키로 했는데 잔존암들이 또 어디에서 나타나 커져서 날 괴롭힐지 조금은 걱정하며 지내고 있습니다.
    11~1월 6차례 치료 부작용으로 기력이 많이 저하되어 체력 걱정도 아울러 하고 있습니다. 아이언 7번이 좀 무겁게 느껴지는, 뭐 그런 상태랄까? 평생 이 고약한 놈들과 공존하며 살아가야 할 운명. 이 녀석들이 내 몸에서 더는 자라지 못하도록 친구들이 마음속으로 기도라도 해 다오. 그래도 모임에는 참석 가능하고 대화는 문제없으니 가끔 위로 전화라도 한두 번씩 해주시고요, 응원해주고 기도해 주세요.
    지금 페로본 링거 주입 약물을 빤히 지켜보며 반포 성모호텔(성모병원)에서 곤이가 보냄.

2024. 1. 22

슬기로운 투병 생활일까??

생각보다 건강회복이 쉽지 않네요.
그저께 복통이 심해 응급실로 입원. 2년 전 절단된 담도관에 간(肝) 소화액이 끼여 시술 준비 중입니다.
땅속은 이미 봄이건만 난 또다시 한겨울!
알부민. 프로틴. 헤모글로빈 수치도 낮고 영양 보충 중입니다. 휴양중 소화 기능 저하로 영양 섭취가 잘 안되니 놀러 다니기도 쉽지 않네요.
내가 몸보신하는 것은 불행하게도 수혈(輸血, Blood Transfusion), (크크) 운명의 장난인가 암튼 고약한 놈들과 투쟁 중이니 응원하고 기도해 주세요.

갑자기 통증이 심하네요.
예후가 좋지 못한 병이라 이름값을 합니다.
췌장, 간, 신장, 임파절, 담관으로 온 몸을 휘젓고 다니네요.
아주 질기고 고약한 녀석들입니다.
끝까지 투쟁해야죠.

2024. 3. 25.

통증이 심해 고전 중입니다.
응급실도 다녀오고 힘든 상황.
다음 주 4월 1일부터 신규 암 치료 실험대상으로 선정되어 새로운 치료법을 계획 중입니다.
아내의 손을 잡고 펑펑 울고 있습니다.

2024. 3. 29.

[편집자 후기] 마지막 '슬픈 투병 생활'의 내용이 시간이 흐를수록 점점 짧아져 감에 마음이 숙연해집니다.
2024년 5월 31일, 故 김해곤 님이 별세하였음을 삼가 알려드립니다.

| 부스 7 |

월요 6기 이연학

- 1963년 부산 출생
- 광주 대건신학대학 졸업 후 수도회에 입회
- 경남 고성 올리베따노 성 베네딕도 수도원 2대 원장 역임
- 2016년 경기도 양주에 신설한 '한국 몬떼 올리베또' 수도원을 모체로 2019년 미얀마에 진출
- 6년째 미얀마 현지인 수도자들과 함께 지내고 있음
- 저서&역서 : 〈성경은 읽는 이와 함께 자란다〉, 〈내가 사랑한 교부들〉, 〈말씀에서 샘솟는 기도〉, 〈교부들의 길〉, 〈아우구스티누스의 생애〉 외

= 수록 글 =

강물이 흘러서 바다에 이르듯 / 내가 나를 모르는데 / 더 바랄 게 없는 삶 / 동주(東柱), 혹은 부끄러움의 영성 / 배움, 가르침 그리고 모름 / 어떤 독서예찬 / 지상의 방 한 칸

지상의 방 한 칸

오늘날 거의 멸종되다시피 한 덕목이지만, 초세기에는 낯선 이들의 환대가 그리스도인을 특징짓는 가장 중요한 표지였다. 서로가 나그네인 줄 알면, 다시 말해 내가 '주인(주인공, 주인장)'이란 생각만 버리면, 타자의 환대는 쉬워진다. 여행하다가 만난 낯선 이들끼리 서로 쉽게 친해지는 것도 바로 이 때문이다. 그러므로, 이 지상에서 우리는 늘 길손이요 이방인이란 사실, '디아스포라'일 수밖에 없다는 사실을 기억해야겠다.

강물이 흘러서 바다에 이르듯

대원사 현장 체험

꼭 8년 전 여름의 일이다. 그때 나는 외국에서 수도 생활 수련기를 마치고 잠시 고국으로 휴가 와 있던 참이었다. 때마침 우리 수도회의 외국 신부님 한 분도 갓 창설된 작은 우리 수도원을 방문하느라 한국에 들어와 있었다. 한국 불교에 대한 이분의 관심은 각별한 데가 있었다. 그래서 원장님과 나는 이 손님을 모시고 순천 송광사에서 얼마 떨어지지 않은 천봉산 대원사에 방문하여 하룻밤을 묵게 되었다. 내가 불교 스님과 만난 것은 이때가 처음이었다. 그런 의미에서는 최초의 '타종교와의 만남' 체험이기도 했다. (나는 이 체험을 '현장 체험'이라 부른다. 주지 스님 함자가 현장玄藏이었기 때문이다.) 스님은 줄곧 우리와 함께 계시며 불교를 제대로 이해할 수 있도록 여러모로 마음 써 주셨다. 연세가 지긋하셨던 서양 신부님이 스님께서 가르쳐 주시는 선 체조를 열심히 따라 하시느라 코피까지 흘리시던 기억이 새롭다. 절집 전체는 스님의 정갈하고도 세련된 미식안美識眼의 손길이 구석구석 배어 있어 정연하면서도 넉넉한 아름다움을 품고 있었다. 함께 나눈 대화의 자리도 고즈넉하면서 다정한 분위기였다. 손수 달여 주시던 좋은 차, 밤 되니 더 잘 들리던 바람 소리며 물 소리 풀벌레 소리, 우리를 위해 특별히 피워 주셨던 말로만 듣던 침향의 그윽한 내음… 나는 이 모든 것을 품 속 깊이 묻은 채 다시 출국했거니와,

이 후 몇 년 동안 가끔씩 소중한 선물인양 품에서 꺼내어 음미하곤 하였다. 그럴 때마다 천봉산 깊은 계곡의 맑고도 찬 물줄기 한 자락이 내 가슴에 흘러 들어오는 듯한 즐거움을 누렸다. 그런데 내게 가장 깊은 인상, 거의 충격과도 같이 깊은 인상으로 와 닿은 것은, 그날 저녁 예불 때 대웅전에서 모기에게 뜯겨 가며 들은 慈悲 祝願文이었다.

> 강물이 흘러서 바다에 이르듯
> 기운 달이 차서 둥근 달이 되듯
> 이와 같은 수행의 공덕으로
> 나와 더불어 모든 이웃들이 원한과 고통, 불안에서 벗어나
> 기쁨과 행복 누리기를 기원합니다

참으로 아름다운 기도문이 아닌가. 이 기도문이 너무도 마음에 든 나머지 내 나름대로 '우리식'으로, 그러니까 그리스도교식으로 약간 손질해서 혼자 기도할 때 즐겨 사용하곤 했다. (혹시 '저작권 침해'가 되었다면 이 자리에서 스님께 용서를 청하거니와, 스님은 한 번 씨익 웃고 마실 것으로 짐작한다) 그 저녁 나는, '우리' 외에도, 이 깊은 절에서 나를 포함한 온 세상 사람들을 위해 기도드리는 분들이 계시다는 사실에 놀라워하지 않았나 싶다. 지금 돌이켜 보면 무의식적으로 지니고 있던 자기중심적 착각이 탄로 난 순간이었다. 그러나 그것은 참 아름다운 순간이기도 했다. 일순, 형언할 수 없는 일체감과 동질감, 동지의식과 동료의식이 가슴 깊이 물밀 듯 밀려왔기 때문이다. 아니, '쳐들어왔다'고 표현하는 것이 더 정확하리라. 이 때문에 기도문이 그토록 깊은 인상으로 남았으리라고 생각한다. 몇 달 전 어떤 본당

에서 무슨 말끝에 신자들에게 이 기도문을 들려준 일이 있었다. (물론 원래 형태대로) 모두들 깊이 귀를 기울였고, 어떤 분들은 받아 적기도 했다. 나는 그분들도 나와 같은 느낌을 받았으리라고 생각한다.

베토벤 보살님

그때 우리를 대원사로 안내해 주신 분이, 내가 속으로 '베토벤 보살'이라 부르는 분이다. 독실한 불자이신 이분이야말로 종교 간의 만남을 모범적으로 실행하시는 분이다. 보살께서 경영하는 음악 감상실에는 온갖 종교를 지닌 (혹은 전혀 지니지 않은) 분들이 많이 오가며 좋은 인연을 엮는다. 사막화한 도시에서 오아시스같이, 여기에 가면 사람 냄새가 나고 편안하다. 이분은 종교적으로 '출신성분'이 다양한 분들과 함께 우리 '절'에도 이따금씩 찾아오신다. 그리고 수도원 경당의 감실 앞에서 진심으로 깊이 기도하신다. 이분에게는 우리 신자들에게서도 찾기가 그리 쉽지 않은 진짜 그리스도인의 냄새가 난다. 언젠가 내가 40일 피정에 들어가면서 "저를 위해서 기도해 주세요" 했더니, 기쁜 표정으로 "그럼요, 그러고 말고요" 하셨다. 내게 얼마나 힘이 되었는지 모른다. 얼마나 아름다운가, 종교가 다른 우리가 서로를 위해 진심으로 기도할 수 있다는 사실이. 언젠가는 베토벤 보살 일행을 모시고 인근 통영의 미래사에 간 적이 있다. 도착하니 이미 해가 져서 컴컴했다. 우리는 모두 대웅전에 들어갔는데, 나도 자연스레 부처님 앞에 꿇어서 진심으로 기도했다. 대웅전이 내게는 그대로 성당이었다. 오해를 피하기 위해 밝히거니와, 내가 부처님께 기도한 것은 아니었다. 내 신앙의 본능(sensus fidei)이 부처님 안에 계신 어떤 분을 즉시 감지했던 것이다. 그것은 지극히 자연스런 확신과 같았다. 그분이 누구신가… 내게 그분은, 요한복음의 벽두에서 선포하고 있는 '말씀'이셨다. 생겨난 모든 것이 바로 그분을 통하여 생겨난, 그 '말씀'이셨던 것이다. 부처님 앞에서 진심으로 기도하게 해주신 내 주님께, 그 말씀께 나는 참으로 감사드린다. 그리고 그 말씀의 살아있는 한 '성사'인 석가모니께도 참으로 감사드린다. 불자들께는 이런 이야기가 실례가 될 수도 있을 것이다. 하지만 우리가 서로 상대방의 장소에서 나름의 방법으로 기도할 수 있도록 허심許心하는 일, 그래도 내심 불편해지지 않게 되는 일은 소중한 미덕이라고 생각한다. 각자가 '종교적 정조(貞操)'를 내적으로도 선명히 지키는 것을 깨닫지 못한 사람의 집착일 따름이라고 한다면, 내게는 그런 시각이야말로 어딘가 덜 깨달은 사람의 것일 따름이다. 불자들이 성당 감실 앞에서 부처님의 현신을 느끼며 기도하고, 그리스도인들이 부처님 앞에서 말씀의 현존을 느끼며 기도하기, 그런 일이 자꾸만 벌어지도록 허락하기… 이런 마음의 넉넉한 품이 '강물이 흘러서 바다에 이르듯' 유장히 이어질 종교간의 만남, 그 여정에서 매우 중요하리라 믿는다.

가난의 체험인 만남

작년에 캐나다 출신 예수회원 서명원 신부님의 영성 강연에 참석한 적이 있다. 강연 주제는 '한국의 불교 문화와 그리스도인의 영성 생활'이었다. 그때 아주 인상 깊게 들었던 말씀은, 한국이야말로 그리스도교와 불교가 유례없이 강렬하게 만나는, 세상에서 유일한 곳이라는 것이었다. 그리고 이 만남을 서 신부님은 엄청난 세월에 걸쳐 이루어지는 '두 대륙판의 만남'에 비유했다. 대륙판 두 개가 만나면 지진이나 화산 폭발 같은 엄청난 요동이 일어난다. 그러나 정확히 그렇기 때문에 히말라야산맥 같은 '물건'이, 그 장한 아름다움이 생겨나기도 한다는 것이다. 나는 이 말씀을 들으면서, 종교 간의 만남에도 긴 호흡이 필요하다고 절실히 느꼈다. 그리고 내 한 몸 안에 동양과 서양, 그리스도교와 불교의 어떤 종합이 꼭 이루어져야 한다는 턱없는 책임감을 오래전부터 은연중 스스로에게 부과해 왔음을 부끄러움과 함께 자각하게 되었다. 아무도 내게 맡긴 적이 없는 책임인데도! 이 작은 한 몸 안에 이미 동양과 서양이, 그리스도교와 불교가 만나서 때로 잘 지내기도 하고 때로 갈등을 겪기도 하는 것은 사실이다. 꼭 나에게만 국한된 체험은 아니라고 생각한다. 그러나 '대륙판의 만남'은 엄청나게 긴 세월을 요구하는 것이다. 그러니 나는 이 만남의 장을 이 한 몸 에만 국한시켜서는 안된다는 생각을 하게 되었다. 내 몸은 수 명이 너무 짧다. 우리 땅에 살며 제 한 몸 안에 서로 다른 종교적 전통의 체험을 다 지니며 모색 중에 있는 동시대의 수많은 진지한 도반들, 그리고 우리 뒷세대의 수많은 후배들… 이들이 다 내 몸이어야 한다는 생각을 하게 된 것이다. 그렇다. 꿈꾸던 '종합'이 이땅에서 이루어지려면 적어도 이삼백 년은 지나야 할지도 모른다.

 길을 걸어가는 이는 갈 길이 먼 것을 안다. 아득하고 때로 답답하다. 그러나 진리행(眞理行)의 순례자에게는 이 답답함이 동시에 힘이 되기도 한다. 가톨릭 교회에서 불교와의 대화를 위한 기구를 맡고 계시는 피에르 드 베튄 신부님은 작년 왜관에서 열린 동아시아 베네딕도회 모임에서 "불교와의 만남은 우리에게 가난의 체험이다"는 속 깊은 말씀을 하신 적이 있다. 과연 그렇다. 솔직히 내게 이 체험은 가난의 체험이다. 내 갈 길이 아직 얼마나 먼 지를, 나의 한계가 얼마나 실제적인지를 직시하게 해주는 그런 체험이다. '흡수통일'도 '분단고착'도 다 위험한 길이다. 그런 길 아닌 다른 길, 어떤 '길 없는 길'이 틀림없이 있을 것이다. '혼동도 분리도 없는' 그런 일치와 친교(코이노니아)의 길이 분명히 있다. 긴 호흡으로, 멀리 보며, 저마다가 그 길을 찾아 나서야 하리라.

"진리란, 진리를 아는 데 있는 것이 아니라 진리가 되는 데 있다". 나는, 키에르케고르가 남겼다는 이 말이 종교 간의 만남을 운위하는 마당에서도 본질에 해당하는 것이 무엇인지 잘 보여준다고 생각한다. (2000년, 〈들숨날숨〉)

내가 나를 모르는데

나이 조금씩 먹으면서 반성하게 되는 것이 많다. 아, 장날이면 어김없이 고성 읍내 시장통 어딘가에서 고물 스피커를 통해 흘러나오던 '뽕짝' 소리에, 귀는 괴롭고 내심은 같잖았던 젊은 날의 시건방이여. 그런데 "이제 와 새삼 이 나이에", 뽕짝이건 아니건 저잣거리에 흘러 다니는 노래를 들으면 결코 얕지 않은 감동을 받고 더러는 눈시울까지 붉힐 줄 안다.

"네가 나를 모르는데 난들 너를 알겠느냐"하고 시작하는 노래가 있었다. 옛날엔, 제목도 그렇고 마지막의 호탕한 웃음도 그렇고, 유행가치고는(!) 좀 과하게 심오해서 어색하다 느꼈던 것 같다. 게다가 첫 구절만 들으면 어딘지 모르게 방어적인 나머지 살짝 시니컬한 느낌마저 나지 않는가. "네가 나에 대해 알면 뭘 얼마나 알아? 사실은 나도 널 몰라"하는 식으로 … 그런데 요즘 뜬금없이, 그리고 시도 때도 없이 이 노래가 입에서 절로 흘러나오곤 한다.

계기가 있었다. 작년 어느 날 시내버스를 타고 가다가 라디오에서 이 노래를 아주 오랜만에 들었는데, 첫 마디의 "네가"가 "내가"로 들렸다. 모음 'ㅔ'와 'ㅐ'를 구분하는 데 대체로 소질이 없는 경상도 사람이라서 그랬으리라. 어쨌든 그 순간 비로소, 노래에서 뭔가 심오한 냄새를 많이 맡았다고 기억한다. "내가 나를 모르는데 내가 너를 어이 알리."

'나를 모르는' 경우에는, '자기 난독증(自己難讀症)'에 걸려 이웃은 다 아는 자기 모습을 정작 본인은 모르는 경우 말고도, 다른 종류가 있다. 기도를 하느님의 현존 앞에 나도 지금 여기에서 깨어 현존하는 일이라고 한다면, 이는 하느님을 알아가는 여정이지만 동시에 나를 알아가는 길이기도 하다. 거기서 나는, 고대 교부들이라면 '하느님과 닮은 모습(similitudo Dei)'이라고, 마이스터 엑카르트 같은 중세 스승이라면 '영혼의 근저(根底, grund)'라고 불렀을 나의 진면목에 대한 감각도 익혀가게 되는 것이다. 이 '근저', 이 '나'는 생각으로 알아듣고 포착하는 것이 아니라, 그저 그 안에 담겨 머물 수 있을 따름, 하나되어 있을 수 있을 따름이다. 그래서 딱히 말로 표현할 길도 없다. "그리스도와 함께 하느님 안에 숨겨져"(콜로 3,3) 나도 내가 누군지 완전히 모른다고나 말할 수 있을까.

이런 종류의 '자기무지'의 자리에서라야 우리는 남에 대한 가혹한 판정의 습(習)을, 가볍기 이를 데 없어 더 잔인한 저 '뒷담화'들을 비로소 멈출 수 있게 되지 않을까. 그 자리에서만 나는 내 존재의 신비에 경탄할 수 있기 때문이고, 그러기에 남의 존재에 대해서도 같은 방식으로 느낄 줄 알게 되기 때문이다. 나와 남이 '근저'에서 서로 연결됨을 보는 바로 이 자리에서, 토마스 머튼은 유명한 '월넛가 체험'을 통해 이렇게 말할 수 있었다.

"그 순간 나는 불현듯 사람들 마음속의 비밀스러운 아름다움을, 그 깊이를 본 듯했다. 그 어떤 자기인식도 도달할 수 없는 그들의 본래면목, 그 심장부를 보는 듯했다. 하느님께서 보시는 그대로 그들 각자를 보는 듯했다. 있는 그대로의 이 모습을 스스로 볼 수만 있다면! 우리가 늘 서로를 이런 식으로 볼 수만 있다면! 그럴 수만 있다면, 전쟁도 증오도 잔인함도 탐욕도 더 이상 존재하지 않을 터인데… 나는 우리가 서로 앞에 엎드려 절할 줄 알게 되는 것이 중요하다고 믿는다"(〈죄 많은 방관자의 억측〉, 1966).

개인이나 집단이나 심한 진영논리에 갇혀 인간관계가 죄다 '흡수통일' 아니면 '분단고착' 둘 중 하나가 되어버린 상황이 아닌가 싶다. 내가 나를 모르는데, 내가 너를 어이 알랴. 이 노래만 제대로 부를 줄 알면, 우리는 "서로 앞에 엎드려 절할 줄도 알게" 되리라. 아시겠지만 참고로 덧붙이면, 이 노래의 제목으로 쓰인 산스크리트어 '타타타'의 뜻은, 부처님 명호(名號) 중 하나로서 '있는 그대로(眞如)'라고. (2015 5월, 〈가톨릭신문〉)

더 바랄 게 없는 삶

　일본의 철학자요 시인이자 농부였던 야마오 산세이(1938~2001)의 책 중에 제목으로 가장 마음에 들었던 것은 〈더 바랄 게 없는 삶〉이다. 꼭 그 제목의 영향만은 아닌데, 언제부턴가 기도하기 전에 "더 바랄 게 없습니다"하고 하느님 앞에서 중얼거려보는 습관이 생겼다. 어떤 때는 "지금 죽어도 괜찮습니다"라는 말로 바꾸어 중얼거려보기도 한다. 내가 그런 상태가 되었기 때문에 하느님께 내 마음을 고백하는 것이라기보다는, 그 말을 했을 때 내 마음의 상태가 어떤지 살펴보려는 것이다. 지금도 이 단순한 '주문'이 기도하는 데에 도움을 준다고 느낀다. 입에서 나오는 말과 마음이 비교적 합치하면, 그것은 기도하기 괜찮은 상태에 있다는 것을 뜻한다. 다시 말해 지금 이 순간에 대체로 깨어 현존(現存)해 있다. 그러나 그것이 조금이라도 빈 말이라 느끼면, 내 삶과 기도는 따로 노는 상태에 있음이 거의 분명하다. 그럴 때는 대체로 하느님 현존 앞에서 정직한 성찰과 '준비기도'로 시간을 더 써야 한다.

　옛 로마의 그리스도인 철학자 보에티우스(480-525)가 남긴 말이라고 한다. "흘러가 버리는 지금(nunc fluens)은 시간을 만들고, 지속하는 지금(nunc stans)은 영원을 만든다." 어딘지 모를 미래에서 흘러와 어찌해 볼 사이도 없이 과거로 쏜 살같이 흘러가 버리는 듯 느끼는 보통의 시간 체험에서 '지금'은 사실 포착되지 않는다. 잡아보려고 지켜보는 순간 이미 지나가고 없다. 그러나 우리는 드물지만 다른 방식으로 시간을 체험하기도 한다. 너무도 충만하고 행복해서 마치 이 순간이 시간의 흐름 바깥으로 빠져나와 있는듯한 느낌을 받기도 하는 것이다. 예컨대, 성 아우구스티누스가 어머니 모니카와 오스티아의 집 창가에서 이야기하다가, 둘이 그만 함께 하느님의 현존 안으로 빨려들었다는 저 아름다운 이야기를 떠올려보자(〈고백록〉, 9권 10장). 모자의 영적 대화는 둘 다를 하느님 현존체험 혹은 탈아(脫我) 체험으로 이끌었다. '공동 신비체험'의 기록으로는 영성의 역사에서 유일무이할텐데, 어쨌든 이 체험의 한 복판에서 거의 얼굴과 얼굴을 맞대고 보게 된 하느님의 '지혜'에 대해 아우구스티누스는 이렇게 표현하고 있다.

"그 지혜를 통해서 저 만상이 생겨나고, 존재했던 모든 것, 존재할 모든 것이 생겨납니다. 그렇지만 지혜 (자체)는 생겨나지 않고 그냥 존재하며, 존재했던 대로 존재하고 항상 그대로 존재할 것입니다. 그보다 지혜에는 '존재했다'거나 '존재할 것이다'라는 말은 아예 없고 '존재한다'만 있으니 영원하기 때문입니다. '존재했다'거나 '존재할 것이다'는 영원하지 않은 까닭입니다. 그 지혜를 얘기하고 동경하는 동안에 (어머니와 나는) 온 마음의 일격으로 그 지혜에 잠시 닿았습니다. 그리고 나서 우리는 길게 탄식하면서 겨우 되잡았던, 영(靈)의 첫 열매를 거기 남겨둔 채로 우리 입에서 나오는 시끄러운 잡음[이 들리는] 곳을 향해 돌아왔습니다."(성염 역)

아우구스티누스의 표현을 보면, '영원'은 시간의 무한한 길이 혹은 양(量)이 아니라 '영원한 현재'(지금)에 더 가깝다. 이 모자의 신비체험은 '지속하는 지금(nunc stans)'의 전형적 체험이겠지만, 따지고 보면 이는 신비가들에게만 국한되는 것이 아니다. 우리도 누군가를 정말 사랑할 때, 무언가를 정말 아름답다고 체험할 때 이 비슷한 체험, 말하자면 다른 종류의 시간 체험을 하는 게 아닐까. 바로 이런 '지금'을 일러 예로부터 어른들은 '영원한 현재'라고 불렀을 터. 그렇다면, 이 '지금'에 깨어 충만히 현존하는 것이야말로 영성 생활에서 가장 중요한 일이 아닐 수 없다.

그런데도 우리는 '지금'을 놓치기 일쑤다. 우리가 '지금'을 놓치는 방식은 크게 보아 대체로 두 가지, 즉 미래 혹은 과거와 관련이 되어 있는 듯하다. 첫째, 우리는 지금을 늘 '더 나은 미래'를 향한 디딤돌 정도로만 여긴다. (더 나쁘게는, 그 미래에 도달하는 데에 장애물처럼 여긴다) 둘째, '과거'의 상처나 죄, 회한 따위의 그림자가 너무 짙게 드리워있어 '지금'을 놓친다.

기도를 "늘 (영원한) 지금 현존하시는 하느님 앞에 나도 지금 현존하는 일"로도 표현할 수 있다면, 중요한 것은 과거도 아니고 미래도 아니다. 결정적인 것은 결국 늘 '지금'일 따름이다. 그리고, 성경은 그 '지금'에 지금 들어서도록 끊임없이 초대하신다.

미래로 쏠리는 나머지 지금을 놓치는 우(愚)에 대해 최근에 내가 보게 된 최고의 영약은 '신뢰'다. 예컨대 마태 6,25-34 ("염려하지 마라")의 말씀은 바로 신뢰에 관한 말씀이다. 신뢰는 미래와 관련된 염려로 가득찬 우리를 단박에 '지금'으로 이끌어준다. 염려거리가 없어서 염려하지 않는 것은 신뢰와 아무 관계가 없다. 생명의 원천이신 분께서 이 생명을 '지금' 지탱시켜 주기도 하신다는 사실에 대한 앎과 신뢰가 우리를 염려에서 자유롭게 한다. "하느님께서 내 힘에 부치는 십자가는 지게 하지 않으신다"는 말은, 내가 예수님의 가르침에 따라 '지금'만, 하루하루만 살 줄 알 때 체험되는 진리다.

한편, 과거의 죄나 상처, 여러 종류의 부정적인 체험에서 오는 장애에 대한 유일무이한 처방은 '자비' 혹은 그 체험이다. 하느님께서는 바오로가 괴로워하며 빼달라고 간청한 '살 속의 가시'를 빼주지 않으셨다(2코린 12,1-10 참조). 오히려 그 가시를 긍정적으로 평가하셨다("내 힘은 약한 데에서 충만히 드러난다"). 그 가시를 두고 "괜찮다!"고 하신 것이다. 하느님의 자비는 내가 지닌 이런저런 '가시'(혹은 '주홍글씨')들을 제거하시기보다는, 그것과 화해하고 껴안도록 해주신다. 나는, 십자가에서 지금도 들려오는 가장 마지막 말씀이 늘 "얘야, 다 괜찮다"라고 느낀다. 그 음성을 들을 때 나는 내 과거사와 아무 상관없이 단박에 '지금'이라는 좁은 문을 통과하게 된다.

이처럼, 다가올 날에 대한 염려는 '신뢰'가 날리고, 지나간 날에 대한 회한은 '자비'가 녹인다. 이 두 가지 태도는 결국 '감사'로 요약된다. 바오로 사도의 권고대로 우리는 감사할 만한 것에만이 아니라 '모든 것'에 감사할 수 있고(1테살 5,18 참조), 바로 이 감사가 나를 '지금'이라는 영원의 땅에 발을 들여놓게 한다. 그리고 이 감사에서부터 평화와 행복이 끊임없이 샘솟는다. 지족 상락(知足常樂)이란 옛

어른 말씀이 틀린 데가 없다. 행복해서 감사한 거라기보다는 감사해서 행복한 것이다. 성녀 대 데레사가 남긴 아름다운 노래, "하느님만으로 만족하도다"는 고백은 소수의 성인만 할 수 있는 것일까. 누구나 지금 이 자리에서 "더 바랄 게 없는 삶"을 누릴 수 있는 게 아닐까. (2016년 〈경향잡지〉)

동주(東柱), 혹은 부끄러움의 영성

얼마 전 영화 〈동주〉를 보았다. 흑백의 장면들 하나하나가 한 편의 시 같았다. 윤동주의 시편들에 대한 깊이 있는 주석이란 평가를(신형철) 들을 만했다. 당시 사람들의 삶과 생각은 지금의 우리보다 훨씬 선이 굵고 튼튼했음을 새삼 확인했다. 민족, 세계 평화, 정의, 의리 등의 대의(大義)를 소중히 여기며 거기에 목숨도 걸 줄 알았던 사람들의 세대는 나라 안팎을 막론하고 진작 그 맥이 끊겼는지도 모른다. 커다랗고 옹골찬 그들의 생각과 실천은, 이른바 포스트모던의 시대라는 오늘날엔 흑백영화처럼 촌스럽게 비칠 수 있다. 그럼에도 불구하고, 〈동주〉처럼 여전히 감동과 그리움을 불러일으킨다.

윤동주 시 세계 전반에 '부끄러움'이란 주제가 얼마나 깊고 넓게 뿌리내리고 있는지도 새삼 느끼게 되었다. 일경(日警)에 검거되기 직전(1941-42) 주로 쓰인 마지막 시편들에는 놀랄 정도로 부끄러움에 관한 표현이 많다. "죽는 날까지 하늘을 우러러 / 한 점 부끄럼이 없기를, / 잎새에 이는 바람에도 / 나는 괴로워했다"고 노래한 유명한 '서시' 말고도, 예컨대 이런 구절들이 있다.

> 돌담을 더듬어 눈물 짓다
> 쳐다보면 하늘은 부끄럽게 푸릅니다. ('길')

> 인생은 살기 어렵다는데

> 시가 이렇게 쉽게 쓰여지는 것은
> 부끄러운 일이다. ('쉽게 쓰여진 시')

구름 한 점 없이 맑은 하늘과 같은 하느님 현존 앞에 벌거벗고 서 본 적이 있는 이에게 이 '부끄러움'은 익숙한 느낌일 것이다. 내가 생각하는 나, 내가 되고 싶어하는 나, 그리고 남에게 보여주고 싶은 나와 있는 그대로의 나 사이에는 늘 어떤 간격이 있다. 이 간격의 공간은 비겁함, 나약함, 자기기만이나 합리화, 어둠, 혹은 (이 모두를 총칭하여) '죄'라는 내용물로 채워지리라. '부끄러움'은 자기 안에 있는 이런 것들에 대한 사람의 일차적 반응 중 하나일 터.

그러나 자기 내면의 '죄'에 우리는 다른 반응방식을 택하기도 한다. 사실, "하늘을 우러러 한 점 부끄럼이 없는" 얼굴로 반응하는 경우가 더 많다. 예컨대 극히 수상쩍은 일로 청문회 같은 곳에 불려온 인사들의 입에서 이 시구가 얼마나 자주 인용되던가. 원작과는 정 반대 의미로! 그러나 그런 '평화로운' 얼굴에서 우리가 보는 것은 맑고 투명한 영혼이 아니다. 탁하고 뻔뻔스럽기 그지없는 인격이다. 윤동주처럼 "부끄러워서 괴롭다"고 토로하는 정직한 얼굴에서라야 우리는 깨끗하고 향기로운 '인간'을 보고, 바로 거기서 세상의 희망도 본다.

교종 프란치스꼬는 한 대담에서 "인간 호르헤 베르골리오는 누구입니까?"란 질문을 받은 적이 있다. 한참 생각 끝에 머뭇거리며 그가 내놓은 답은 "나는 죄인입니다"였다. 그는, 부끄러움을 느끼는 것은 좋은 일이요 이미 은총이라고도 하셨다. 교종의 이런 말씀에 화답이라도 하듯, 〈동주〉에서 시인 정지용은 "부끄러움을 모르는 세상에서 부끄러움을 아는 것은 부끄러운 것이 아니다"라고 일갈한다. 그러나 '부끄러움의 영성', 그 압권은 아마도 박완서 선생의 한 단편에 나오는 다음 문장에 제대로 담기지 않았나 싶다.

"그 느낌(부끄러움)은 고통스럽게 왔다. 전신이 마비됐던 환자가 어떤 신비한 자극에 의해 감각이 되돌아오는 일이 있다면, 필시 이렇게 고통스럽게 돌아오리라. 그리고 이렇게 환희롭게. 나는 내 부끄러움의 통증을 감수했고, 자랑을 느꼈다. 나는 마치 내 내부에 불이 켜진 듯이 온몸이 붉게 뜨겁게 달아오르는 걸 느꼈다. 슬퍼하는 사람은 행복하다. 그들은 위로를 받을 것이다"(박완서, 〈부끄러움을 가르칩니다〉 중에서). 이쯤 되면 '부끄러움'이야말로 자비의 희년에 정녕 필수적인 '신공(神功)'이 아닌가 한다. (2016년 4월 〈가톨릭신문〉)

배움, 가르침 그리고 모름

가을 하늘 그야말로 공활하니, 말 그대로 텅 비고 넓다. 우러러보며 절로 깊은 숨을 쉬게 된다. 청량한 하늘 아래 책 읽는 즐거움도 덩달아 맑고 깊어진다. 근래 배움과 가르침에 관한 현자들의 글 몇 줄이 깊이 마음에 와닿아 나누고 싶다. 특출한 중세 사상가요 영성가였던 생 빅토르의 후고 (1096-1141)부터 시작해보자.

배움

"철학 하는 이에게는 온 세상이 망명지(exilium)다. 아직 고향에 정을 품은 이는 섬약(纖弱)하다. 도처를 제 고향으로 여기는 이는 강건하다. 온 세상을 망명지로 느끼는 이는 완전하다. 첫째는 자기 사랑을 한 장소에 묶었고, 둘째는 그 사랑을 온 세상에 흩었으며, 셋째는 그 사랑을 소멸시켜버렸다."(〈디다스칼리콘〉, III, 19)

여기서 '철학 하는 이'는 철학 전문가가 아니다. 고대와 중세에 철학은 수행 혹은 구도와 동의어였다. 진정한 독서─배움에 없어서는 안 될 요소가 나그네의 외로움이라는 게 발언의 요지다. 그러나 후고는 객수(客愁)의 "낭만에 대하여" 말하고 있지 않다. 그의 말에 메아리치고 있는 것은, 스스로를 이 지상에서 "이방인이요 나그네"로 알아들었던(1베드 1,17; 2,11) 초세기 그리스도인들의 자의식(自意識)이다.

후고는 배움의 길을 걷는 이에게 세 수준이 있다고 본다. 초보자는 아직 고향(조국)에 애착하는 이다. 그의 배움은 취약하다. 낯선 것에 대한 경계와 두려움이 이해력을 원천에서부터 좀먹기 때문이다. 이보다 좀 나은 것이 온 세상을 고향처럼 여기는 단계다. 고향에 대한 사랑을 온 세상으로 넓힐 때 배움은 비로소 튼튼히 익어간다. 그러나 완전한 배움은 온 세상을 낯선 망명지처럼 여기는 단계다. 여기서는 정체성의 근원이 되는 모든 소속(혈연, 지연 등)이 그 특유의 배타적 애착과 함께 소멸된다. 이반 일리치(1926-2002)는 이렇게 토를 달았다. "읽는 이는 모든 관심과 욕망을 지혜에 집중하기 위해 스스로 망명자가 된다. 그리하여 지혜가 그의 고향이 된다."

프란치스꼬 교종께서 "변방으로 나가라"는 초대를 반복하는 것도 크게는 같은 맥락이다. 망명지가 중심에 있는 일은 없다. 그것은 늘 변방에 있다. 혹은 그 바깥에 있다. 거기에는 작고 가난한 이들이 있다. 그리고 "가난한 이들은 복음의 가장 뛰어난 수용자들이다"(베네딕도 16세). 하느님께서 보잘것없는 변두리 인생들을 한결같이 편애하시는 이유가 다 있다. '가난한 이들의 해석학적 특권'이란 말도 이래서 나왔다.

가르침

"아는 것을 가르치는 시절이 있다. 그러나 모르는 것을 가르치는 시절이 온다. 그러다가 마침내, 배운 것을 내려놓는(unlearning) 시기가 도래한다." 롤랑 바르트(1915-1980)가 만년에 명문 '콜레쥬 드 프랑스' 교수로 초빙되었을 때 취임 강의에서 한 말이라고 한다. 그는 자기가 이제 가르침의 마지막 단계, 배운 것을 내려놓는 단계에 있다고 믿었다. 그리고 '지혜(Sapientia)'라는 오래된 말이야말로

이 단계를 가장 잘 설명한다고 하면서 지혜의 조건을 이렇게 묘사한다. "권력은 한 톨도 없고, 지식과 슬기는 약간, '맛(味)'은 맘껏 풍성하고 깊게."

한 세속 학자의 입에서 나온 이런 말은, 학문과 영성의 접점을 잘 보여준다. 라틴어 '사피엔치아(Sapientia)'가 '맛보다(sapere)'란 동사에서 나왔음을 생각하면 알아듣기가 좀 쉬워진다. 지혜란 지식의 축적이 아니라 "씹고 뜯고 맛보고 즐기"는 체험과 관련이 있다. 〈논어〉 식으로는, '아는 것'보다 '좋아하는 것', 나아가 '즐기는 것'과 더 관련이 있다("아는 것은 좋아하는 것만 못하고, 좋아하는 것은 즐기는 것만 못하다": '옹야'편). 하느님의 말씀은 "꿀보다 입에 달다"(시 119)는 류의 표현은 성경에도 차고 넘친다. 이런 지혜는 필경 '사랑'(의 체험)과 다르지 않다. 지혜로운 이는, 진정으로 사랑하는 사람이 다 그러하듯, 힘-권력을 부리기는커녕 상실하는 지경에 이르게 된다. '십자가에서 드러난 어리석고 무력한 하느님의 지혜'도(1코린 1,18-29), 앎(Gnosis) 혹은 지혜에 관한 성경 전통의 이런 맥락에 있다.

후고에게, 지혜를 찾는 이가 읽어야 할 궁극의 책은 예수 그리스도 자신이었다. 후에 성 보나벤투라(1218-1274)는 한 설교에서 후고의 가르침을 그대로 이어받으며 덧붙인다. "이 책은 오직 십자가에서만 열린다."

모름

앎과 가르침의 궁극이 실상은 '모름'에 있다는 것도 예나 이제나 그리스도교 안팎의 현자들이 한결같이 말하는 바다. 그 중 "성인은 배우지 않음을 배운다"는(學不學, 〈도덕경〉 64) 오래 묵은 말씀이 통렬하기 이를 데 없다.

우리의 질서정연한 말과 지식은 세상을 알고 통제할 수 있는 힘이 되어준다. 낯선 곳에서 손에 쥔 지도처럼. 배움과 가르침의 여정에서 우리는 이 지도의 마력에 심취한다. "아는 것이 힘이다"는 말을 곱씹으면서. 그러나 지혜를 향해 멈추지 않고 걸어가는 이는 조만간 깨달을 수밖에 없다. 제가 길들인 말들과 그려놓은 지도가 아무 쓸모가 없단 사실을. 그는 니코데모처럼 그만 "제가 불고 싶은 대로 부는" 바람을 마주 하게 된다. 말씀이 솟아나는 저 궁극의 원천 앞에 서게 된다(요한 3,1–8). 거기서는 할 수 있는 게 거의 없다. 그곳은 제가 알던 세상의 끝이다. 그래서 여태 모르던 새 세상의 시작이다. 여기서는 단지 조용히 기다리며 문을 두드릴 수 있을 따름이다. 그리고 사실은 이게 '들음'이다. 이 '들음'에는, "어린이처럼 되는 것"만 도움이 된다. 어린이처럼, 다시 모르게 되는 것… 그래야 예측할 수 없는 저 바람–성령의 기운을 타고 함께 흐를 수 있게 된다. 그래야 참 지혜에, 하느님 나라에 입문하게 된다.

이 가을, 지혜를 향한 여정에서 '무지(無知)'의 이 정화(淨化)는 '무위(無爲)'로 직통(直通)하게 마련이란 것을 보여주는 글도 만나 기뻤다. 최근 나온 〈마오와 나의 피아노〉(배성옥 역)는 빼어난 중국 피아니스트(주 샤오메이)의 감동적인 자서전이다. "작곡자 뒤로 사라지는 연주자의 연주야말로 최고의 연주"라고 말한 대목에서 나는 오래 머물렀다. 다른 저자의 비슷한 말도 함께 떠올랐다. "눈 앞의 관객을 즐겁게 만들어주는 것은 연주자의 의무지만, 그의 마음은 '지상에서 아득히 높은 곳에서 들려오는 음(音)' 쪽으로 더 향해 있어야 한다."(서경식, 〈시대를 건너는 법〉) 모두 그리스도교 신자가 아닌 분들의 음성이다. 그러나, 복음을 늘 배우고 가르쳐야 할 '말씀의 연주자'인 우리에게 어쩌면 가장 절실한 가르침인지도 모른다. (2016년 〈경향잡지〉)

어떤 독서예찬

글 읽기의 즐거움

"솔바람 소리, 시냇물 소리, 산새 소리, 풀벌레 소리, 학 울음소리, 거문고 소리, 바둑 두는 소리, 섬돌에 비 떨어지는 소리, 창으로 눈이 흩날리는 소리, 차(茶) 달이는 소리 등은 모두 소리 중에서도 지극한 정을 불러일으키는 것이다. 하지만 책 읽는 소리가 가장 좋다."

송나라 문절공 예사 어른이 쓰셨다는 이 문장을 두런두런 소리 내어 읽노라니, 문득 행간에서 솔바람과 시냇물의 서늘한 기운이 새어 나오는 듯하다. 산새와 풀벌레 소리, 학 울음과 거문고와 바둑돌 소리, 빗소리와 찻물 끓는 소리가 생생히 들리다 못해 보이는 듯하다. 마침내 누군가 낭랑하게 책 읽는 소리까지 보이는 듯하다. 아하, 이것이 바로, 낭송 때에 생긴다는, "죽은 글자들의 부활" 사건이로구나!

걷는 일의 즐거움을 아는 사람은 안다. 걷기가 그저 목적지에 도달하기 위한 과정만은 아니란 사실을. 그것은 그 자체로 충만한 의미요 목적이라는 사실을. 그래서 어떤 현자가 말했다. '길'과 '도로'가 같은 말이 아니라고(신영복). 글 읽기는 실용적 지식이나 정보 습득을 위한 도구에 그치지 않는다. 그리고 '취미'의 영역으로 한정되지도 않는다. 내 인생의 가장 큰 즐거움과 고마움 중 하나는, 지금도 끊임없이 읽을 만한 글을 만난다는 사실이다. 지금도 배움의 기쁨, 호학(好學)의

열락이 내 안에서 샘솟는다는 사실이 너무도 고맙다. 오래된 말씀(고전) 배우는 기쁨이 새삼스럽고, 새로운 관점을 밝혀주는 말씀 듣는 일이 더없이 반갑다. "배우고 때로 익히면 이 또한 즐겁지 아니한가"(學而時習之, 不亦說乎). 아무렴, 호학 자체가 정녕 창조주의 큰 은사다.

글 읽기의 괴로움

그러나 글 읽기가 마냥 즐거움이기만 한 것은 아니다. 그것은 비싼 대가를 치르고 배워야 하는 수행이기도 하다. 흔히 '공부'로 번역하는 영어 study는 라틴어 studium에서 유래한다. studium은 옛 사람들에게 애정 어린 관심을 뜻하기도 했고, 그렇게 관심을 갖게 된 것에 대한 충직한 헌신, 그 노고(勞苦)의 과정을 뜻하기도 했다. 그래서 그것은 수도승들의 '수행(askesis)'과 거의 동의어이기도 했다. 중세의 큰 스승 생 빅토르의 후고(+1141)는 〈읽기 수행에 관한 교육(Didascalicon de studio legendi)〉이라는 보석 같은 작품을 남겼는데, 제목에 '읽다(legere)'와 붙어서 나오는 '수행(studium)'이란 단어에는 애정이란 뉘앙스도 노고란 뜻도 다 들어있다.

글 읽기가 노고인 이유는 무엇보다 그것이 애초에 머리만 쓰는 '정신노동'이 아니었기 때문이다. 묵독(默讀)을 아직 모르던 구송문화(口誦文化) 시절의 옛사람들에게 그것은 온몸을 쓰는 '육체노동'이었다. 이반 일리치 선생에 따르면 텍스트가 기록된 두루마리나 꼬덱스(codex, 오늘의 '책')를 통해 그들은 '추상화된 생각(abstraction)'이 아니라 '물질로 구체화 된 생각(incarnation)'을 만났다. 그래서 두루

마리나 책을 읽는 일은 하나의 몸, 혹은 인격(저자)과의 생생한 만남이었다. 더구나 그분들은 우리처럼 눈으로만 읽지 않고 무엇보다 먼저 입으로 읽었다. 그렇게 자기 입으로 발음되어 나오는 소리를 귀로 다시 들으면서 읽었다. 상체를 지그시 흔들며 읽었고 손가락으로 짚어가며 읽었으며 양피지나 종이 냄새를 맡아가며 읽었다. 읽기는 눈이나 지성만 요구하는 활동이 아니라 그야말로 오감(五感)을 총동원하고 온몸을 개입시키는 전인(全人)의 행위였다. 그렇게 읽은 것은 뇌 속 어딘가 있을 '메모리' 영역에만 저장되는 것이 아니라, 온몸에 새겨졌다. 입과 턱의 근육, 신체의 살과 뼈에 새겨지는 기억이었다. 베네딕도회 중세사가 장 르끌레르 신부가 고대와 중세인들의 독서를 묘사하면서 말했던 대로, 그것은 과연 '근육의 기억(mémoir musculaire)'이었다. 이는 고대와 중세 서양인들의 독서, 특히 렉시오 디비나와 직결된 이야기지만, 동양에서도 사정은 별반 다르지 않다. 돌아가신 우리 할아버지만 하더라도, 낮은 소리로 중얼거리시지 않고는 편지도 신문도 못 읽으시는 것처럼 보였다! 이런 식의 독서는 인간의 지성만 비옥하게 하는 것이 아니라 전인을 양성한다. 그야말로 "피가 되고 살이 되는" 글 읽기다.

글 읽기가 노고인 또 다른 이유는, 이렇게 읽고 배워서 내 것으로 만든 기존의 지식과 관념에 글 읽기 자체가 끊임없는 도발이 되기 때문이다. 다시 말해 있는 그대로의 '타자'와 대면하게 만들기 때문이다. 틀림없이 그럴 수밖에 없다고 믿고 있는 것들을 잠시라도 내려놓아야만, 비로소 본문에 적힌 말들을 알아듣는 귀가 열린다. 그리하여 세상에 지금껏 내가 몰랐던 관점도 있었다는 사실을 배운다. 온몸으로 읽어서 그것을 내 것으로 만드는 일도 힘든 과정이지만, 그렇게 내 것으로, 심지어 '나 자신'으로 만들어놓은 세계를 내려놓는 것은 더 어려운 일이다. 바로 이 지점에서 글 읽기의 수행은 지성을 넘어 영성의 영역으로 진입한다. '학자'들은 많은 경우 이 지점을 건너가지 못해서 '학인(學人)'이 되지 못한다. 종교인들도 많은 경우 이 지점을 통과하지 못해서 '꼰대' 신세를 면치 못한다. 나아가 두려움에 가득찬 교조주의자가 되어 체질과 전통과 관점이 다른 타자들과는 한 하늘을 이고 살지 않으려 든다. 그러나 글을 '잘' 읽으면, 비로소 타자를 있는 그대로 이해하고 받아들이며 그와 연대하는 물꼬가 트인다.

뿐만 아니라, 글 읽기는 공동체를 창조한다. 글을 읽으면서 마음이 통하는 벗들을 만나고 이 만남이 다시금 독해력을 증폭시킨다. 원래 수도원은 글(하느님 말씀) 읽는 이들이 글 읽다가, 그리고 글을 잘 읽으려고, 만들게 된 '학교'였다. 그곳은, 특히 그곳에서 거행하는 전례는, 필경 "사람은 책을 만들고 책은 사람을 만든다"는 진리를 가장 잘 증명하는 장소였다. 요즘은 교회 밖에도 글 읽는 이들의 공동체가 드물지 않게 생겨있어 반갑다.

글 읽기가 노고인 이유를 특히 우리 시대와 관련해서 하나 더 들면, 우리가 옛날보다 훨씬 더 속기도 쉽고 조작되기도 쉬운 상태에 놓여있기 때문이다. 글 읽기와 관련해서 우리는 구술문화(口述文化)의 시대에서 시작해서 문자문화의 시대를(월터 J. 옹) 지나, 전자문화의 시대에 벌써 접어들었다. 우리는 이미 '읽지' 않고 '본다'. 화면이 책을 대신한다. 우리는 스스로 생각하여 선택한다고 느끼지만, 정작은 화면에서 우리에게 보여지는 것들(글자가 아니라 이미지나 영상)이 무의식에서부터 우리의 느낌과 욕구와 판단을 조종한다. 나름 오랜 전통의 훈련을 받은 심리학자(사실은 심리조작 전문가)들은 TV나 다른 매체들의 광고를 통해 우리 욕구를 생산하거나 변형시키는 데 능하다. 또한 재벌 매체들의 소위 '언론'을 통해 여론을 조장하고 조작하기도 한다. 바야흐로 경제 논리가 정치와 교육과 윤리 등의 모든 공적 영역에서 하느님의 자리를 차지하고 있는 이 시대에, 그래서 과거 어느 때보다 거짓과 진실이 서로 뒤바뀌어 있는 이 시대에, 글 읽기는 '생각하는 백성'으로(함석헌) 살기 위해 유일한 길이고, "사는 대로 생각하지 않고 생각하는 대로 살기"(폴 발레리) 위해 필수적인 길이다. 그래서 글 읽기는 "그 자체가 반문화(counter culture)"다.(고미숙) 하여 글 읽기의 괴로움에는 외로움과 쓸쓸함도 포함된다.

우리가 그리스도인이란 사실과 관련하여 글 읽기가 그토록 중요한 마지막 이유를 들면, 성경을 기도하며 읽는 '렉시오 디비나(Lectio Divina)'야말로 글 읽기의 전범이요 원형이기 때문이다. 성경이야말로 반문화의 텍스트로서, 시대와 장소가 요구하는 예언자들을 양성해 낸다. 그리하여 통치자들과 거짓 예언자들이 만들어 낸 말에 고분고분 속아 넘어가지 않고, "가만히 있지 않는" 백성, 사회에 책임을 느끼는 백성을 키워낸다. 수산나의 억울한 상황 앞에 "나는 이 여인의 죽음에 책임이 없다"(다니 13,46)고 외친 다니엘이 그 모범이다. 사실, 우리 사회에 생기는 일에 진실로 "책임이 없는" 사람은, 다니엘처럼 스스로 책임을 느끼기에 침묵을 지키지 않고 발언하여 타인들에게도 책임을 일깨우는 사람뿐이다.

다시 글 읽기의 즐거움

 이렇게 글 읽기의 괴로움과 쓸쓸함을 받아들이고 나면, 글 읽기의 즐거움으로 안심하고 되돌아갈 자격이 생기는 것 같다. 그래서 문절공의 말씀을 다음처럼 고쳐 쓰며 가벼운 마음으로 글을 마무리할 수 있을 것 같다.

 "갓 지은 흰 쌀밥 내음, 늦겨울 오전 뜨락에 핀 매화 암향(暗香), 한여름 평상에서 붉게 쪼개지는 수박 냄새, 늦가을 저문 골목 낮게 떠다니는 만리향 내음, 엄마 젖 빠는 아기 살 내음, 오랜만에 돌아온 고향 바닷가 갯내음 등은 모두 냄새 중에서도 지극한 정을 불러일으키는 것이다. 하지만 서가의 오래된 책들에서 나는 냄새가 가장 좋다."
(2015년 10월 〈성서와 함께〉)

지상의 방 한 칸

작년 3월 파주 봉일천 지역 공릉저수지 주변의 연립주택 3층에 세 들어 살게 된 것은 뜻밖의 일이었다. 이탈리아 모원(母院)의 결정으로, 새 수도원 설립을 위해 올해 초 고성의 수도원에서 분가해 나온 우리 네 명 모두에게 그랬다. 올봄 언 땅이 풀릴 즈음 양주 어느 산자락의 작은 수도원 부지에 컨테이너 박스를 들이기 전까지는, 바로 여기가 우리 수도원이다. 가능하면 올해 가을까지, 소박하나마 경당과 손님집을 갖춘 수도원을 짓는다는 것이 현재 우리의 계획이다.

이웃들

우리 아래층 세 가구 중 하나에는, 스무 평 남짓한 공간을 함께 나누어 쓰느라 고생하는 모습이 역력한 태국 출신의 두 젊은 부부가 산다. 그나마 좀 넓은 평수의 옆집에는, 무슨 쉽지 않은 병이 있어 보이는 중년의 부인께서 가족들과 함께 사신다. 늘 특이한 올림머리를 하고 계신 부인의 취미(혹은 건강회복을 위한 방편?)는 수많은 화분들을 복도와 옥상에 내어놓고 화초나 채소를 키우는 일이다. 2, 3층에 깃들어 사는 각 세대의 화장실은 입주 때부터 도무지 어찌 해보기 어려운 냄새를 피우고 있다. 이를 나 몰라라 하는 집주인에 대한 모종의 '거사'에 세입자들의 동참을 권하시느라, 우리를 만날 때마다 올림머리 부인은 더욱 분주하시다. 어느 날은 손수 키운 고추를 말려 만든 고추튀김까지 전해주시며, '총대'는 당신이 잡을 테니 동조해 달라고 하신다. 우리 역시 '연대'를 마다할 이유가 없다.

마당을 사이에 두고 바로 오른쪽엔 날림으로 지은 조립식 2층 주택이 우리 연립주택 건물과 'ㄱ'자로 거의 맞붙어있다. 이 집엔 필리핀 이주민들이 대거 세 들어 사신다. 보통으로 두 건물 세입자들의 허름한 승용차들로 북적이는 이 앞마당이, 지난 여름과 가을엔 이분들이 토요일 오후마다 밤늦도록 벌이시는 바비큐 파티로 더 북적였다. 그때마다 3층의 내 방 창으로는, 열대 특유의 강렬한 향신료 냄새가 고기 익는 냄새와 함께 흘러들어왔다. 오래전 라오스와 캄보디아 등지를 방문했을 때 거리나 시장통에서 노상 맡던 냄새라, 그때 기억도 창으로 함께 따라 들어왔다. 한 번은 집에 있는 과일이나 얼린 고기 따위를 좀 싸서 그분들께 내려가 전해드리며 통성명도 하고 소주도 한 잔 얻어 마셨다. 말은 잘 통하지 않았지만 서로의 선의 정도야 교환될 수 있는 자리였다.

지상의 방 한 칸

지난 초겨울의 어느 보름밤. 달빛이 하 좋아 옥상에 올라갔다. 둥두렷 차오른 달은 글자 그대로 원만했다. 옥상에서 잘 보이는 인근 공릉저수지엔 달그림자(月印)가 어리고, 저수지 저편으로는 원래도 완만한 언덕이 보름달 빛을 받아 더욱 부드러운 곡선을 그리며 모로 누워 있었다. 이 나즈막한 언덕을 병풍 삼아, 그 너머엔 조선조 왕비들을 모신 파주 삼릉(三陵)도 고요히 누웠을 터. 달빛은 관대하고 차별이 없어서, 동네 초입의 그리 깨끗하지 못한 쓰레기 수거장에도 다정히 내려앉고, '새마을'식 슬레이트 지붕과 실용만을 염두에 두고 급조한 우리 집 같은 연립주택들과 제법 깔끔하게 지은 전원주택들에도, 그리고 집 사이로 난 좁은 길들에도 구석구석 떨어지고 있었다. 고요하고 맑은 밤, "고개 들어 산 위의 달을 쳐다보고, 고개 숙여 고향을 생각한다(擧頭望山月 低頭思故鄕)"던 이백의 절구(絶句)가 절로 떠올랐다.

순간, 오래 전에 읽은 故 박영한 선생의 중편 〈지상의 방 한 칸〉도 기억났다. 가족 딸린 젊은 전업 작가가 가족과 함께 살며 집필에 전념할 수 있는 방 한 칸 얻기가 참으로 하늘의 별 따기와도 같은 지상(地上)… 임시로나마 거처하게 된 이 연립주택 수도원과 이웃들은, 사람이 되어 지상에 오신 하느님께서 죽을 때까지 충실히 밟으셨던 그 땅, 그 '인간의 대지'에 비로소 우리도 발을 딛고 있다는 실감을 선사해 준다. 어떤 종류의 수도 생활이든, 예컨대 우리처럼 엄밀히는 '수도승'으로 분류되는 수도자들에게도, 걸어야 할 길은 오직 예수님께서 걸으셨던 바로 이 땅 위일 수밖에 없음을 기억하게 된다. 하루하루 "밥벌이의 쓸쓸함과 고단함"(김훈)을 버티며 살아야 하는 동료 인간들의 땀과 기대와 희망과 불안과 아픔으로 반죽되고 다져진 바로 이 땅 위일 수밖에 없음을. 아니라면, 제아무리 심오하고 거룩해 보이더라도 이른바 '영성'은 심히 수상쩍다. 적어도 그리스도교의 관점에서는 그렇다.

문득, 연립주택에서 이런 이웃들과 지내고 있는 지금이 어떤 의미에서 결코 '임시'가 아니란 사실을 깨닫곤 등골이 서늘해진다. 필경 "우리의 시민권은 하늘에 있"고(필리 3,20. 〈200주년 성서〉역), 그래서 우리에게는 "모든 타향이 고향이며 모든 고향이 타향"인지라 (〈

디오그네투스에게 쓴 편지〉), 이 지상에 우리가 영영 뿌리내리고 정주할 곳은 어디에도 없을 터이다. 따지고 보면 우리 역시 이주민 이웃들처럼, 모두 "나그네요 이방인"(히브 11,18)이며, '임시 체류자(paroikos)'일 따름이다(1베드 2,11).

길가의 작은 집

오늘날 거의 멸종되다시피 한 덕목이지만, 초세기에는 낯선 이들의 환대가 그리스도인을 특징짓는 가장 중요한 표지였다. 서로가 나그네인 줄 알면, 다시 말해 내가 '주인(주인공, 주인장)'이란 생각만 버리면, 타자의 환대는 쉬워진다. 여행하다가 만난 낯선 이들끼리 서로 쉽게 친해지는 것도 바로 이 때문이다. 그러므로, 이 지상에서 우리는 늘 길손이요 이방인이란 사실, '디아스포라'일 수밖에 없단 사실을 기억해야겠다. 나그네가 걷는 "삶의 변방"(프란치스코 교종)이야말로 "복음의 가장 뛰어난 수용자들"인(베네딕도 16세) 가난하고 작은 이들의 자리다. 그 자리에서만 수도원도 교회도 복음을 다시 듣고 배운다.

고은의 〈소설 화엄경〉에서 읽었지 싶다. 진리를 찾아 떠도는 선재 동자를 하룻밤 재워주며 '길가의 집'이 이런 노래를 부른다.

> 오직 내가 이룬 것은
> 잠든 길손이여
> 이뿐이어라, 이뿐이어라
> 나는 길가의 집
> 하루나 이틀 쉬고
> 길손이여
> 지나가라

그날 밤 옥상에서 나는, 올해 지을 우리 작은 수도원이 이런 '길가의 작은 집'이 되었으면 하고 빌었다. 그리고 우리 교회가 '지상의 따듯한 방 한 칸'이 되었으면 하고 빌었다. (2017년 〈경향잡지〉)

| 부스 8 |

월요 7기 김한용

· 1964년 부산 출생, 현재까지 거주
· 부산대 국어국문학과 졸업
· ROTC 육군소위 임관
· 동아고등학교 국어교사로 36년째 재직 중

= 수록 글 =

- 인연을 짓다
    버릇 / 아내에게 / 어떤 만남 / 아들에게 / 바비와 아비
- 산장일기
    농부와 시인 / 창고 만들기 / 꽃보다 아내 / 호접지몽 / 무화과 꽃이 피었습니다.
- 취중시담
    호수와 빈 콜라병 / 답이 있는 상징도 있다./ 개 같은 놈 / 행간 걸침 / 돼지 코, 용수철 그리고 담배 / 어디서 무엇이 되어 다시 만나랴
- 카피, P로 만드는 일

취중시담(醉中詩談)

월요에게,
내가 오늘 이곳에 서툰 글밭이라도 일구려 하는 까닭은 온전히 그대 때문이다. 45년 전, 나를 불러 세운 건 그대였다. 글을 읽게 하고, 쓰게 하고, 세상을 살피게 했다. 마음 가까이 두곤 있었으되, 많은 핑계가 나의 발목을 잡곤 했다. 이제라도 보답할 길이 생겨 기쁘다.
오늘은 그대를 위해 마음껏 노래하고 싶다.

인연을 짓다 1

버릇

국민학생 가방이 왜 이리 무겁냐고,
녹슨 못은 뭣하러 넣어 다니냐고
이해 못할 아이를 두었노라.
어머니는 한숨을 쉬셨다고 합니다

사람들이 못에 찔릴 수 있잖아요

전혀 기억에도 없는 50년 전 나의 버릇을
가끔씩 들려주시던 어머니는 지금 아프십니다.
폐암 말기가 내 가슴에 못을 치던 밤,
어머니는 링거 같은 내 눈물을 보셨습니다

어짤기고… 얼마나 산다카더노…

날마다 계속되는 검사,
속절없는 나날
어머니는 하루가 다르게 여위어 갔습니다

어제는 니 아버지가 왔다갔데이…

꿈이 아니라, 현실이라고
간병인도 보았을 것이라고 했지만,
그녀는 미세하게 고개를 저었습니다.
섬망이란 판정은 박힌 못을 더 박았습니다.
그날 밤 야윈 손이 통장을 내밀었습니다

받거라. 너거 피해 안줄라꼬. 모은 돈이다.
병원비로 쓰거라.
니가 준 용돈 한푼도 안쓰고 모았데이

무수히 별이 떨어지던 그날 밤
무수한 낙엽들이 몰려다니는 병원 벤치에서
그 옛날 당신의 말씀을 되뇌이고 되뇌었습니다.
애야, 못은 이 에미가 다 맡아주마, 라던

인연을 짓다 2
아내에게

난 경제를 모릅니다.
주식 동향 꺾은선 그래프의 의미를 모릅니다.
무엇이 내게 더 큰 이득이 되는 것인지
미래 어디에 나를 투자해야 좋은 것인지
그 끝없는 욕심의 절정은 어딘지를
나는 모릅니다.

난 그대를 모릅니다.
그대 눈물의 깊이가 얼마인지
그대의 침묵한 미소가 얼마나 무거운지
그대 따라 움직이는 내 심장의 꺾은선 그래프가
마디마디 꺾일 때의
그 고통마저 잊었습니다.

하여, 하여도
내 눈먼 투자엔
정녕 두려움은 없습니다.

그대에게 바친 내 눈물이
기어이 내 영혼의 궤짝에 추억으로 쌓이고
아아, 내 삶의 절정이
오늘임을 알았기 때문입니다.

인연을 짓다 3
어떤 만남

어느 날 딸아이가 데려온 남자친구.
어색한 웃음으로 처음 만난 자리

세 권의 앨범을 꺼내 놓았다.
딸아이의 백일 사진부터 대학 졸업 사진까지

천천히 보게.
가장 행복해 보이는 사진과 그 이유,
가장 불안해 보이는 사진과 그 이유,
30분의 시간을 주겠네

멈춰 서길 거듭하는 사진첩.
긴장과 집중의 시간은 숨을 힘들게 내쉬었다.
그가 나의 심중을 읽어내길 기다렸다.
아니 기도했다

한 때의 시간을 보낸 후,
불현듯 그를 화장실로 데려갔다

저기 세면대 보이지?
배수구 마개 한번 분리해보게

딸아이가 늘 머리 감는 세면대,
종종 막혀버리는 배수구.
그가 딸아이의 작은 어둠마저 감싸주길 바랬다

문득 그 옛적 딸아이의 머리를
빗고, 땋고, 묶어 주던 때가 떠올랐다

애당초 그가 누구인지는 중요하지 않았다.
다만 나는 찾고 있을 뿐이었다,
나를 대신할 누군가를

인연을 짓다 4

아들에게

아들아,
문을 열 땐 항상 조심하여라.
녀석의 코가 발등에 채이질 않게.
온 마음으로 온종일 우릴 기다린
민들레 홀씨 같은 꼬리가 밟히지 않게

산책 갈 땐, 목줄을 꼭 챙겨라.
지킬 건 지켜야지.
이런 말은 입안에 서걱거려
취준생인 너에게
난 줄 하나 대어주질 못했구나

한 놈은 하루 종일 독서실에서
한 놈은 하루 종일 텅 빈 집안에서

쌓고 기다려라
달이 차고 물이 끓듯

기다림 끝, 기어코 돌아온 가족 옆에
이토록 편히 잠든 녀석처럼

[붙임] 아들이 취업에 성공했답니다. 취준생 여러분도 파이팅!

인연을 짓다 5

바비와 아비

우리집 막내는
착한 강아지 '바비'다

나는 술을 잘 따르지만.
바비는 사람을 잘 따른다

혼술을 직업처럼 하는 내 옆엔
언제나 그놈이 있다.
아비의 콩고물을 바라고 있다

정년을 앞둔 나는
오롯이
한 병의 소주와 배달 안주에
하루를 안주한다

저녁이 되면,
아들과 놈은 한참을 놀고
잠이 오면
제 에미를 침대로 유혹한다

잠든 놈은 꿈도 꾸렷다.
아비는 놈의 무사안일을 꿈꾼다

산장일기 1

농부와 시인

양산 천성산 자락 아래에 땅을 샀다.

농사를 지을 생각은 애당초 없었다. 텃밭 정도라면 모를까.

아내와 거친 땅을 일구다 보니 갈수록 밭이 커졌다. 어, 이게 아닌데, 싶었다. 결국 우리 부부는 온갖 작물을 다 키우는 농부가 되고 말았다.

누군가 '농부'의 의미를 '파자(破字)'하였다. '파자'란 한자(漢字)를 인수 분해하여 의미를 만드는 일종의 놀이다. '농부(農夫)'의 '농'은 '曲(굽을 곡, 노래 곡)'+'辰(별 진)'으로 풀 수 있다. 결국, 농부란 '별을 노래하는 사람, 즉 시인이다.

우리말 '짓다'라는 단어는 매우 매력적인 말이다.

1. 재료를 들여 밥, 옷, 집 따위를 만들다.
2. 여러 가지 재료를 섞어 약을 만들다.
3. 시, 소설, 편지 따위와 같은 글을 쓰다.

시골에서 본의 아니게 '농사를 짓다' 보니, 나 자신이 때로 한심하게 여겨지기도 했다. 애당초 내 꿈은 '글을 짓는' 것이었다.

우연히 알게 된 '농(農)'의 의미에서 위안을 얻게 된 나는, '짓다'라는 말에서 또 한 번의 위안을 얻을 수 있었다. 내가 하고 있는 일이 크게 다르지 않는 일임을.

나는 몇 년 전부터 버려진 '파레트'를 모아 모아, 이리저리 잘라내고 맞추어가며 '파레트 하우스'를 '짓고' 있다.

완성되어 가는 모습에 '웃음 짓는다.'

산장일기 2

창고 만들기

해질녘까지 이어진 소꿉놀이
아내가 입양해온
제각각의 나무 상자
너는 문이 되고
너는 바닥이 되고
너는 지붕이 되어
우리는 제대로 가족이 되었네
함께 산다는 거
이렇게 저렇게 맞춰가며 사는 게야

2015. 9

산장일기 3

꽃보다 아내

   창고 앞 돌담을 따라 꽃밭을 만든다. 비석 크기 너럭돌을 네다섯 개 굴리고 굴려 꽃밭 틀로 삼는다. 일자형은 재미없어 변화를 준다.
   꽃밭의 모양새가 흡사 아내의 안경 같다. 아내는 이슬 같은 땀방울로 납작 돌을 주워 모아 꽃밭 둘레로 판석을 깐다. 역시 조경기능사는 다르다. 아내는 오래전부터 꿈꿨던 전원생활이 마냥 행복하다.
   오늘 나는 행복한 아내의 얼굴을 꽃밭에 심는다.   2015. 8

산장일기 4

호접지몽(胡蝶之夢)

장자가 어느 날 꿈속에서 나비가 되어 날아다닌다. 깨어나니 자신이 나비 아닌 장자가 되어있다. 나비가 된 장자인가? 장자가 된 나비인가?

그 혼돈 속에서의 깨달음이 물아일체(物我一體)이다. 세상 모든 것은 결국 하나라는 것이다. 인생무상의 의미도 있다고 하지만, 호접지몽의 근본적 의미는 모든 것은 통하므로 우리를 갈라 치는 모든 장벽을 허물어야 한다는 교훈일 게다.

노랫말은 詩가 되기도 한다. 단명한 천재 뮤지션 김정호의 '하얀 나비' 2절

'음~ 어디로 갔을까? 길 잃은 나그네는 어디로 갈까요,
님 찾는 하얀 나비'

임을 찾던 그 하얀 나비가 요즘 잘 보이지 않는다. 그 또한 어디로 갔을까?

하얀 나비의 대표는 '배추흰나비'다.

농사를 짓다보면 애벌레로 고충을 겪기도 하는데, 배추 농사에는 필연 배추흰나비 애벌레가 찾아와, 배춧잎을 갉아 먹어 마치 낡은 그물망인지 연상하게 한다.

흰 가루약을 치면 이 애벌레는 사라진다.

김정호의 질문에 답을 하자면, 그는 '저승'에 있다.

살아남은 애벌레는 번데기가 되고, 장차 나비가 된다.

애벌레는 잎을 먹는 해충.

나비는 꿀을 먹으며 꽃가루를 옮기는 익충.

나비로 변신한다는 것, 겉모양의 아름다움뿐만 아니라, 속마음의 결을 아름답게 해야 하는 것.

나비 중에 파란 날개를 가진 놈이 있다. 이 나비의 이름을 '몰포 나비'이다. 나비 경연대회에서 몰표를 받았기 때문에 생긴 이름은 아니겠지?

몰포 나비는 중앙아메리카에서 볼 수 있다. 멕시코, 쿠바, 자메이카 등. 몰포(Morpo)의 뜻은 '바꾸다'이다. 파란 날개가 빛의 각도에 따라 다양하게 바뀌며 광채를 내는 데서 온 말. 일명 '빠삐용 나비'라고도 한다.

주인공의 가슴 한가운데 큼직한 나비 문신이 있다. 문신의 색은 푸른색이며 크기도 실제만큼 크다. 즉 몰포 나비다.

빠삐용의 본명은 빠삐용이 아니다. 그의 본명은 '앙리 사리에르'이다. (영화 빠삐용은 앙리 사리에르의 자전적 소설이다.) 빠삐용은 문신으로 인한 그의 별명이다. 빠삐용(papillon)은 불어로 '나비'라는 뜻이다.

[여기서 잠깐]

빠삐용의 감옥 절친 '드가'에 대해서 알아보자.

드가는 위조 지폐범이다. 드가가 위조지폐를 만들기 위해 사용한 재료가 '몰포나비'의 날개조각!!! 두 주인공의 공통분모, 몰포나비다. 당신과 절친의 공통분모를 찾아봐요. 분명 놀라운 무엇이 있을 거예요.

산장일기 5

무화과 꽃이 피었습니다

클레오파트라가 사랑했던 과일
없을 무(無), 꽃 화(花), 열매 과(果)
무화과나무는 정말 꽃을 피우지 않고 열매를 맺는 것일까?

결론부터 말하자면, 무화과나무도 꽃을 피운다.
그런데 보이지 않을 뿐이다.
열매 자체가 꽃이라고 표현하기도 한다.
눈에 보이는 열매껍질은 사실 꽃받침이며,
우리가 먹는 내부의 붉은 부분이 꽃이다.
아주 작은 꽃눈이 생기면
꽃받침이 먼저 자라 꽃을 감싸버린다.
그러다보니 꽃이 속으로 숨어버린 것이다.

MBTI로 말하면, 극단적인 I(내향)이다.
물아일체, 나와 무화과를 두고 하는 말일 게다.

[여기서 잠깐]
완전히 숨어버린 꽃술에 나비나 벌이 어찌 들어가나?
'무화과 좀벌'만이 정답이다.
몸길이 2~3mm에 불과한 아주 작은 벌이다. 무화과꽃에 파고들어

알을 낳고 알에서 깨어난 애벌레들은 무화과 내부를 갉아 먹으며 자란다. 성충이 되면 구멍을 뚫고 밖으로 나와 다른 무화과꽃에 알을 낳으며 세대를 이어가는 생명체다.

세상은 모두 자기에게 맞는 짝이 있는 모양이다.

취중시담 1

호수와 빈 콜라병

비유: 표현하려는 대상(원관념)을 다른 대상(보조 관념)에 빗대어 나타내는 표현. '유'자로 끝나거나 '의'자로 시작한다.

'유'자로 끝나는 표현법 : 직유, 은유, 대유, 풍유, 활유.
'의'자로 시작하는 표현법 : 의인, 의성, 의태.

상징 : 추상적 개념이나 사물, 관념, 사상을 구체적 사물(보조 관념)로 나타내는 일.

 (가) 내 마음은 호수요,
   그대 노 저어오오.   -김동명, '내 마음은' 中에서
 (나) 빈 콜라병에는 가득히
   빈 콜라가 들어있다.
   넘어진 빈 콜라 병에는
   가득히 빈 콜라가 들어있다. -신동집, '빈 콜라병' 中에서

(가) 시의 경우, 보조관념 '호수'의 원관념은 '내 마음'이다. (나) 시의 경우, 보조관념 '빈 콜라 병'의 원관념은 무엇일까?
콜라병에 콜라가 없으면, 병이 비어 있다거나 병 속에 콜라가 없다라고 하지, '빈 콜라가 들어있다'는 괴상한 표현을 쓰질 않는다.

※ 위 시에서 말하는 '빈 콜라병'의 의미에 주목하여, 시를 해석한 견해 중 가장 적절한 것은?

① 병이 비어 있다는 말은 내면이 허전하다는 뜻이라고 생각해. 고독이나 슬픔을 드러내는 시가 아닐까?
② 난 달라. 비어 있음을 꼭 부정적으로 봐야 할까? 비어 있기 때문에 채워 넣을 수 있잖아. 가득 찬 나의 기대, 희망을 노래하는 시로 느껴져.
③ 난 '콜라'를 다국적 기업 상품의 대표로 봤어. 그 병 속이 비어 있다고 했으니, 신제국주의의 횡포를 뜻한다고 봐.
④ 난 '콜라병'의 디자인, 즉 여인의 매혹적인 육체를 모델로 삼았다는 점에 주목했어. 현대의 '외모지상주의' 병폐를 비판하는 시라고 봤어.
⑤ 왜 '사이다 병'이 아니라 '콜라 병'을 선택했을까? 색깔의 차이 때문 아닐까? 말하자면 인종차별주의를 비판한 시지.

[해설] 모두 다 정답이다. 이것이 '상징'이다. 상징은 답이 없다. 아니 많다. 작가의 손을 떠난 시는 작가의 의도와 다르게 해석될 수 있음을 보여준다.

취중시담 2

답이 있는 상징도 있다.

비둘기는 무엇을 상징하나요? 평화

'상징'은 답이 많다고 했는데, 이 질문에는 이구동성으로 쉽게 답한다. 이런 상징을 '관습적 상징'이라고 한다. 관습적 상징이란 어떤 계기에 의해서 원관념과 보조 관념이 강력하게 묶여져 버린 것. 마치, 비유처럼 1:1 관계가 된 것.

[여기서 잠깐]
'노아의 방주' 얘기 알지? 온 세상이 물바다로 변했어. 방주 밖의 모든 생명이 사라지자 물이 빠지기 시작했지. 노아는 오랜 기다림 속에서 마침내 마른 땅의 존재를 알게 돼. 비둘기가 육지에만 있는 올리브 잎을 물고 왔어. 드디어 세상에 '평화'가 온 것이지. 이 일로 비둘기는 평화의 상징이 되었어. 오늘날 비둘기를 유해 야생동물의 상징으로 만든 것도 우리 인간들이지.

[여기서 또 잠깐]
부산의 상징 중 하나가 '갈매기'라면, 인천의 상징은 '비둘기'잖아. 그런데 현재 인천은 비둘기로 골머리를 앓고 있어. 수입산 농산물을 들이는 인천항만 일대는 모두 비둘기의 똥(산성)과 털로 엉망이 되어 버렸어. 조류 기피제를 뿌려 어느 정도 효과는 보고 있지만, 측은지심

이 던진 빵부스러기가 그들을 '닭둘기'로 만든 것은 아닐까?

   부산에 용두산 공원이 있다. 부산의 랜드마크 중의 하나다. 한때 노인들의 성지였던 이곳엔 아직도 비둘기 떼를 쉽게 목격할 수 있다. 어린 시절 사진엔 비둘기 모이 주는 사진이 필수였다. 모이를 주다 비둘기에게 눈을 쪼여 실명한 사람이 있다면(가정) 이제 비둘기는 더는 평화의 상징이 아니다.

   그가 시를 쓴다면 아래와 유사한 시를 쓰지 않을까?

비둘기

이것은 괴성으로 가득찬 고요
저 푸른 하늘을 거부하는
수백으로 무리 지은 핏빛 전투화와 굽은 부리
평화는 풍선처럼 바람에 흩어지고
기어이 맑고 곧은 광명의 시선을 저버린 채
공포는 깃발처럼 날개를 펴다

   유치환의 '깃발'을 활용했다. 여기서 비둘기가 상징하는 바는 매우 모호하다. 왜? 내가 만든 나만의 상징이기 때문이다. 이것이 우리가 흔히 말하는 '창조적 상징'이다. '개인적 상징', '문학적 상징'이라고도 한다.

취중시담 3

개 같은 놈

친구와 화장실에 갔다. 근데 친구가 소변을 보는데, 한쪽 다리를 들고 있다.

이 경우, 우리는 뭐라 해야 할까?

ⓐ "야, 이 개야!"

아니면

ⓑ "야, 이 개 같은 놈아!"

정답은 없다구? 그렇지 않다.

위의 경우만 볼 때, 정답은 '개 같은 놈'이다.

수사학에서는 ⓐ를 '은유(동일성의 비유)', ⓑ를 '직유(유사성의 비유)'라고 한다.

친구의 이상한(?) 단 한순간만 보고, 은유를 쓸 순 없다. 당연히 직유만 가능하다.

친구를 더 관찰해 보자!

- 매점에서 혼자 무얼 먹고 있다. 다가가니, 몸을 돌리며 나를 경계한다.

- 더 가까이 다가가니, 아예 멀리 달아난다.

- 교실로 올라가니, 배가 부른지 엎어져 자고 있다.

- 어느 날, 거리에서 그를 목격했다. 어어, 웬 여친!!!! 어어, 이 무

슨 몹쓸 행각!

이 경우, 우리는 그에 대해 말할 수(은유할 수) 있다.

"저 놈은 완전 개야!"

직유와 은유에 대한 본격 학습

1. 우리 아버지는 호랑이 같다.
2. 우리 아버지는 사자 같다.
3. 우리 아버지는 호랑이다.
4. 우리 아버지는 사자다.

위 4개의 문장에 대해 연구해 보자. (1과 2는 직유, 3과 4는 은유) 1과 2는 '우리 아버지는 무섭다'라는 의미 정도, 차이는 별로 없다.

직유가 단순한 직관에서 나온다면, 은유는 원관념과 보조관념에 대한 깊은 이해와 세심한 관찰에서 나온다. 동물의 왕국을 보았다.

〈호랑이편〉

어미 호랑이가 새끼 호랑이를 보호하고 있다. 어미는 마음이 놓이질 않는다. 이 세상 가장 두려운 존재, 아빠 호랑이 때문. 언제 갑자기 아이를 물어 죽이지 않을까 노심초사. 호랑이는 원래가 포악하다. 한 산엔 호랑이 한 마리만 산다. 자기 구역엔 그 누구도 다른 왕이 있을 순 없다.

〈사자편〉

초원, 나무 그늘 아래, 늘상 누워있는 수사자. 암사자 무리들이 사냥해온 사슴이 있으면 제일 먼저 냠냠, 그리고는 다시 쿨쿨. 그리고 때때로 암사자 한 마리를 불러내곤 해.(♡) 그러한 잠시, 해 질 무렵 저 멀리 젊은 도전자 수사자가 걸어온다. 결투한다. 늙은 수사자는 결코 물러서지 않는다. 왜냐하면, 자기가 져서 죽으면, 자기의 어린 자식들은 새로운 왕에게 모두 처참히 죽게 되니깐.

우리 아버지는 회사를 다녀와서는 어머니가 차려준 저녁을 냠냠 맛있게 먹고, 소파에 드러누워 야구 중계를 보며 즐긴다. 그러다가 잔다. 그래, 완전 사자다.

어느 날, 내가 불량배들에게 둘러싸이게 되었다. 우연히 그곳을 지나던 아버지가 이 모습을 본다. 겁 없이 뛰어든 아버지, 이리 맞고 저리 맞고 피범벅이 된 아버지, 그러나 결국 도망가는 그놈들 보며 웃는 아버지, 제 새끼를 목숨 걸고 지켜내는 아버지, 우리 아버지는 분명 사자다.

대한민국의 모든 아버지는 사자여야 합니다.

[여기서 잠깐]
1. 젊은 수사자는 항상 이길까요?
설마, 그럴 리가요. 젊은 수사자는 아쉬울 게 없어요. 불리하면 다음을 기약하고 도망가면 그뿐. 혹은 다른 무리의 수사자와 대결. 젊음은 기회가 많다는 말과 통하지요.

2. 암사자는 어떤 존재일까요?

수사자 간의 싸움이 임박하면 여러 마리의 암사자(앗! 일부다처제)들은 제각기 자신의 어린 새끼들을 풀숲 사이에 하나하나 숨겨요. 새로운 왕의 희생물이 되지 않도록 …

자신들도 몸을 낮춰 싸움의 결과를 지켜보죠.

새로운 승자는 늦은 시간까지 풀숲의 새끼들을 하나하나 찾아내어 모조리 죽여요. 단 하나의 후한이 없도록 철저히 색출하여 죽이죠. 때로 그 새끼를 먹기도 해요.(에잉 … 사실상 동물의 세계에서는 동족을 먹는 행위가 다반사예요)

밤을 새운 새로운 승자는 물가로 가요. 피를 씻고 물도 먹지요. 이때, 한 암사자가 그에게 다가가 **꼬리로 그를 톡 쳐요**. 새로운 승자에게 간택되기 위해서죠. 새로운 승자는 그 암사자를 훑어보고 고개를 돌려요. 실격. 그럼, 다음 순번의 암사자가 다가오고 꼬리로 쳐요. 또 실격. 그럼 다음 순번 등장. 이런 과정 속에 선택된 암사자는 바로 승자와 사랑을 나누죠. 이제 그녀가 레이디 1이 되는 거죠. 새로운 왕국의 시작.

[여기서 또 잠깐]

'꼬리치다'의 어원은 꼬리를 가진 암컷이 수컷에게 성적 어필을 하는 행위에서 왔답니다. '꼬리를 흔들다'는 '관심, 애교'의 수준.

취중시담 4

행간 걸침

앞 행의 끝 구절이 다음 행에 걸치어 있는 시구

그립다
말을 할까
하니 그리워

〈김소월, '가는 길' 中에서〉

'하니'라는 어절은 의미상 2행 끝에 있어야지만,
3행 첫머리에 두어 '고백의 머뭇거림'이 더욱 절절히 느껴지도록 했네요.

행간 걸침의 끝판왕, 박남수 시인의 '아침 이미지'입니다.

어둠은 새를 낳고, 돌을
낳고, 꽃을 낳는다.

〈박남수, '아침 이미지' 중에서〉

시인의 의도는 무엇일까요?
[애매한 힌트: 무지개는 정말 일곱색일까요?]

상상해 볼까요?

아침 햇살이 들기 시작하는 창가가 보입니다. 창은 주로 남쪽으로 나있고, 빛은 동쪽에서 들기 시작해, 창으로 들어오는 햇살은 비스듬히 한쪽 구석에서 세상을 밝히기 시작합니다. 조금씩 조금씩 빛은 자신의 영역을 확장시켜요.

빛은 단절되어 있지 않아요. 저 멀리 있던 밀물이 어느새 내 발등을 덮듯이 서서히, 그리고 멈춤 없이 빛은 이어져서 들어오죠.

시인은 '빛의 연속성'을 '행간 걸침'이라는 시의 기법을 이용하여 극대화시킨 거죠.

[여기서 잠깐]

빛이 세상을 드러냈다는 일반론에서 벗어나 어둠이 세상을 낳는다는 역발상이 기가 막혀요.

취중시담 5

돼지코, 용수철 그리고 담배

'용'이 상상의 동물이란 건 상식,
각 신체 부위에 각기 다른 동물을 조합해서 만들었다.
'용'의 코가 '돼지코'임을 아시나요?
'용'은 평소 자신의 코가 아무리 봐도 못생긴 돼지코임을 부끄러워했다.
하루는 하늘에서 내려다본 돼지의 뒷모습, 원망의 대상인 돼지에게서 새로운 걸 봤다.
돼지의 꼬리. 꼬불꼬불 귀여운 그것에서 아이디어가 떠올랐다.
- 저 놈을 떼어다 수염으로 삼으면, 내 코의 단점이 감춰질 수 있겠다.
용의 코는 돼지코, 용의 수염은 돼지꼬리다.

[여기서 잠깐]
'용수철'은 용의 수염을 닮은 철사에서 나온 말이랍니다.

위의 어원과는 태생이 다른 어원이 있다. 일명 '민간 어원'이다.
서양에서 '담배'가 처음 들어왔을 때, 우리 선조들께서는 이 몽롱한 존재에 대해 호기심을 가지게 되었고, 급기야 중독되셨다. 많은 이들이 비밀리 유통되는 이것을 구하기 위해 동분서주, 부둣가엔 이런 사람이 은밀히 모여들었다.
- 이보셔, 그 놈 언제 들어오오?
- 이번에 올 배 말고 다음에 올 배에 실려오오.
기다리는 배는 좀체 오질 않았다.
- 이보셔, 도대체 다음 배는 언제오오?
이 질문이 계속되었다. 여기에서 이름 없던 그 놈이 이름을 갖게 되었다.

다음 배, 다음 배, 다음 배 → 담배

'담배'라는 단어의 탄생이야기, 이것은 진실일까? 거짓일까?
당연 거짓이다. 이를 민간어원이라 이른다.
일종의 가짜 뉴스 같은 거.
발음의 유사성을 이용해 민간(사이비)에서 만들어진 잘못된 어원을 일컫는 말이다.
담배의 진짜 어원은 포르투갈 말 'tabacco'이다. 이것이 일본을 거쳐 '담바고' → '담배'가 되었다.

[여기서 잠깐]
많은 사람들이 속고 있는 역대급 민간어원 둘.
1. '행주치마'는 행주대첩 때 아낙네들이 돌을 나를 때 기여했던 치마를 기념하여 이른 말? no,no 임진왜란 이전 기록에 이미 등장한 단어야.
2. '노다지'는 고종 때 금광채굴권을 얻은 미국인들이 광산에서 'no

touch'라고 해서 나온 말? no no 이것 역시 민간어원. Don't touch 가 옳은 표현이지.

[여기서 또 잠깐]

'양파'에 '숫양파'와 '암양파'가 있다는 말은 들어보셨나요?

양파 수확기가 되면 대부분의 양파는 줄기가 시들어 갈색이 되어 땅으로 쓰러져 있답니다. 이 녀석은 '암양파'예요. 뽑아보면, 펑퍼짐한 모습으로 우리가 흔히 아는 그 양파지요. 특유의 매운 듯 달콤한 그 맛을 느낄 수 있어요.

그런데 같은 시기에 심었는데도, 쓰러지지 않고 뻣뻣이 서 있는 양파를 간혹 볼 수 있답니다. 이 녀석이 '숫양파'지요. 뽑아보면, 세로로 길쭉한 모습을 하고 있답니다. 이놈은 나중에 꽃을 피워요. 잘 건조가 되지 않아 보관성이 훨씬 떨어져요. 판매용으로 불합격.

실제로 양파는 암수가 없답니다. 환경의 차이로 달라졌을 뿐이지요.

그럼 [문제], 숫양파, 암양파는 '민간어원'에 해당될까요?

취중시담 6

어디서 무엇이 되어 다시 만나랴

우리나라에서 가장 비싼 그림은 단연 김환기 화백의 그림이다. 이중섭의 소(7위), 박수근의 빨래터(9위)를 제외하고 상위 10위권 내에 드는 그림을 그렸다. 한마디로 국내 넘버원이다. 여기서는 김환기와 관계있는 문학가 2인을 소개한다.

1. 시인 이상

김환기의 두 번째 아내 김향안은 시인 이상의 아내였던 변동림으로 동일 인물이었다. 이상이 폐결핵으로 단명한 뒤, 지인의 소개로 딸 셋 둔 이혼남 김환기를 만난 변동림은 집안의 반대를 무릅쓰고 결혼을 결심한다. 본명마저 남편의 성과 아호를 빌어 김향안으로 개명한다. 향후 그녀는 김환기를 위해 유럽과 미국 생활을 제안하고, 뒷바라지하여 김환기의 미술 세계를 더 높였다. 김환기 사후, 그의 명성을 더 높인 건 아내 덕분이었다.

2. 시인 김광섭

'성북동 비둘기'의 시인 김광섭은 김환기의 절친이었다. 김환기는 친구 김광섭이 사망했다는 소식을 듣고 친구의 시 '저녁에'에 나오는 시구를 제목으로 삼아 그림을 그렸다. 그 그림은 단색의 점과 선이 무수히 반복되어 찍혀진 점묘로 가득 찬 전면점화(全面點畵)로서 김환기의 대표작이다.

> 저렇게 많은 중에서
> 별 하나가 나를 내려다본다
> 이렇게 많은 사람 중에서
> 그 별 하나를 쳐다본다
>
> 밤이 깊을수록
> 별은 밝음 속에 사라지고
> 나는 어둠 속에 사라진다
>
> 이렇게 정다운
> 너 하나 나 하나는
> 어디서 무엇이 되어
> 다시 만나랴
>
> – 김광섭, '저녁에'

우습게도 김광섭 사망은 오보였다. 실제 김광섭이 더 오래 살았다. 하지만 그 오보가 세계적 명화를 만들었다.

〈카피〉 P로 만드는 일

P로 만드는 일

여지껏 밀쳐둔
글손기의 희P가
이제야 튕겨나와
해P가 되는 일.
온세월 묵혀둔 고P가
시원한 한잔의
커P가 되고,
한 줄의 행복된
카P가 되는 일.

취중시담(醉中詩談)

| 부스 9 |

월요 7기 장진호

- 1964년 부산 출생
- 부산대학교 의과대학 졸업
- 의학박사/비뇨의학과 전문의
- 2002년부터 마산 선비뇨기과 개원중

나의 사진 찍기

월요문학회 시절 '찍지 못한 사진을 위하여'란 제목으로
연작시를 몇 편 썼던 기억이 있다.
돌이켜보면 잊고 잊히는 것에 대한
강박증이 있었던 건 확실한 거 같다.
세월이 지나 그때의 보상이라도 할 요량으로
우연한 기회에 사진 찍기를 시작했는데
웬걸, '쓰지 못한 시를 위하여'가 되고 있는 느낌이다

나의 사진 찍기

'나는 생각한다 고로 존재한다(cogito ergo sum)'

– 다른 모든 사물은 의심할 수 있어도
그와 같이 의심하고 있는 나의 존재는 의심할 수 없다는
자기 확실성을 표현한 데카르트의 명제로 잘 알려져 있다 –

나는 이십여 년째
시외로 출퇴근을 하고 있다.
운전을 하면 한 시간 정도 걸리지만
삼사십 분이 더 걸리더라도
시외버스를 타는 게 편하다.
물론 중간에
지하철을 한 번 더 타야 하지만.

하루 중
혼자만의 시간을 억지로라도 갖는다는 게
행복이라면 행복이다.

이럴 땐
잠시 눈과 귀를 열어 둔다.

이미 바깥은 어둑할 즈음인 어느 해 겨울 퇴근길,
차창이 거울이 되어 차량 불빛들 사이로 비치는 나의 얼굴이
무척이나 낯설게 보인 적이 있었다.

돌이켜보면 낯선 나의 모습은
차창 밖에만 있는 게 아니었다.

어쩌다 찍은(혹은 찍힌)
나의 차창 밖 모습을 시작으로
나는 누구인가?
란 질문을 자주 하게 되었고,

카메라 렌즈를 통해서
보는 것과 보이는 것,
주체와 객체에 대한 고민을 하게 되었다.

사진이란
그저 인물이나 풍경이 담긴 종이 한 장이 아니라
생각과 의미를 전달하는 충분한 매체가 될 수 있다고 생각했다.
꽃이나 예쁜 풍경도 좋지만
매일 부닥치는 갈등을 사진으로 담고 싶어졌다.

'그 보이지 않는 생각을 어떻게 사진으로 찍을 것인가?
나의 주체를 어떻게 은유로 끄집어내야 할까?'

결국은 생각하는 나를 이미지화해서 읽는 수밖에 없다.
자신의 모습을 보여주는 사진이란 나 자신이 타인처럼 되는 것이고,
스스로가 대상화되는 것은 죽음에 대한 아주 작은 경험이지 않을까?
죽음이 사진의 본질이기에.

모든 존재의 시작이 내가 아닐지라도
존재 인식의 시작은 나에게서 출발한다는
데카르트에 전적으로 동의한다.

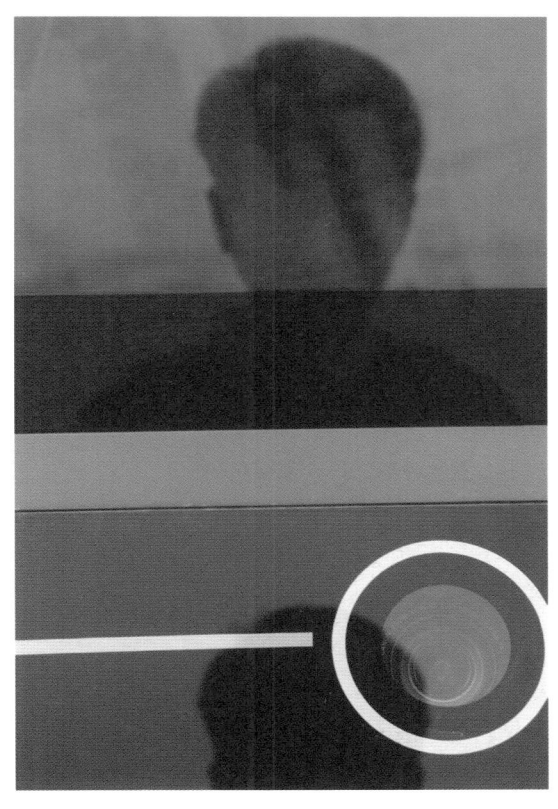

해서 나의 사진찍기는
나를 찾아가는, 의심하는 과정이며

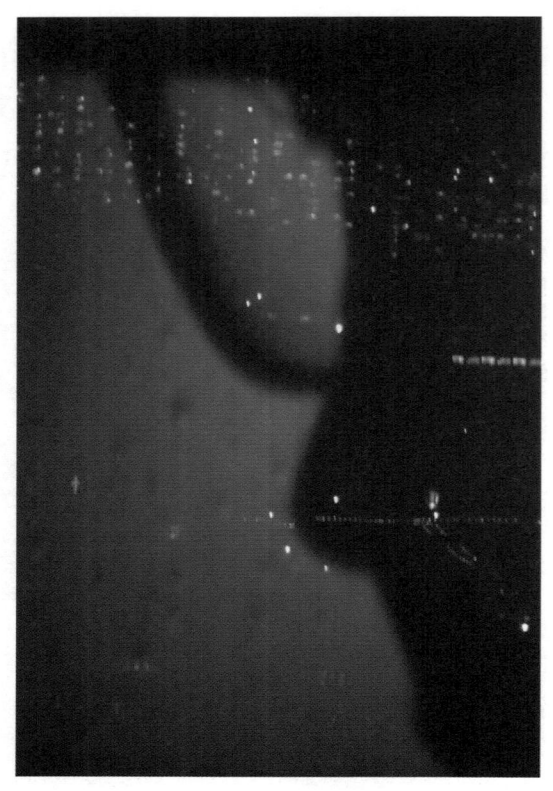

매일의 삶 속에서 시간은 과거가 되고
그것을 의심하며 살아가고 갈등하는
나를 향한 내 생각의 이미지다.

| 부스 10 |

월요 8기 배상문

- 1965년 부산 출생,
- 울산 여자와 결혼하여 지금은 울산에 거주
- 부산의대를 졸업하고
- 20년간 개업의로 활동하다가
- 지금은 울산중앙병원 내과 과장으로 근무 중

= 수록 글 =

- 낙서
  40년 / B급 인생 / 고통 / 나는 달린다 / 남남 / 내 이럴 줄 알았다 / 불행 / 비행기 / 상상 / 아들 / 아들의 편지 / 얼룩말 / 에어컨 / 염색 / 의미 / 이순신 / 죽음의 비용 / 코털 정리기 / 파리 / 헬스

낙서장

네이버 밴드에 올린 글을 추려 낙서장이라 이름 지었습니다.
개인적인 내용이 많아서 부담스럽기도 합니다만 내가 뭐 그리 중요한 사람도 아니라서.
화장실에 남긴 낙서처럼 가볍게 읽어주시길.

40년

오늘 84학번 대학 동기들을 만났다.
반세기에 가까운 시간이다.
세월 정말 빠르다.
내게 남은 시간은 또 얼마나 될까?
저녁을 먹고 스타벅스에 갔다.
우리 또래도 많았고 젊은 남녀들도 있었다.
젊은 사람들의 얼굴에는 광채가 흘렀다.
내게도 저런 시절이 있었던가?
스무 살 신입생의 머리에는 어느새 서리가 앉아있다.
아이들 얘기도 했다.
이미 자식 결혼시킨 사람도 있다.
우린 늙어가도 아이들이 있다.
그 아이들이 또 아이들을 낳을 것이다.
헤어지면서 오래 살자고 그리고 또 만나자고 했다.
하지만 몇 번이나 더 만날 수 있을지는 모른다.
처음 만났을 때 우리가 40년 뒤 이렇게 다시 만날 거라는 상상은 할 수 없었다.
40년이란 세월 자체를 상상하지 못했다.
40년 그거 별거 아니었다.
그렇게 우리는 40년을 살았다.

B급 인생

한동안 친하게 지내던 사람과 안 좋게 된 적이 있다.
나보다 나이가 많아서 형으로 불렀다.
하지만 언제부터인가 나를 함부로 대하는 게 느껴져서 불편했다.
나이가 어리니 뭐라 말은 못 하고 피했다.
하지만 모임을 같이 하다 보니 같이 만나서 술을 먹었다.
마음의 상처가 조금씩 쌓여 갔다.
걸핏하면 저 자식 이 모임에서 빼야 한다고 말하는 식이다.
농담이라고 하기에는 좀 심했다.
술자리에서 누구를 보고 저 사람은 S급이라 했다.
상급이라는 말일 것이다.
나는 술김에 그럼 나는 무슨 급입니까 하고 물었다.
솔직하게 말할까 너는 B급이다.
면전에서 너는 무슨 급이라고 하는 것도 익숙하지 않았고
나를 그 정도로 싫어하나 하는 생각이 들었다.
그 모임에는 빠지기로 했다.
막상 빠지자니 다른 사람들이 마음에 걸렸다.
그놈의 정 때문에
갈등하다가 다시 들어가기로 마음먹었다.
다시 만난 자리에서 결국 싸우게 되었다.
술을 먹다가 너는 B급이다 이 말에 마음이 많이 상했다.

내가 이런 말을 하게 되었다.
본인은 절대 그런 말을 한 적이 없다.
사람 아닌 건 잘라야 한다.
순간적으로 아 이제 끝이구나.
술상을 뒤집지는 않았고
그냥 밖으로 나왔다.
이제 더 봐서는 안 되겠다는 생각이 들었다.
나이가 들어가니 별거 아닌 말에 상처받는다.
나보고 B급이라고 하면
나는 C나 D급 정도 된다고 생각했는데 잘 봐주셔서 감사합니다.
이렇게 말하면 됐는데

사람마다 장단점이 있다.
타인의 한 면만 보고 판단하는 것은
나 또한 어리석기 때문이다.
자존감이란 누가 나를 좋게 말해서 얻어지는 것이 아니고
내가 나를 어떻게 생각하는가이다.
나를 어떻게 말해도 스스로 당당하면 상처받지 않는다.
이제는 누구에게도 상처받지 않고 살고 싶다.

고통

식물도 고통을 느낄까?

신경이 없기에 고통을 느끼지 않는 것이 당연하다. 멍게(우렁쉥이)는 새끼 때는 뇌가 있지만 성체가 되면 스스로 자기 뇌를 먹어 치운다. 움직이지 않으면 에너지 소모가 많은 뇌는 필요가 없기 때문이다. 따라서 멍게는 고통을 느끼지 않는다.

인생을 고해라고 했다. 인간은 왜 이렇게 고통을 느낄까? 멍게로 태어났더라면 고통받지 않아도 될 것이다. 고통에는 육체적인 것과 정신적인 것이 있다. 인간이라면 누구나 고통을 느낀다. 고통을 느끼지 못하면 인간이 아닐지도 모른다. 고통은 피하려 한다고 피할 수 있는 것이 아니다. 감내해야 할 순간이 있다. 시간이 흐르기만을 기다릴 뿐이다.

달마대사에게 제자가 물었다.
- 선생님, 어떻게 해야 마음이 편해질까요?
달마가 말했다.
- 네 마음을 가져오너라, 내가 편히 해 주마!
제자는 마음이 있는 곳을 알 수 없었다. 그리고 깨달았다.
나는 차라리 멍게가 되거라! 했을지도 모른다.

빅터 프랭클은 오스트리아 출신의 유대인 정신과 의사다. 아우슈

비츠 수용소에서 자신의 가족들은 모두 죽었다. 수용소에 갔을 때 그는 결심했다. 절대 스스로 목숨을 끊지 않고 살아남겠다고. 굶주림과 학대, 모멸감, 언제 가스실로 끌려갈지 모른다는 불안감 속에서도 그는 생존했다. 그럴 수 있었던 것은 살아남아서 해야 할 일이 있었기 때문이다.

고통도 의미가 있다면 견딜 수 있다.
나의 모든 고통도 의미가 있기를 바란다.

나는 달린다

한 영상의학과 선생님이 길면 1년 짧으면 6개월의 시한부 생명이라는 선고를 받았다. 그런데 일하겠다고 구직사이트를 찾았다. 딸이 말려도 소용없다. 죽는 날까지 일을 하다가 가겠다는 것이었다. 월급은 반만 받는 조건으로 일자리를 구했다. 그리고 6개월 일하다가 돌아가셨다.

왜 그랬을까? 돈이 아쉬워서는 아니다.

일하지 않는 자신을 받아들이기 힘들어서일까?

아니면 일을 통해 죽음을 외면하고 싶었는지도 모른다.

인류는 수백만 년 전 아프리카 초원에서 시작되었다고 한다. 남자들은 사냥했다. 아침부터 사슴 같은 초식 동물들을 찾아다녔다. 돌이나 나무로 만든 창이 무기의 전부였다. 사슴을 보면 다가갔다. 눈치챈 사슴은 달아났다. 순발력으로 사슴을 앞지르기는 힘들다. 대신 인간에게는 지구력이 있다. 사슴이 지칠 때까지 쫓았다. 삶과 죽음의 줄다리기가 끝나고 지친 사슴의 가슴에 창이 박혔다. 남자는 우쭐거리며 사슴을 지고 부족이 사는 곳으로 갔다. 그리고 고기를 나눠 먹었다.

여자들은 나무 열매들을 모으러 다녔다. 사냥감이 없는 날은 그런 열매를 먹었다. 밤이 되면 나무를 태웠다. 남자는 여자에게 다가가 옆구리를 찔렀다. 여자는 거부하기 어려웠다. 사냥한 고기를 먹기 위해서, 자신이 낳은 자식을 보호하기 위해서도 남자의 도움이 필요했다. 일부일처제 사회가 아니었기에 어미는 알았지만 아비는 몰랐다.

  누구나 아비가 될 수 있었다. 아이를 함께 돌보았다. 하는 짓이나 생김이 같아도 확증은 없다. 그냥 어렴풋이 느낄 뿐이다. 남자는 나이가 들어간다. 더 이상 사냥을 할 수가 없다. 젊을 때처럼 달리지 못하기 때문이다. 밤에 여자들 옆구리를 찔러보지만 아무도 원하는 사람이 없다. 혼자 하늘의 별을 바라보며 잠이 든다.

  그러나 날이 밝으면 또 달린다. 어딘가 있을 사슴을 찾아서.
  나도 또한 달린다.

남남

아시는 분에게 들은 이야기다.

아버지는 의사고 엄마는 치과의사다.
아들은 정형외과 레지던트를 하고 있다.
아들이 평범한 집안의 유치원 교사와 연애했다.
부모 욕심에 처음에는 반대했다.
하지만 서로 사랑한다고 하니 결혼시켰다.

결혼하고 얼마 지나 엄마는 아들이 사는 집에 가보고 싶었다.
그냥 찾아가면 눈치가 보일 것 같아
유명한 요릿집에 가서 음식을 맞추고
찬합 사이에 100만 원 현금도 넣어서 아들 집으로 갔다.
집에 들어가는 것도 조심스러워 아파트 경비실에다 맡겨놓고
며느리에게 전화해서 찾아가라고 했다.

그리고 집에 와서 며느리의 전화를 기다렸다.
그런데 난데없이 아들한테 전화가 왔다.
엄마는 왜 쓸데없이 자기 아내 신경 쓰이게
찾아와서 귀찮게 하느냐고 화를 내는 것이었다.
며느리가 아들에게 전화해서
어머니가 집 앞에 와서 음식을 놓고 가는데

그러지 말라고 한 것이다.

기가 막혔다.
음식하고 돈만 놓고 간 것인데 그것조차 싫다는 것인가?

집에 와서 그 사실을 남편에게 말했다.
아버지는 아들에게 10억 상당의 아파트를 증여할 생각이었다.
자신이 타던 벤츠 E class를 아들에게 주고 본인은 마지막으로 큰 마음 먹고 S class로 바꿀 참이었다.

하지만 아파트 증여하면 증여세 나왔다고 원망할 거고 차도 중고를 준다고 섭섭하게 여길 것 같았다.

죽기 전에는 자식들에게 아무것도 주지 말기로 합의한 것이다.
아들과 며느리는 아파트와 벤츠가 날아갔다.
물론 상속이야 받겠지만 부모 생전에는 돈 한 푼 받지 못할지도 모른다.

며느리는 왜 그랬을까? 결혼 반대한 것 때문일까?
그렇더라도 나중에 승낙했는데 그러는 것은 이해하기 힘들다.
자식도 결혼하면 남이고, 특히 아들은 더욱 그러하다.
함부로 집에 찾아가면 안 된다.
집주인(며느리)이 오라고 할 때 가야 한다.
결혼하면 모르는 체 해주는 것이 도와주는 것일 수도 있다.

내 이럴 줄 알았다

어머니와 여동생들은 북유럽으로 여행을 갔다.
떠나는 날이 하필 아버지 제사였다.
발권한 표를 물리기도 힘들어 아버지 산소에서 묘사를 지내기로 했다.
아내와 함께 산소에 갔다.
38cm 크기의 조기 세 마리, 전복으로 만든 전등 나름 정성을 다했다.
그런데 음식 소쿠리가 왠지 가볍다.
아내가 음식을 많이 하지 않아서라고 생각했다.
어머니는 제사 음식을 많이 해서 아내는 음식을 적게 할 거라고 했다.
그런 줄 알았다.
산소에 올라 소쿠리를 여니 조기만 세 마리 들어있다.
아내가 냉장고에 넣어 놓고 깜빡한 것이다.
내가 무심코 말했다.
"내 이럴 줄 알았다!"
아내 눈에서 눈물이 흘렀다.
아차 싶었지만 이미 늦었다.
산소에 절을 하면서도 아내는 한참을 울었다.
아버님, 죄송합니다.

음식이 상할까 싶어 냉장고에 두었는데 다른 것들 챙기다가 깜빡했습니다.

그래도 제 마음은 아시리라 믿습니다.

아내는 속으로 이렇게 말했다 한다.

돌아오는 내내 마음이 불편했다.

왜 나는 나에게 가장 잘해주는 사람에게 편하다는 이유로 함부로 하는 것일까?

시아버지를 위해 음식을 하고 벌레와 뱀이 돌아다니는 산을 오른 아내는 무슨 죄로 이런 소리를 들어야 하는 것일까?

버나드 쇼의 묘비명, "우물쭈물하다가 내 이럴 줄 알았다!"

죽으면서 나도 이렇게 말할지 모른다.

내 이럴 줄 알았다!

불행

자신이 불행하다고 여기는 사람은 병원에 와보면 안다.
건강하다는 것보다 더 행복한 것은 없다는 것을.
세상에는 불운한 사람들이 참 많다.
젊은 나이에 암에 걸려서 죽음을 앞둔 남자.
18세 여자가 루푸스에 걸려서 온몸이 아프고 열이 난다.
그 사람은 도대체 무슨 죄를 지었을까?
환자를 보면 아프지 않다는 것만으로도 얼마나 감사한지 모른다.
돈이 아무리 있어도 부인이 아무리 예뻐도 소용없다.
남과 비교하지 않는 삶을 살려고 해도 잘되지 않는다.
잘난 사람, 많이 가진 사람 등등.
세상에는 남보다 많은 행운을 타고 난 사람이 있는가 하면 그렇지 못한 사람도 있다.
물론 나도 나보다 성공한 사람들을 보면 자신이 초라하게 느껴지기도 한다.
나도 더 잘 될 수 있었는데, 하지만 다 욕심이다.
불행한 사람을 보고 위안 삼는 것이 인간이라면 참 보잘것없다.
나는 그래도 의사라서 그 불행한 사람들에게 조금이라도 도움을 줄 수 있다
한시도 전화기를 옆에 두지 않으면 안 되는 삶이지만 그래도 나는 운이 좋은 사람이다.

비행기

의사에게 가장 좋은 환자는 어떤 사람일까?
돈 많은 사람, 권세 있는 사람, 아니면 젊고 예쁜 사람.
나는 잘 낫는 사람이라고 생각한다.
모두가 똑같이 치료에 반응하는 것은 아니다.
어떤 사람은 빨리 좋아지고 어떤 사람은 더디게 좋아진다.
심지어 나빠지는 수도 있다.
치료법은 교과서에 나와 있지만 사람은 책과 다르다.
그래서 의사는 경험이 필요하다.
외과 의사는 수술 실력이 좋으면 대부분 경과가 좋고 결판도 빨리 난다.
내과 환자는 치료에 대한 반응에 시간이 필요하다.
환자가 좋아졌다가 나빠지기를 반복할 때 의사는 마음을 졸인다.
내가 이렇게 살아야 하는지 회의가 들기도 한다.

한 소아과 의사의 얘기를 들었다.
폐렴으로 입원한 환자였는데 하루에 4번씩 가서 아이를 살펴보고 보호자에게 경과를 설명했다.
어느 날 아이의 엄마에게 전화가 왔다.
아이 사진이 나빠졌는데 소송하겠다고 했다.
자신이 열심히 설명한 사람은 엄마가 아니라 아이돌보미였다.

돌보미가 찍은 흉부 사진을 본 젊은 변호사 엄마가 노발대발해서 전화한 것이다.

최선을 다해도 환자가 치료에 반응하지 않는 경우가 있고 또 소송을 당하기도 한다.

그런 일을 몇 번 당하고 나면 생명을 살리는 의사가 되겠다고 마음먹은 사람도 포기하고 싶다.

돈을 더 많이 벌기 위해서 피부 미용을 하는 것이 아니라 그런 일을 당하기 싫어서 하는 것이다.

의사는 환자를 보면 빨리 좋아지게 해야겠다는 마음 외에 다른 생각은 들지 않는다.

돈이 되겠다 싶어서 치료하는 것이 아니다.

심지어 손해를 봐도 환자를 낫게 하고 싶은 마음이 우선이다.

한편으로는 경과가 안 좋으면 소송을 당하는 것은 아닌가 하는 불안감이 들기도 한다.

소송당하지 않기 위해 최선을 다한다고 해도 틀린 말은 아니다.

그런 꼴을 당하기 싫어서 필수 의료를 떠난 의사들이 많다.

의사가 왜 이렇게 전 국민의 미움을 받게 되었나 하는 생각이 들 때도 있다.

히틀러가 유대인을 학살할 때 사람들이 동조했다.

의사는 2차 대전 시의 유대인 같은 존재가 된 것은 아닌가 하는 생각도 든다.

대학병원을 떠난 전공의들도 그런 마음일 것이다.

사람 살리는 것을 포기한 의사.

그런 의사 필요 없다고 외국에서 의사를 수입하자고 주장하는 국민.

환자를 비행기에 태워 외국에서 치료받게 하고 그 비용은 사직한 의사들에게 청구하겠다고 하는 고위 공무원.

어쩌다가 이런 나라가 되었나!

상상(想像)

오늘은 2044년 2월의 어느 날이다.

나는 작은 시골병원 봉직의다.

출근해서 회진을 돌고 외래 진료를 시작하려는데 원장실에서 오라는 연락이 왔다.

무슨 일인지 겁부터 났다.

이번 달 실적이 나빠서인가?

2월은 진료 일수도 적은데 경기가 안 좋아서인지 환자 수도 줄었다.

부쩍 지난 연말부터 원장 눈치가 심상치 않다.

별것 아닌 일로 자꾸 야단을 친다.

나가라는 말인가?

이미 개업해서 말아먹고 빚만 수억이다.

여기서 나가면 갈 데도 없다.

마누라는 이혼하고 아이는 어머니가 키운다.

고등학생, 대학생인데 내가 실업자가 되면 큰일이다.

20년 전까지만 해도 의사들이 큰소리치며 살았다고 한다.

한 대통령이 의대를 증원하고 인기를 끌었다.

그 이후 정치권력이 바뀔 때마다 의대를 증원했다.

그러다 보니 이제 의사가 갈 곳이 없어졌다.

개업하면 십중팔구는 말아먹고 취업은 하늘의 별 따기다.
의대가 실업자 양성소가 된 지가 오래다.
구인 광고만 내면 지원서가 쌓이다 보니
병원 원장들은 큰소리를 친다.
너 아니라도 사람은 널렸다는 것이다.

원장실로 들어가니 원장이 나를 째려본다.
"배씨! 내일부터 나오지 마"
"원장님, 제가 뭘 잘못했는데 그러십니까. 한 번만 용서해 주십시오!
제가 잘리면 제 아이들은 어떻게 합니까?"
"내 알 바 아니고 내가 손님은 뭐라 그랬어요?"
"손님은 왕이다!"
"그런데 왜 배씨가 불친절하다는 말이 있죠?"

어떤 젊은 여자 환자가 날 보고 의사가 왜 그렇게 이상하게 생겼냐는 것이다.
생긴 것 가지고 뭐라 하지 말라고 했는데 의사가 건방지게 말대꾸한다는 것이다.
원장의 당장 나가라는 말을 듣고 내 짐을 챙겨서 집으로 왔다.

집에 오니 어머니가 나를 보고 또 잘렸냐고 한다.
공부하라고 할 때 공부했으면 이런 일은 없었을 것이다.
다른 친구들은 돈도 잘 벌고 떵떵거리고 산다.

내가 무슨 죄를 지어서 저런 걸 아들이라고 낳아 이 고생을 하냐는 어머니의 장탄식 속에 나는 방으로 들어갔다.

병원을 나올 때 몰래 가져온 수면제를 수액에 섞었다.
내 팔에 주사를 꽂고 눈을 감았다.
이대로 영원히 다시 눈뜨지 않았으면 하는 마음뿐이다.
눈이 서서히 감기고 비몽사몽이다.

이제 내 아이들은 어떻게 될 것인가?

어머니, 죄송합니다.
못난 아들 용서하세요!

깨어보니 꿈이었다.

아들

아들이 지난 주말 서울에서 내려왔다.
어머니를 뵈러 부산에 갔다.
아내가 운전하다가 차에서 담배를 발견했다.
어머니와 식사하면서 내가 담배 좀 못 피우게 야단쳐 달라고 했다.
어머니가 나에게 왜 담배 피우냐고 했다.
사춘기 청소년도 아니고 나도 내일모레 환갑인데.
아들이 말했다.
아빠! 아들은 아빠를 보고 배우는데 아빠가 담배 피우면 나도 담배를 피울 수밖에 없어요.
만약 내가 또 담배 피운다는 소리를 듣게 되면 자기가 담배 피우는 사진을 찍어서 나에게 보내겠다고 했다.
내가 피우면 우리 집에 두 명이 담배를 피우게 된다는 것이다.
아들은 한 번도 담배를 피워 본 적이 없다고 한다.
나도 원래 담배를 피우지 않지만 누가 옆에서 피면 같이 하는 경우가 많다.
아들은 담배 냄새 자체가 싫고 자기 가족이 담배 피우는 것은 용납되지 않는다고 했다.
만약 여자친구가 담배를 피운다면 헤어질 수밖에 없다고도 했다.
어머니나 아내의 잔소리보다 아들의 말에 더 충격을 받았다.
아들은 아버지를 보고 배운다.

아버지가 아들에게 모범을 보이지 못한다면 자식을 망치는 죄를 짓는 것이다.

물론 아버지를 반면교사로 삼는 수도 있다.

청출어람이라 아들이 아버지보다 나아야 하지 않겠는가!

하지만 자식에게 부끄럽게 살고 싶지 않았다.

아빠! 내가 길거리에서 담배 피우고 침 탁 뱉으며 꽁초 함부로 버리면 좋겠어요?

아들의 그런 협박에 나는 항복할 수밖에 없었다.

나 담배 안 피울게!

아들의 편지

아빠 고등학생이 되어서 느끼는 건데
아빠가 정말 소중한 존재인 것 같아
만약 아빠가 없었더라면 남은 우리는 어떻게 될까?
하는 생각도 가끔 들어
이제 나도 8시에 나가서 10시 반에 집에 오는 생활을 하다 보니
아빠가 밖에서 얼마나 고생하는지 알 것 같아
그러면서도 가족을 위해 계속 일하는 아빠가 더 고맙게 느껴져
난 이제 내 진로에 대해 구체적으로 구상이 된 것 같아
경제적으로 궁핍해도, 가정을 못 꾸려도, 나는 내가 하고 싶은 일
역사 교수를 하고 싶어

이제 고등학생이 된 지도 2달
반 아이들이랑 좀 친해지고 성적도 서로 대강은 알고 있어
내가 문과 간다! 하면 놀래, 진짜로
아직 우리 반에는 문과인지 이과인지 결정 못 한 애들이 있어
나도 그전에는 되게 고민이었는데
아빠가 서예로 써준 편지를 읽고
나는 내가 하고 싶은 일을 하려고 결정했어!
그리고 이 선택을 후회하지 않기 위해
이제 최선을 다하려고

아빠도 요즘 전보다는 더 관심을 가져줘서 좋아

그런데 라디오 같은 거는 이어폰으로 들어 줬으면 좋겠어!
뭔 말인지도 모르겠고 너무 시끄러워
그래도 항상 가족을 위해 노력하는 아빠가 있기에
우리 가족이 계속 유지되고 화목하게 살아가는 것 같아

 이 편지는 고등학교 1학년이던 아들이 보낸 것이다.

그때 한참 붓글씨를 한다고 애들한테 편지를 써 보냈는데 답장이다.
제 누나가 고3인데 문과 가면 앞으로 어떻게 먹고 살거냐고 협박하는데, '적성이 문과라. 궁핍해도, 가정을 못 꾸려도' 하는 말에 짠하기도 하다.

아이들은 앞으로 뭘 해서 먹고살지 걱정이다.
자기가 하고 싶은 일을 해도 행복하게 살 수 있어야 할 텐데.
분명 우리보다는 경제적으로 더 힘들 것 같다.
잘 되어야 할 텐데.

얼룩말

얼룩말의 얼룩을 흔히 위장 때문이라고 생각한다.
사실 얼룩말의 얼룩은 초원에서 더 잘 보인다.
사자의 갈색이 위장에는 더 유리하다.
얼룩말은 무리 지어 다니는데 얼룩이 비슷하기에 사자가 헷갈려서 사냥에 실패하기 쉽다고 한다.
비슷한 얼룩은 생존을 위해 필수적이다.
혼자 튀는 무늬를 가진 얼룩말은 사자의 표적이 되기 쉽다.
잠자코 있으면 본전은 한다는 말이 있다.
혹은 모난 돌이 정 맞는다는 말도 있다.
생존을 위해서는 집단에 섞여 눈에 띄지 않는 것이 유리하다.
외국 기자와 달리 한국 기자들은 해외에 가면 질문을 하지 않는다.
오바마 대통령이 한국 기자 누구 질문 좀 하라고 해도 조용하다.
괜히 했다가 잘난 척한다고 질시를 받을 수 있기 때문이다.
아무 말 안 하면 아무 일도 일어나지 않는다.
얼룩말뿐만 아니라 바닷속의 물고기도 무리 지어 다닌다.
상어의 눈에 띄어도 대신 잡아먹힐 동료가 있는 편이 유리하다.
인간이 무리 지어 생활한 지 수십만 년이 되었다.
있는 듯 없는 듯 사는 것이 유리했다.
사자는 혼자서 사냥한다.
게다가 숫사자는 게으르다.

암사자가 사냥한 것을 빼앗아 먹는 일이 대부분이다.
나는 얼룩말로 살아왔다.
무리 속에 숨어 사자 눈에 띄지 않는 것이 목표였다.
이제 나이도 들고 자식도 키웠다.
얼룩말이 아닌 사자로 살고 싶다.
하지만 갑자기 얼룩말이 사자가 될 수는 없다.
게다가 사자 같은 여자와 살고 있다.
얼룩에 염색이라도 해서 색다른 얼룩말이 되고 싶다.
나도 살 만큼 살았다.
사자에게 잡아먹혀도 할 수 없다.

에어컨

지난주 은행에 볼일이 있어서 오후에 나갔다. 한여름 날씨처럼 찜통이었다. 횡단보도를 건너는데 길에서 할머니가 채소를 팔고 있었다. 연신 부채를 부치고 있다. 땡볕에 채소도 할머니도 시들어 가고 있었다.

맞은편에는 젊은 아가씨가 꽃을 팔고 있다. 예쁘게 차려입고 파라솔을 썼다. 화장도 짙었다. 꽃은 한 다발에 삼천 원이다.

몇 다발 사서 직원들에게 주려고 하다가 말았다. 안 하는 짓을 하면 이상하게 여길 것이다.

일보고 돌아오는 길에도 손님은 없었다.

더위에 나다니기도 힘든 날이었다. 병원에 돌아와 에어컨 밑에 있으니 내가 누리는 혜택을 모두가 누릴 수 있는 것은 아니라는 생각이 들었다. 감사한 마음이다.

아들이 방학하고 서울에서 고등학교 친구들과 만났다 한다. 그전에는 만나서 하는 얘기가 주로 축구 이야기였다. 지금은 대부분 하는 말이 앞으로 어떻게 먹고살지 하는 걱정이다.

우리 때는 고등학교만 졸업해도 취직자리가 많았다. 대학생도 졸업 후 취직 걱정은 하지 않았다. 선진국이 된 대한민국의 아이들은 낮은 경제 성장률로 취업난을 겪어야 한다. 모두 열심히 공부한 착한 아이들이다.

우리 때는 은행원이 인기였다. 여름에도 시원한 에어컨 밑에서 일할 수 있었기 때문이었다. 에어컨이 귀했다. 지금은 웬만한 직장에는 다 에어컨이 있다.

힘든 일은 대부분 외국인이 한다. 우리가 중동에서 그랬던 것처럼 그들도 열심히 일해서 번 돈을 자기 나라 가족들에게 보낼 것이다.

꽃 파는 아가씨도 꽃이 안 팔리면 다른 직장에 취직할 것이다.

할머니는 어떻게 하지?

오늘은 비가 많이 온다.

창밖을 보니 할머니도 아가씨도 보이지 않는다.

염색

    몇 달 전부터 머리 염색을 하지 않는다.
    어느새 흰머리와 검은 머리가 섞여 그레이색으로 변했다.
    개업할 때는 환자들에게 젊어 보이려 했는데 월급쟁이 의사가 되고부터는 눈치 보기 싫어진 까닭도 있다.
    염색을 안 하니 머리카락도 굵어지고 힘이 생겼다.
    나를 볼 때마다 어머니는 염색하라고 야단을 치신다.
    아들 머리가 자신보다 희다는 것이 보기 싫은 것이다.
    여든이 넘은 어머니는 지금도 염색한다.
    얼마 전 헬스장에 갔다 나오는데 접수에 있는 아가씨가 밖으로까지 달려와서 인사를 한다.
    나를 보면 자기 아버지 생각이 난다고 했다.
    머리 색깔을 보고 그렇게 말한 것일까.
    나이 들어 보이는 게 싫다기보다 노인 대접 받는 게 부끄럽다.
    젊은 사람보다 더 노숙하고 현명해야 할 터인데 백발이 부끄러워서야 되겠는가.
    서울 대학로에 있는 학전소극장이 문을 닫았다.
    김민기도 암 투병으로 건강이 좋지 않다.
    그는 세상에 참 많은 일을 했다.
    나도 가족과 환자들을 위해 열심히 일할 것이다.

의미

    지난 주말 아내와 뷔페에 갔다가 가수 이승철을 보았다.
부인과 함께 온 것 같았다.
아내가 저 사람 이승철 닮았다고 했다.
자세히 보니 맞다.
사인이라도 받아야 하나 고민을 했다.
주위에 많은 사람이 있었지만 아무도 아는 체를 하지 않았다.
그래도 가창력 하나는 대한민국에서 둘째가라면 서운할 사람인데.
만약 가왕 조용필이었다면 다르지 않았을까 싶었다.
연예인은 자살이 많다.
산이 높으면 골도 깊은 법이다.
하늘 높은 줄 모르던 인기가 사라지면 그 상실감도 큰 법이다.
평생 무명으로 살았던 사람은 기쁨이 적은 대신 상실감도 적다.
밤무대 가수는 평생 취객의 술주정과 욕설 속에서 일을 한다.
아무도 자기 노래를 들어주는 사람이 없다.
인기나 인정 같은 것은 받아보지도 못했다.
하지만 성실하게 가정과 자신을 돌보면 노후는 행복할 것이다.
    반대로 잘 나갈 때 가족들에게 함부로 하고 인기가 떨어지고 건강까지 상해 술과 담배, 마약에까지 손을 대는 사람이 있을 것이다.
    누가 더 행복한 삶일까?
    지금 당장 좋은 일이 나중에 화를 부르는 수도 있고 그 반대도 가능하다.

  인기가 많다고 남을 부러워할 필요도 없고 알아주지 않는다고 슬퍼하거나 실망할 이유도 없다.

  지금의 의미를 우리는 알 수 없다.

  어리석게 느껴졌던 행동이 나중에 현명했다고 생각할 수 있다.

  그 반대도 가능하다.

  바보 같은 삶이 현명하다.

  잘 나가는 사람들을 보면 측은하게 생각해야 한다.

  나중에 그 상실감도 클 것이기 때문이다.

  아무도 알아주지 않는 지금의 의미를 깨닫는다면 지금이 가장 좋다.

이순신

고등학교 친구 부부와 만났다.
친구는 의사인데 학교 동기와 결혼했다.
부인이 큰 산부인과 병원을 하고 있다.
아내가 자기는 백수인데 친구 부인을 만나면 기가 죽을 것 같다고 했다.
딸과 통화하면서 얘기했다.
엄마 절대 기죽을 필요 없어!
엄마가 없으면 우리 집은 아무것도 되지 않아.
아빠만 있으면 우리는 서로 1년에 한 번 볼까 말까 할 거야.
엄마는 없어서는 안 될 필수 아이템이니까 절대 꿀릴 거란 생각하지마.
친구는 인생의 가장 큰 행운이 부인을 만난 것이라 한다.
결혼한 이후로 부인보다 돈을 많이 벌어 본 적이 한 번도 없다 했다.
만나보니 친구의 자랑이 사실이었다.
부인의 인상이 너무 좋았다.
사람을 편하게 해주면서 선해 보였다.
남편만이 아니라 시댁 부모에게도 너무 잘한다고 한다.
돌아오면서 생각했다.
친구는 전생에 나라를 구했나?

나는 나라를 팔아먹었나?

다음날 아내가 차려준 저녁을 먹었다.

아내는 친구들과 약속이 있었는데 저녁 차린다고 일찍 들어왔다 한다.

자기는 종일 집에 있고 밖에서 돈 벌고 들어오는 남편을 위해 저녁을 차려야 한다는 아내의 말에 친구들은 아무도 수긍하지 못했다고 한다.

내가 비록 전생에 나라를 구하지는 못했으나 이순신 장군이 싸울 때 함께 싸운 병사 정도는 되겠다 싶었다.

죽음의 비용

사촌 형님이 돌아가셨을 때 처음 알았다.
울산 시민은 하늘공원에서의 화장이 공짜라는 사실을.
다른 지역에서 오는 사람은 돈을 받는다고 한다.
사촌 형님은 빈소도 없었다.
빈소를 차리면 돈이 든다고 한다.
비용이 부담되어서인지 유족들은 빈소를 차리지 않았다.

오늘 내 환자 한 명이 돌아가셨다.
간암인지 담도암인지 확실치는 않으나 황달이 심해서 왔다.
타 병원에서 가망 없다는 소리를 듣고
보호자가 처음부터 연명치료는 원치 않는다고 했다.
난감한 경우다.
지금은 죽어가는 환자를 지켜보는 것이
가족이 아니라 의사나 간호사, 간병인이다.
비록 직업이라 해도 힘들었다.
열흘 남짓한 시간이었다.
본인도 살날이 얼마 남지 않았다는 것을 알았다.
의식이 있을 때는 살려고 발버둥 치다
결국 체념했다.
보호자는 거저 환자가 편안하게 돌아가시기를 바랐다.

또 마흔을 조금 넘긴 직장암 환자가 있다.
진단 당시에 이미 간과 폐로 전이가 있었다.
수술도 못 하고 서울에서 항암치료만 하다가
저혈당이 와서 중환자실에 입원했다.
꽤 오랜 시간 고생하다가 다행히 회복되었다.
항암제 부작용으로 머리카락이 다 빠져서
마치 할아버지처럼 보인다.
부인은 젊고 예쁘다.
밤낮으로 남편 대변을 치우고 역정을 받아낸다.
회복 불가능한 것을 본인도 알고 부인도 안다.
하지만 받아들이지 못한다.
침대에서 꼼짝하지 못하는 삶이지만
그래도 살아있는 순간이 소중하다.
내가 가면 선생님 오셨냐고 씩씩하게 인사한다.
어차피 힘든 환자라는 마음이 들다가도
이 사람에게는 내가
의지할 유일한 존재라는 생각으로 마음을 밝게 하려 한다.
그에게는 하루하루가 너무나 소중하다는 걸 알기 때문이다.
환자가 돌아가시면 유족 대부분은 감사하다고 말한다.
죽음과 함께 하는 일이 얼마나 힘든지를 알기 때문이다.

그런데도 가끔 의사를 악마라고 하는 사람들이 있다.
의사가 되지 않았으면 좋았을 것이다.

코털 정리기

아내 친구의 얘기다.

결혼한 지 20년이 넘도록 생일선물을 받질 못해서 남편한테 압력을 넣었다.

남편이 홈쇼핑에서 주문했으니 2-3일 있으면 도착할 거라고 했다.

택배 오길 목 빠지게 기다렸다.

명품 가방이면 어떻게 하지?

진주목걸이 아닐까?

마음에 안 들면 바꿔야 하나?

그래도 선물인데 그냥 하지.

택배가 와서 열어보니 코털정리기였다.

너무 화가 나서 달려가서 따졌습니다.

이거 생일선물 맞나요?

남편이 말했다.

전에 당신이 백화점 갔을 때 이거 보고 좋다고 하지 않았어?

그러고 보니 그런 것 같기도 하고.

지나가면서 그냥 흘린 말인데

남편은 마음에 새기고 있다가 생일선물로 준거다.

아무리 그래도 생일선물로 코털정리기가 뭐고!

도대체 저게 인간인가?

내 선물은 내가 사야겠다고 남편 카드를 빼앗아서 백화점으로 갔다.
비싼 건 못 사고 가판대에서 8만 원하는 가방을 사서 돌아왔다.
그런 자신이 너무나 비참하게 느껴졌다.
결혼하면 남편에게 눈치 같은 너무 큰 기대를 버리는 게 좋다.
마음에 드는 게 있으면 미리 백화점 데리고 가서
이거 참 좋네, 예쁘긴 한데.
미련을 못 버리고 돌아서서 다시 보고
이런 제스처를 하면 몰라도 대부분 남편은 막상 선물하고 싶어도 뭘 할지 몰라서 못 하기도 한다.
그렇다고 너무 비싼 백을 선물하기는 어렵고.
남자와 여자는 외계인처럼 너무 다른 존재다.

파리

차 안에 파리가 한 마리 들어왔다.
운전석 앞에서 윙윙거린다.
차창 문을 다 열어놓고 나가기를 기다렸으나 앞 유리에만 부딪치고 있다.
옆의 창은 보이지 않는 모양이다.
한참을 기다리다가 그냥 내려 버렸다.
나는 그리 친절한 인간은 못 되는 모양이다.
그 파리가 어떻게 되었는지는 모른다.
내가 모르는 사이에 빠져나갔을까?
아니면 말라서 미라가 된 채 차 안에 있을까?
인간도 그 파리 같은 존재가 아닌가 생각되었다.
눈앞에 보이는 것을 위해 온몸을 부딪치며 살아간다.
유리에 막힌 삶에 괴로워한다.
옆에 난 창은 보지 못한다.
저 파리처럼 되지는 말아야지 생각했다.
부처는 빠져나오라고 팔만 사천 법문을 설했고 예수는 십자가에 못이 박혔다.
인간은 여전히 고집스럽게 유리에 몸을 부딪치며 고통받고 있다.
파리처럼.

헬스

최근 주위에 헬스장이 너무 많이 생겼다.
경쟁이 심해서인지 한 달에 4만 원 하는 데도 있다.
대신 1년을 끊어야 한다.
나는 샤워만 해도 본전은 나오지 않을까 하는 생각이 들었다.
집과는 1km 내외다.
그래서 주로 헬스장에 가서 샤워만 했다.
헬스 트레이너 사진을 입구에 걸어 놓았다.
남자는 얼굴도 잘생겼고 몸은 조각상이다.
여자도 비키니 수영복 비슷한 것을 입었는데 미스코리아인 줄 알았다.
그래도 나는 운동에는 관심이 없고 샤워만 했다.
집에서 하는 것보다 헬스장에서 하면 몸이 더 개운하다.
젊은 사람들을 보는 것만으로도 회춘이 되는 느낌이랄까?
여자들이 몸에 짝 붙은 옷을 입고 바닥에 누워서 스트레칭을 하는 것을 보기만 해도 흐뭇했다.
간혹 50대 아줌마들이 단체로 와서 시끄럽게 떠들면 기분이 언짢았다.
왜 좋은 물을 흐리냐는 생각이 들었다.
어느 날 여자 트레이너가 나를 보고 인사를 한다.
운동은 안 하고 샤워만 하세요?

긴 생머리를 흩날리며 걸어오는데 몸매는 쭉쭉빵빵에 얼굴에는 색기가 흘렀다.

순간 심장이 내려앉는 느낌이었다.

이거다.

이번 겨울에는 여자 트레이너에게 개인 PT를 신청해서 몸을 만들어 보자.

다음날 가서 우선 먼저 런닝머신부터 시작했다.

운동을 안 하다가 갑자기 뛰니까 가슴이 답답해진다.

순간 눈앞이 캄캄했다.

오늘은 이것만 하고 씻고 가야겠다고 평소 습관대로 샤워실로 갔다.

탈의실 문을 열고 신발장을 보니 뭔가 평소와 다르다.

신발을 벗고 들어가려는데 그때야 내가 여자 탈의실에 들어간 것을 알게 되었다.

빨리 나가야겠다는 생각밖에는 없었다.

사람이 없었던 것이 천만다행이었다.

밖으로 나와서도 나를 본 사람이 없나 확인했다.

다행히 아무도 없는 것 같았다.

가슴을 쓸어내렸다.

한 방에 갈 뻔했다.

만약 내가 여자 탈의실에 들어갔을 때 사람이 있었다면 어떻게 되었을까?

생각만 해도 끔찍하다.
금고 이상의 형을 받으면 의사면허가 취소된다는 말도 생각났다.
다음부터는 탈의실에 갈 때는 입구에서 반드시 두세 번 확인한다.
쭉쭉빵빵 미스코리아와의 개인 PT는 포기하기로 했다.
여자 탈의실이나 기웃거리는 변태 아저씨는 싫어요! 라는 소리를 들을까 싶어서다.

| 부스 11 |

월요 8기 장승수

· 1965년 경남 밀양 출생
· 법무부 공무원으로 근무하며
· 다양한 인간 군상을 경험하고
· 적당한 때 명예 퇴직함

= 수록 글 =

엄마(2014) / 아내 / 실직 / 영혼은 눈물을 먹고 자란다(2009) / 걷기의 즐거움 (2010)

세월이 가면

어른답게 살아가는 것에 대하여 계속 배우는 중입니다.

엄 마 (2014)

엄마 앞에 서 있어요
작고 예쁜 항아리 속 우리 엄마

엄마
그래도 여기 계신 건 아니죠
저 구름들 저 바람 속, 거기 계신 거죠
아버지도 곁에 계시나요

언젠가 다시 만날 수 있겠죠
이승처럼 저승에서도 우리 엄마 맞죠
말해주세요 꿈에라도

엄마 등에 업혀 어디론가 가고 싶어요
꿈에라도

아 내

꽃 하나 피었는데

저리 기뻐하다니

어찌 꽃처럼

사랑스럽지 아니하리

花無十日紅이라지만

내 옆에서 평생 피어있기를

실 직

바람은 숲의 숨소리
계곡에서 자라나 호수에 파문을 일으키고
이내 나를 감싸 안는다

벤치에 누워 봐
노루잠이 든다

개미처럼 일하며
삿된 말들에 휘청이던 나날들
윤슬1)에 태워버리고

노을이 어둠이
그라데이션으로 저며올 때

다시 돌아가야 하리
탈출하고 싶었던 그곳으로

註1) 윤슬 : 순우리말.
강이나 호수 등에 햇빛이나 달빛에 비치어 보이는 잔물결.

영혼은 눈물을 먹고 자란다 (2009)

사람은 죽는다. 누구나 할 것 없이 모두 죽는다. 순서에 상관없이.

죽음은 이 세상에서 가장 공평한 일이다. 그것마저 없었다면 너무 불공평해서 살맛이 안 날지도 모른다.

죽음 이후의 세계는 인간의 영역이 아닌 종교의 영역인지라, 아직 다시 살아온 사람이 없기에 가타부타 말을 할 수가 없다. 다만 옛날부터 '사람이 죽으면 누구나 별이 된다'라며 연결 의미를 부여하기도 했었다. 완전한 이별, 죽음.

요즘은 매우, 정말, 진짜라는 말 대신에 '완전'이라는 말을 쓰는 것이 유행이요, 트렌드다.

완전 사랑해. 완전 행복해. 완전 좋아.

나는 다행히도 아직 부모님이 두 분 다 살아계신다. 가끔씩 밀양(密陽)에 두 분을 뵈러가서 내가 번 돈으로 맛있는 거라도 사드릴 양이면 기분이 뿌듯해서 좋다. 표현은 잘 안 하시지만 내심 많이 기다리고 계심을 아는지라 맛있게 드시는 모습을 보노라면, 옛날 우리들 키우실 때도 이러한 마음이지 않았을까 유추해본다. 하지만 연세가 연세인지라 나날이 조금씩 쇠약해지시는 당신들을 보며 완전한 이별, 영원한 이별이 서서히 다가오는 걸 느끼곤 한다. 한때 내가 부모님 곁을 먼저 떠날 뻔 하였지만, 용케도 살아남아 부모님에게 조금의 효도라도 할 수 있어 다행이라 생각한다. 어느 책에선가 '인간으로서 할 수 있는 것이 반이요, 인간의 힘으로 할 수 없는 것이 반이다'라고 하였다. 세상의 이치로서 완전 실감 나는 말이다. 이치가 그러니 맡은 바 열심히 하고 그 후의 일은 담담히 받아들이라는 뜻으로 생각한다. 예전의 나는 불평불만이 많았으며 또 그걸 소리 내어 표현해야만 남성적이고 기존 질서에 얽매이지 않는 자유로운 사람이라는 생각을 했었던 것 같다. 하지만 최근의 나는 꽤나 바뀌어 스스로를 평가한다는 게 우습기도 하지만, 남성호르몬이 많이 줄어든 느낌이다. 예전보다 체제 순응적(?)이 되었고 좀 더 부드러워(!)졌으며 좀 더 조용해졌다. 그리고 교인은 아니지만 정말 감사 생활을 하고 있다. 살아 있는 것이 감사하고, 걸어 다니는 게 감사하고, 주위의 모든 것이 감사할 따름이다. 불만이 없을 수가 없었겠으나 곰곰 생각해보면 그때의 상황들이 그럴 수 있겠다 싶어 불만이 스르르 사그라드는 걸 느끼곤 한다. 길게 보면 살아가는 데 그리 중요한 일이 아니라는 걸 깨닫기에 스스로 심적 대처방법을 바꾼 결과일 것이다.

2년 전 다친 이후로 그런 생각을 많이 했었다. '영혼은 눈물을 먹고 자란다'

사람은 치명적 슬픔이 있어야만 성숙해진다. 나이만 먹고 세월만 흐른다고 성숙해지는 것이 아니라 살아오는 동안의 세월 속에 갖가지 슬픔과 죽음들로 인한 학습경험으로 성숙해지지 않는가 생각해본다.

한편 성숙은 겁이요, 소심이요, 순응의 또 다른 표현일 수도 있으니 성숙이 무조건 좋은 일만은 아니라는 걸 아는 것도 성숙해진 걸까? 너무 지나치게 숙성하면 발효를 지나 부패가 될 수 있으니 경계해야 할 것이다. 사람이나 과일이나 술이나 적당히 익게끔 가늠하기가 쉽지 않을 터...

　우리는 대부분의 시간을 직장에서 보낸다. 생계유지, 호구지책만의 직장이 아닌 또 다른 의미를 가지고 삶의 현장에서 살아가길 기대하지만 요즘은 마음의 여유가 많이 없어진 것 같아 안타까울 때가 있다. 지켜야 할 의무만 잔뜩 있는 막장이란 느낌이 강하게 든다. 물론 막장이란 말은 그만큼 자기가 소중한 걸 캐내야 함을 의미하기도 하지만... 요즘 같은 시절에 직장에 다니는 걸 감사해야 할 일은 분명한데 공동운명체 같은 거창한 생각까지는 아니더라도 함께 더불어 사는 사회라는 예전의 단순하지만 소박했던 느낌은 많이 사라져 그 안타까움을 어떻게 표현할 수가 없다.

　우리는 대부분 죽음을 잊고 산다. 영원히 살 것 같이 산다. 하지만 언젠가는 죽는다. 죽음을 생각하면 사람은 겸손해진다. 그리고 용서하는 마음이 생긴다. 결코 쉬운 일은 아니지만, 용서하며 살 일이다. 그리고 좀 더 베풀며 살자. 큰 선행을 할 일은 드물겠으나 일상에서 작은 선행을 베풀 일은 많다고 하였다. 베풀고 살 일이다.

　먼저 하늘의 별이 된 친구들이 보고 싶다. 나의 과거, 나의 미래였던 친구들이...

　썩 반갑지는 않은 인물이지만, 일본의 영웅 도요토미 히데요시의 유언은 '인생은 꿈속의 꿈'이었다.

걷기의 즐거움 (2010)

나의 취미는 산에 가는 것이다. 혼자서도 쉽게 할 수 있는 것이라 버스 타고, 지하철 타고 오르락내리락한다. 많은 사람들이 즐기고 있는 골프는 돈이 없어서도 못 치고, 치고 싶지 않아서도 아니친다. 세 살 아기가 엄마 품에 안기듯, 넉넉한 산속에 안기면 마음이 편안해지며 사바에서의 근심 걱정이 바람에 다 날아가 버리니 그 맛에 가지 않을 수가 없다.

산행하다 보면 바깥에서 보던 산세(山勢)랑 산내(山內)가 다른 경우를 가끔 보게 된다. 봉우리의 암골미(巖骨美)는 화려하나 숲이나 계곡이 밋밋한 경우가 있고, 평범한 야산같이 보이나 의외로 메타세쿼이어 숲길이 멋스럽게 뻗어 있다든지, 감탄사가 절로 나오는 나름의 비경(秘景)을 보여주곤 한다. 사람의 경우도 이러하지 않는가 생각해본다. 부드러운 얼굴처럼 보여도 의외로 강단이 센 사람이라든지, 체구는 작으나 그 기개는 자못 웅대한 사람이었던 적도 있었다. 사람은 첫인상으로 쉽게 판단해선 안 된다는 것이 나이 먹어가는 요즘의 생각이다. 이 사람은 이런 매력이, 저 사람은 저런 매력이 숨어 있는 것이다.

산행하기 전에는 항상 설렌다. 오늘 이 산은 어떤 매력을 보여줄 것인지 산행을 허락한 산신령님께 감사하는 마음으로 오른다. 그리고 무사히 산을 내려올 때도 산신령님께 '고맙습니다'라고 절을 한다.

산행하다 보면 내가 결국 돌아가야 할 곳이 저 산이 아니겠나 싶은 생각이 든다. 지난봄 선친께서 돌아가신 후 화장을 하였고 그 연기와 분골들은 어느 곳의 자연으로 돌아갔을 것이기에 아들인 나 역시도 훗날 그러하리라. 연기는 구름이 되어 정처 없이 흘러가다 어느 산엔가 비로 뿌리고 그 비는 계곡을 따라 강이나 바다로 흘러 들어가고. 그러다 다시 구름이 되어 훨훨 정처 없이 흘러 다니고…

'그들에게 삶은 더 이상 권태롭지 않으리…'
두 달 전 지하갱도 700m에서 69일 만에 영화의 한 장면처럼 구출된 칠레 광부들을 두고 어떤 신문이 이렇게 제목을 뽑은 것을 보았다. 정말 그러하리라. 나도 몇 년 전 병원 입원 후 여차여차 다시 출근하게 되었을 때 이 직장이 정말 새로이 느껴졌다. 눈이 잘 보이지 않아 사물이 두 개 세 개로 보이고 걸음을 걷지 못하여 휠체어를 타고 다니면서 '내가 다시 직장에 다닐 수 있을까? 온전히 걸을 수는 있을까? 내가 못 다니면 우리 가족은 뭘 먹고 살지?' 밤에 잠도 잘 오지 않았다. 걷기 위해서 억지로 걸어 다녔다. 근육이 풀리면 안 되니까. 어느 날 갑자기 사물이 다시 한 개로 보이기 시작하기에 '아, 직장은 다니겠구나' 싶었다. 그 이후 제주도의 오름을 뒤뚱뒤뚱 오르기 시작했다. 처음 오른 곳이 오름 정상에 호수가 있는 물찻오름이었다. 이후 웬만한 오름은 다 오른 것 같다. 제주도가 너무 좋았다. 사람들이 많이 없어서 좋았고, 오름들이 위협적이지 않고 엄마의 젖가슴처럼 편안해서 좋았다. 지금도 오름의 정경들이 눈에 밟힌다. 걷기의 즐거움을 새로이 깨달은 후 지금도 자주 걸어 다닌다. 천천히…

'산티아고 가는 길(Camino de Santiago)'이란 책을 읽고 스페인으로 가서 끝없이 걷고 싶단 생각도 들었지만, 사랑하는 가족을 두고 그 먼 곳에 무엇을 찾기 위해 가야 하는지 싶어 현재는 그 생각을 접었다. 동료가 얘기한 원효대사의 해골바가지 물 설화도 한몫하였다. 나에게 남은 꿈이 있다면 제주도의 한적한(요즘은 올레길로 인하여 거의 없을 듯하지만) 바닷가에서 감귤나무 키우며 여생을 보내고 싶다.

　얼마 후면 크리스마스다. 세월 참 빠르기도 하다. 고등학교 시절 첫사랑 그녀를 위하여 크리스마스 카드를 정성스레 만들고 난 후 전할 길이 없어 애태우던 기억이 난다. 그녀 앞에서는 머릿속이 하얘져 말을 더듬었고 일부러 과묵한 채 했었다. 얼마 전 유명탤런트의 필로폰 투여 이유가 여자친구와의 이별을 잊기 위하여 그랬다는 얘기가 있었는데 나로서는 공감이 가는 얘기이다. '죽을 만큼 보고 싶다'는 노랫말에 눈물 흘린 적도 있었다. 그러나 모두 다 한때 이야기다. 모든 것은 지나가고, 먼지는 쌓이게 마련이다. 기억 위로 먼지가 쌓이면 추억이 된다는 말이 있다.

　한때 이 직장을 떠나고 싶어 방황하던 나에게 월요 선배인 요나(이연학) 수사님이 한 말이 생각난다. '힘들지만 그 때문에 보람 있는 일 아닐까. 내 눈에 그 길도 성직일세'
　넹, 수사님, 고맙습니다. 덕분에 잘 다니고 있습니다. 소명(召命)이 뭐 별거겠어요 !

| 부스 12 |

월요 9기 방호성

- 1966년 진주 출생, 현재 서울 거주
- 한양대 산업공학과를 졸업하고
- 경영컨설팅 회사 〈나비프로젝트〉 대표로 재직 중

= 수록 글 =

1979, 굴뚝 / 1982, 五加皮酒 / 1986, 10월 마지막 날의 기억 / 1989, 두 갈래 길 / 1994, 서울의 달 / 1997, 同病相憐 / 2000, 성남서 한 번 살아보지 그래 / 2003, 이모네 포장마차 / 2006, 나는 눈물이 말라 버린 줄 알았다 / 2009, 공명共鳴 / 2012, 꽃새우 / 2014, 절망과 슬픔에게 / 2016, 지천명(知天命)의 변명 / 2019, 11월 숲에서 하얀 나비가 / 2022, 잘 모르면서 / 2024, 좀비들의 도시, 아포칼립스

나의 그 발칙한 흔적들

친형을 먼저 보내야 했던 사춘기를 거쳐 월요를 만났습니다. 스무 살은 독재정권에 팔뚝질하며 보냈고 작업복 대신 양복을 입고 돈을 벌기 시작했지요. 열심히 살았으나 IMF를 겪으며 삶이 호락하지 않다는 걸 절감했습니다. 성남에서 노동자문학회 활동을 10여 년 하다보니 지천명이 되고 사회적경제 기업경영 컨설팅 회사를 경영하고 있습니다. 걸어온 길을 거슬러 가보니 '발칙한 흔적들'을 발견하게 되네요. 문학은 사회를 비추는 거울이라고 하지요. 이 사회에 나를 담으면 사회를 비추는 거울에 그림자 하나 담기지 않을까 욕심을 내 봅니다.

1979, 굴뚝

— 열세 살 —

황사 바람이 불면
신발공장 굴뚝에서 검은 연기가 피었다.
화장터 굴뚝에서 솟은 하얀 재가
부엌 굴뚝의 연탄 연기와 섞여 돌아다녔다.
따닥 지붕들끼리 머리채를 쥐고 멱살을 잡고
소방차가 못 들어오는 좁은 골목 때문에
홀랑 타버리는 집도 여럿이었다.

다 태우지 못한 형의 사진첩은
유일한 위안이었다.
하꼬방 블록담 안으로
어머니의 한숨 소리로 날이 새고 저물었다.
아버지의 주정이 심해갈수록
방과 후엔 축구공과 함께 뒹굴었고
어둑해져 돌아온 밤엔 퀴퀴한 골방에 박혀 지냈다.
데미안과 라이너 마리아 릴케가
친구가 되어주었을 뿐이다.
그 허허로운 시절에도
사타구니 사이와 코 밑은 짙어졌다.

옆방 여공들의 브라자가 빨랫줄에 널리거나
물 끼얹는 소리가 들리는 여름밤이면
땀을 뻘뻘 흘리며 몽정을 했다.

어느 것 하나 다정하지 않았다.
세상은 못생긴 인형만 찍어내는 공작기계였다.
노가다꾼과 생선 장수의 입 냄새도
외항선 뱃사람과 젖통 큰 아낙네들의 육담도
엎드려 있지 않고 좁은 골목을 떠돌아다녔다.
수북이 먼지들이 웅얼거리는 소리만 들렸다
신발공장의 고무 가루와 화장터의 뼛가루를 뿜어 올리던
콘크리트 굴뚝처럼
세상은 이물질만 뱉어내는
불완전 연소의 질화로였다.

1982. 오가피주(五加皮酒)

– 열여섯 살 –

詩의 숲을 만났다. 바둥거리며 견뎌 갈 肉身의 세계보다 더 깊은 靈魂의 숲을 만났다. 개똥哲學 월요문학회. 窓은 소아마비 소녀의 눈동자. 금 간 유리창으로 노을이 부시던 文藝室. 거기서 죽인 詩人만도 몇이었던가. 材木인지 枯木인지 분별할 줄 몰랐으나 숲에서 헤매다녔다. 해 지는 줄 모르고

늘 숨이 가빴다. 試驗은 맷집 좋은 헤비급 권투선수처럼 나를 지치게 했다. 學生主任의 몽둥이와 담임의 잔소리 때문에 망가지는 날이 허다했다. 女子와 담배를 알게 되면서 친구들은 저마다의 골목으로 숨어버렸다. 해운대로 태종대로 싸돌아다녔다. 先輩한테 배운 아침이슬, 상록수들이 파도 위로 동전과 함께 날아가곤 했다. 文集 만들 돈으로 등록금을 선뜻 내놓던 선배는 겨울 낙조처럼 눈에 부셨다.

친구가 있었다. 戀敵이 되기도 했으나 同志로 더 어울리던 녀석들. 나의 근육과 안경과 자일이 되어준 녀석들. 靑春의 그늘 밑에서 失戀을 즐기던, 궤변과 독설이 慧眼의 거품을 일으키던, 푹 끓인 토란국처럼 걸쭉하던 녀석들. 그들과 함께 여자를 알아갔고 생김새를 통 알 수 없는 숲을 헤매다녔다.

중국집에서 五加皮를 마셨네.

교복 윗단추를 풀고
피를 나눠 마시듯 한입 털어 부으면
불같은 눈물이었네.
詩의 숲에서
내게 피가 되었네.
詩의 숲에서
내게 피가 되었네.
1982년산 장생 五加皮酒

1986, 10월 마지막 날의 기억

– 스무 살 –

지금도 기억하고 있어요
10월 마지막 그날, 하늘
헬기, 숨을 막는 굉음, 총탄처럼 뿜는 탄두
그 아래 엉망진창 스물한 살 가을

"… 학생들은 추위와 누적된 피로, 타는 듯한 갈증과 굶주림 속에서 10월 31일 아침을 맞았다. 오전 8시 30분 8500여 명의 경찰병력이 진압 작전에 돌입했다. 무장헬기가 굉음과 함께 건국대 상공을 선회하며 적을 공격하듯 소이탄을 토하는 것을 신호로 경찰들은 다섯 개 건물 안으로 돌격해 들어갔다. 무서운 속도로 내려꽂히는 소이탄과 최루탄, 쇠파이프로 건국대 교정은 생지옥이었다. 검찰은 단일 사건 최고기록인 1290명을 구속했다 …

… 하루 전날 10월 30일 금강산댐 물을 방류하면 여의도 63빌딩 절반이 잠긴다는 보도로 국민을 공포에 떨게 하고 평화의 댐 건설을 발표하면서 농성 학생 중 간첩이 있다며 다음날 진압의 명분을 만들었다. 그 후 코흘리개 저금통까지 털어 700억의 성금을 걷었다. 7년이 지난 93년 감사원 감사에서 거짓으로 드러난다. 정국을 벗어나려는 전두환 일당의 조작극이었다. 이 미완의 평화의 댐은 지금도 수려한 강원도의 경관 아래 거대한 입을 벌린 채 흉물스럽게 방치되어

있다 …"

   치약을 바르고 마스크를 쓰고 꽃병을 들고
   선두에서 지랄탄 사이를 누비던 친구는
   그날 밤 자취방으로 돌아오지 않았다.

   불합리에 분노만, 아니 분노도 못 하는 지성
   후안무치의 담벼락을 향하여
   머리만 부딪고 짱돌만 던질 수밖에 없는,
   그것마저 용기를 못 내는

   알 수 없었다. 갓 스물 넘긴 청춘은
   영웅본색 대신 바리케이드를 쳐야 했고
   체르노빌 폭발 같은 아수라장을 지켜볼밖에

   지금도 공황장애로 운전을 못 하는 친구에게
   잊어버리기에 너무 가까운 일기
   사랑은 이제 그만, 아니 사랑은 언제나 그 자리에
   날 선 칼에 베이고도 아물지 않는
   현재진행형 그날,
   10월 어느 화창한 날의 기억

1989년, 두 갈래 길

– 스물세 살 –

두 갈래 길이 놓여 있었습니다.
나는 두 길을 다 가지 못하는 것이 안타까웠습니다.

평양으로 남한 학생이 첫 월북을 했고
히로히토가 죽고
마지막 황녀 덕혜옹주가 세상을 떠난 시대에
내 앞엔 두 개의 제복이 놓여 있었다
화이트칼라 양복과 블루칼라 작업복

그중 한 길을 택하였습니다. 사람이 걸은 자취가 적은,
그 길도 결국 그리 다르지 않았지만

보통사람 시대에 공안정국
친구들은 변사체로 떠오르고
콧속엔 비린내가 나도
연애는 혀 속 초콜릿처럼 달콤했다
그녀는 두 개의 답안지를 갖다주었다
사랑을 버릴래 사람을 버릴래

다음 날을 위하여 한 길을 남겨두었습니다.

내가 다시 돌아올 것을 의심하면서

베를린 장벽이 무너졌다
사랑을 버렸으나 그녀가 원했던
화이트칼라 제복을 입었다
장벽이 무너지는 것도 한순간인데
블루칼라의 길은 가지 못할 길이었을까

가지 않은 길을 떠올려봅니다.
두 갈래 길 중 사람이 적게 간 길을 갔고 나의 모든 것이 달라졌지만
프로스트처럼 한숨 따윈 쉬지 않을 생각입니다

아귀세상으로 가는 잘 닦여진 길이거나 그마저도 절벽
천국으로 가는 가파른 계단 아니 신기루일지도
길은 한 갈래가 아닌데 말이지

1994 청계천, 서울의 달

– 스물여덟 살 –

60년 더 된 종로맛집 대련집
부장, 대리, 사원이었던 30년 전처럼
옛 동료 넷이서 소주를 마신다
보쌈에 칼국수 그 시절 얘기 안주 삼아

"성수대교가 무너지고 폭염으로 3384명이 사망했다…"

우리의 시대는 그랬다
부정의하고 잔혹했으나
솜털 채 가시지 않은 대리 2년차에게
세상은 무너진 다리를 다시 세울 용기를 주었다
그 시대는 그랬다

"김일성이 사망하고 넬슨 만델라가 대통령이 되었다…"

멀리서 세계는 새로운 신호를 보내왔다
하루하루 고달픔을 술로 노래로 달래며
작지만 초라하지 않았고
흔들렸지만 쓰러지지 않았고
순간 샛길을 걷기도 했으나 아주 비굴하진 않았다

"'오렌지족'과 'X세대'가 유행이었다…"

서른도 안 된 나이였지만
X세대 신입들의 요염이 부러웠다
그날은 다시 오지 않을 테고
이제 다른 분장을 해야 할 것이다
그렇게 햇살이 뉘엿한 자리에 나는 서 있다

"포레스트 검프, 덤앤 더머와 마스크가 절찬리에 상영되었다…"

대련집을 나와 돌아오는 청계천에 바람이 분다
포레스트 검프처럼 짐 캐리처럼
무작정 달리면 좋았던 시절
다시 그리로 돌아갈 수 없지
올려다본 하늘
서울의 달이 창백하다

1997, 同病相憐

― 서른한 살 ―

늦은 저녁 삼겹살집
소주잔을 들다 내려다보았지.
자동칼날에 동일 규격으로 베어진 살점
알몸인 채 드러눕더니
불판에 들러붙어 복지부동이더군.
들러붙어 본들
저의 의지와는 상관없이
싱싱한 몸뚱일 변색 당하다가
젓가락에 집혀 나올 거면서
마늘과 함께 풋고추 토막과 함께
퇴출당할거면서
탐욕스런 입속으로 위장으로 항문으로
결국은 똥이 될 거면서
불판을 붙잡고 버둥대는 꼴이라니
그 중 오래 버틴 놈이래두
까맣게 타 버려
저보다 더 싱싱한 살점으로
교체되고 말 운명이면서

하, 이놈들처럼 나도
어느 불판에서 교체되길 기다리는
한물간 고깃덩어리일까

술이 한 순배 돌고 난 뒤
불판 위로 불쑥 한마디 튕겨 나가더군
햐, 이 집 삼겹살 참 싱싱하네.

2000, 성남서 한 번 살아보지 그래

— 서른네 살 —

뭐, 신나는 일 없나 하품하시는 그대
살아가는 일상이 단조롭고 밋밋하걸랑
똑같은 장면만 거푸 찍는 영화배우 같걸랑
성남 와서 한 번 살아보지 그래.
그래, 잠실에서 송파 지나 곧은 길 따라오면
혹은 양재서 세곡동 돌아오다 보면
보면, 성남 어귀 복정동 있지.
거기서 이편 약진로 고개와 만나고
거기서 또 이편 수진리 고개와 만나거든
만나거든, 따분함 따위 그때부터 이미 당신 몫이 아닐게야.
모란고개
시청고개
신흥동서 우체국 넘는 고개
신흥동서 구 종점 넘는 고개
신구대서 오리엔트 오르는 공단 고개
버스도 숨차 기어올라야 하는 상대원 고개
고개, 고개. 밋밋한 세상 재미없단 말일랑 말게.
말게, 그 고개 만큼 곡절많은 사람들과
섞여 한 번 살아보지 그래.

자고나면 가난해지는 사람들
팍팍한 고갯길만큼 등이 굽은 사람들
무거운 눈꺼풀로 분당, 일산 몸 팔려 다니는
몸 팔려 다니는 새벽 인간시장 노가다꾼과
공룡같은 세상에 눈부신 희망조차 앗겨야하는 공순이와
공돌이와 그의 형제들이, 그의 아들들이
빈 주머니로 아침저녁 오르내리는 고갯길
등 굽은 고갯길 오르는
등 굽은 사내와 여인네와 섞여
성남서 한 번 살아 보라구.
한 번 살아 보라구, 한 번 등이 구부러질대로 구부러져 살아보라구,
일어나서 어제와 다름없는 표정으로
뭐 신나는 일 없나 하품하시는 그대
성남서 한 번 살아보지 그래.

2003, 이모네 포장마차

– 서른일곱 살 –

그 시절
속세의 뱀같은 혓바닥을 해부하는 청아한 목소리들이
시가 되어 소주잔에서 나풀거렸다
그리곤 꼼장어 홍합국물과 섞여 위장으로 들어갔다
겨울에도 춥지 않았고 여름에도 덥지 않았고
처음 만난 이들과도 술잔을 나누던 곳
마포구 토정로 37길, 이모네 포장마차

10년 지나 찾은 그 곳에 여전한 이모님
그날 그밤 그 사람들
지금은 가고 없는 시간들과 대화들과 눈물들
그렇게 이미 예순을 넘겼고
오년만 더 하겠다 하신다
이십년 더 하시라 손을 잡는다

그 때와 다른 것은
술값 택시비 걱정 덜 하게 되었다는 것
패기로 마시던 술을 연륜으로 마신다는 것
그 때와 같은 것은

내일을 위해 소주로 오늘을 위로한다는 것
그리고 꾸벅꾸벅 존다는 것

10년 만에 찾은 포장마차
다시 10년 뒤에도 남아 있을까
천막 바깥에는 바람과 별과 가로수 낙엽
희미한 전등 너머로
이모님 눈매가 참 곱다

2006, 나는 눈물이 말라버린 줄 알았다

– 마흔살 –

나는 눈물이 말라 버린 줄 알았다.
혈육의 부음을 접하고도 무덤덤했으므로
내게서 눈물샘이란 말라 버린 줄 알았다.
납기를 맞추느라 불량품을 찍어내면서도
홍등가의 분 냄새에 회가 동하면서도
나는 양심의 이름으로 고해성사 한번 하지 않았다.
확성기로 확대되는 자선남비의 종소리를 지나쳐오면서
노숙자 겨울 잠자리를 외면하면서
술값으로 수십만원씩 지불하면서
모금함에 만원짜리 한장 넣지 않으면서
나는 이미 순정의 시대를 마감한 줄 알았다.

나는 눈물이 말라버린 줄 알았다.
소라고동 껍질처럼 이미 견고해져 버린
통속과 이기와 몰염치의 갑옷으로
자본의 수레바퀴를 끌며 사는 내게
문득 비 갠 들녘 햇볕 한 줌 처럼
이 가을날 코 끝에 들이치는 것들이 없었다면
나는 눈물샘이 말라버린 놈인 줄 알았다.

길거리에 굴러다니는 짝 잃은 구두짝
생일날 보내온 아내의 메일
포장마차 안에서 마주 앉은 동료들의 지친 어깨
내 가슴속으로 무너져 내리던 그들 구애의 목소리
그것들을 만나기 전까지만 해도
정말 정말
나는 눈물이 말라버린 줄 알았다.

2009, 공명(共鳴), 같이 울다

— 마흔세 살 —

고맙다고 다 사랑하게 되는 건 아니더군요
측은하다 품다 보면 그럴 수도 있지만

먼 우주에서 파동으로 각각 날아와
하필 그때 거기서 딱 만났다는 거
서로 수억 개 세포가 영문도 모르고
그래..하하..저런..제길..그래도..괜찮아,,괜찮아
반응을 했다는 거
먼저 가고 먼저 울고 먼저 끓고 식는 법 없이
도란도란 티격태격

그저 그의 일부가 되고 싶을 뿐
내 안에 가두는 것이 아니라 자유하기를
그가 맘 놓고 울 수 있기를, 나로 인해
아니 반드시 내가 아니라도

그립다고 다 만날 수 있는 건 아니더군요
굳이 내가
그의 무엇이 되려 하지 않더라도

2012, 꽃새우

– 마흔여섯 살 –

독도 근처 바다를 헤엄쳤을까
녀석들 벗은 몸은 너의 눈처럼 투명하다
도톰한 살이 미끈한 광채를 띠고
얼룩말같은 줄무늬가 너의 주장만큼 또렷하다
녀석들은 무장해제 줄지어 누워있다

대가리는 센 불에 튀겨지기 위하여
주인의 바구니에 담겨 주방으로 갔다
한 녀석이 반 토막 난 아랫도리로 마지막 요동을 친다
삶에 미련이 많은 놈이거나
성질이 더러워 천방지축 아무렇게나 발길질을 하는 놈이거나
그냥 힘이 센 놈이거나

도화새우인지 가시배새우인지 물렁가시붉은새우인지
초고추장에 찍을까 간장이 맛있을까
언쟁하다가 망설이다가 녀석을 집어 보았다
바다를 헤엄치면서 몸을 흔들던
보사노바 풍 리듬을 함께 타다가
문득 코를 대면

거기 손때 묻은 녀석의 몸에서
갯냄새 간 곳 없고 욕망의 발칙한 냄새가
그물에 물탱크에 주인의 손마디에 그리고 내 젓가락에
중량에 대한 속도에 대한 소유에 대한
젓가락에서 느끼는 질감에 대한
집착

녀석은 입안에서 녹는다
자연으로 해체되기 직전 마지막
그놈 생의 정수
고소함만 남기고
그날 너로부터 거둬들였던 열정처럼 오르가즘처럼
꽃새우는 그렇게 지고 말았다

2014, 416 절망과 슬픔에게

― 마흔여덟 살 ―

선실에서 아이들은
끝까지 어른들을 기다렸을 테지요
어설픈 불안한 희망 따위 사라진 공포
차라리 희망이 없었더라면
절망도 깊지 않았을 텐데
부러진 손가락에 절여져 있던 아이들의 희망

희망이 어긋나고 불현듯 슬픔
슬픔은 처절한 무력감
암투병 끝에 숨 거두기 전 어머니와
뜨거운 포옹이라도 했더라면 아들의 후회
다시 못 볼 아이들과 다시 못 올 봄밤
밥 한 숟갈 먹여 보냈더라면 엄마의 후회
살아남은 자들의 슬픔

어머니, 문득 깨달음이 왔어요
아침 세면대에 툭 떨어지는 코피 한방울
내게 따뜻한 것이 있었구나
내게 붉은 마음이 남아 있었구나

세상은 또 다른 절망을 잉태할 테지만
절망이 깊어진 자리에 그래도
애꿎은 희망이 쑤욱 자라나네요
얘들아,

2016, 지천명(知天命)의 변명
- 쉰 살 -

지학(志學)의 아들에게 학문에 뜻을 두거라
꾸짖고 돌아서자마자
호언장담 쓸어 담지 못할 일 잔뜩 벌이고 다닌
그간 내 꼬라지가 한심해
마음이 좁아지고 비뚤어진다
지천명(知天命), 하늘의 순리를 알게 된다면서

뜻을 세울 나이에 학문은 커녕
생활의 곰팡이만 서러워 했고
터 닦을 나이에 동네방네
기억 가뭇한 술주정 토사물만 흘리고 다녔으며
마흔에 가장 많이 흔들렸으니
공자는 틀렸다

뜻을 세우고 거침없이 사나
흔들리지 않고 꼿꼿이 사나
하늘의 이치를 모르긴 매한가지
나이 쉰에 깨달을 거라는 공자는
나더러 어떻게 살라는 말이냐

2019, 11월 숲에서 하얀 나비가

– 쉰세 살 –

새가깃을치며오른다
땅을떠나날아오르고나면잠시숲과흙은옛기억이될것이다
생각을말아요지나간일들을
그는갈빛을떠나남빛창공으로간다
시간을거슬러잠시남빛에머무를순있으나
돌아갈순없다그옛날창공을비행하던근육질로는
또금세깨달을것이다
역시돌아올수없다는것을오르기전그순간으로는
한사내가걷는다단풍나무아래를
희끗한머리의그사내
11월을닮았다
절정단풍과낙엽이공존하는시절
원래상록수로살아온게아닌데
꽃잎은시들어도슬퍼하지말아요
질척이지말고순응하지
어깨에미련을가득지고
만추의숲길을걷는사내의귓가에
하얀나비가읊조린다
때가되면다시올까서러워말아요

2022, 잘 모르면서

― 쉰여섯 살 ―

소주잔이 돌다가
발단은 문득 든 호기심이었고
문제는 반백 년 동안 익숙해진 상대를
전혀 모르고 있었다는 당황이었다
발효를 시키는 거냐
발효 원료는 고구마냐 쌀이냐
흉내만 내는 거냐 화학물질일 뿐인 거냐

오랜 시간 애증했던
그놈의 정체가 낯설어진 순간
그놈을 알기는 했던 걸까
정체가 어떻든 그저
어울려 섞이기만 하면 그만인가
정체도 모르는 소주를
정체도 모르는 사람들과 마신다
잘 모르면서

내가 너를 안다는 장담이 얼마나 큰 오만이냐 나는 잘 모르겠다
잘 모르면서 이름 짓고 바꾸려 하고

사랑하고 미워하고 나는 그 부조리가 차마 어지럽다
반백년 함께했던 그놈도
잘 모르면서

2024, 좀비들의 도시, 아포칼립스

– 쉰여덟 살 –

…아의방주를보내멸망을구원하리라던신의계시는실패할지도모른다사악한주술의명령에복종하며이도시에창궐한좀비들의반란때문에…

그들의 욕망은 전염성이 높다
물리면 감염된다
금전의 향기에 무릎을 꿇으라!
거룩한 토지의 위엄에 투항하라!
인간이 만든 바이러스에 전염되어
게걸스럽게 물고 물린다

그들은 맹목적으로 폭력적이다
본능대로 무자비하게 응징한다
권위에 도전하는 것들은 죽여라!
죽이지 않으면 니가 죽을 것이다!
설계된 명령어에 따라
인간을 공격한다

그들은 고통도 피로도 느끼지 않는 전사들이다
단죄에 익숙해지면서 그들은 진화하였다

힘을 빼앗기지 말라!
우리 성을 지키자!
권력만이 우리를 지켜줄 것이다!
인간보다 빠르고 강한 전투능력을 가진
괴물이 되어 버렸다

…디스토피아로질주하는열차를운전하는좀비들을제압하려면심폐지구력과빠르게오래달리기능력을길러야한다그리고정수를노려야한다그들의뇌를한꺼번에단숨에파괴하는수밖에없다그렇지않으면너도물려좀비가될것이다오오급기야아포칼립스…

| 부스 13 |

월요 9기 김성기

- 1967년 포항 출생, 현재 서울 거주
- 한양대 무기재료공학과 졸업
- Brooklyn College, The City University of New York Film Department 졸업
- 장편상업 영화 [왓칭, 2019]연출
- 현직 시나리오 작가, 영화감독

= 수록 글 =

나는 통일이 되었으면 좋겠다 / 프로필 / 기생충 / 사랑니 쿵쿵쿵

깡으로 버티기

남들처럼 못 살고
재능이 필요한 곳에서 깡으로 버티기를 하고 있습니다.
그러던 와중에 글을 달라는 채근에 끄적거린 낙서 같은 글뿐이라 내놓긴 합니다만 부끄럽고 민망함만 가득합니다. 문집이 나오면 더 부끄럽고 민망하겠지만 어찌어찌 버텨보렵니다.

나는 통일이 되었으면 좋겠다

통일되면 퍼주기,
남한의 경제가 못 버틴다,
국가 혼란만 지속된다고 다들 떠들어도
난 통일이 되면 좋겠다.

내래 피앙도 출신이야 하고 자기 소개하면
아이고 내는 갱상도 보리문디 출신인디 하고 낄낄거리고 싶다.
개마고원이 얼마나 높고 멋진지를 얘기하면
순천 앞바다 너른 갯벌에 펼친 낙조가 내 맘을 얼마나 휘어 파는지 말해주고 싶다.

달리 살아온 세월이 무지 길어 안 만나는 게 나을 거란 얘기에 잠깐 끄덕이다가도
백석이 걸었던 원산 바닷가 모래사장의 풍경도,
황구라가 썰 풀던 장길산이 살피던 구월산 산채 풍경도 나는 보고 싶어
난 그래서 통일이 되면 좋겠다.

좀 힘들면 어떠냐
넌 평생 네 계획대로 살 거 같으냐

만나야 되는 건 만나고 잊어야할 건 잊어지는 지극한 세상사에도
난 통일되면 좋겠다.
들쭉주가 나으니 안동소주가 좋으니 하면 밤새 오지게 취해
네 아바이가 내 아비인지도 모르게 주정해도 좋겠다.

그래도 좋겠다.
내 옆에 사람 있는 게 싫은 나도
통일되면 좋겠다.
개마고원 한 자리, 원산 한 해변에서
너네 이거 밖에 못하냐며 술자리 허세 떨다
담날 아침 고개 푹 숙여도
동무, 별로야 술 먹으면. 그런 소리 들어도

난 그 동무랑 술동무 어깃장으로 앙갚음하며 구구절절 원산 앞바다 달빛에 술 마시고 싶다.

난 그래도 통일이 되면 좋겠다.
그까짓 힘든 거쯤이야 만나지 못해 그리워했던 아비의 아픔에 비하랴
더 세월이 하 지나 일가붙이 서로 없어도
난 그래도 통일이 되면 좋겠다.

프로필

내 앞에서 엉엉 울며 떠난 그대
카톡에서 웃고 있네

잊어야 하는데
첨 만났을 때처럼 카톡에서 환하게 웃고 있다

지울 수 없네
피할 수 없네

잊으라고 울며 떠난 뒤
그렇게 내 앞에 웃고 있으면
난 어찌 잊어야 하나요

기생충

문 닫아 말린 빨래엔 냄새가 난다

훅 달라붙는 가난의 기억,
젊은 날 구질했던 추억.
오빤 지하 3층의 냄새가 나요
라며 배시시 웃던 얼굴

냄새에도 계급이 있다.
저열하고 찌들어 닦여지지 않는,
끈적한 디엔에이가 풍기는 악취,
슬쩍 맡아보아도 영혼이 오염되는
창문 열어도 바람마저 돌아서는 냄새

냄새에도 계급이 있다
그 생각에 밤새 꽃 거리를 걸어도.
밤 이어 햇살을 툭툭 차고 다녀도,
진득하게 달라붙어 떨어질 줄 몰라

어설픈 흉내 내기로 살아 온 나
나의 냄새는 몇 층 쯤일까

사랑니 쿵쿵쿵

오래 먹은 사랑니가 숨죽였다
 강고한 어금니를 치받치며 쿵쿵쿵
  나 여기 있다 쿵쿵쿵

   가리고 덮여 안 보일뿐
    나 살아있다 쿵쿵쿵

이제 다 잊혀졌다 했는데 뿌리 끝에서
   꿈틀, 나 살아 있다
    네가 아파도 나만큼 아팠겠냐며
     세상이 흔들리도록 외친다

       나 여기 살아있다 쿵쿵쿵
      네가 사랑의 아픔을 아냐며 쿵쿵쿵
   옛사랑 희미한 아픔 따윈 아무것도 아니라며
 다가올 사랑에 진짜 아파 보라며 쿵쿵쿵

| 부스 14 |

월요 10기 김광홍

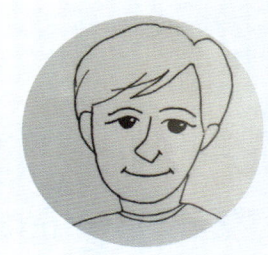

- 1967년 안동 출생, 부산에서 성장
- 한국해양대. 해군 중위. 충남대 석사
- 현대건설, 한전 전력연구원, 한국수력원자력 중앙연구원에서 연구 활동
- 논문 45편, 특허 25건, 2007년 PowerGen 국제학술대회 최우수논문상 수상

= 수록 글 =

- 글쓰기, 이 고단함.
  헤어질 결심 / 고통 / 저자 소개 글 연구
- 일상, 떠나고 싶은 이 지겨움.
  여수 밤바다 / 겨울의 환상 / 어떤 점심 식사 / 영화 제목 유감
- 삶, 참을 수 없는 그 가벼움.
  나는 안다 / 편안한 지옥 / 무소유 / 남겨진 이를 위하여

생활의 발견

결코 잊을 수 없을 2024년 6~7월이다. 문집 원고 제출 때문에 일상이 뒤틀린다. 이른 새벽 깨어나 글을 쓴다. 길을 걷다가, 밥을 먹다가 글감이 떠오르면 스마트폰을 꺼내 자판을 두들긴다. 극한직업 체험이다. 글감을 떠올리고 그 생각을 글로 옮기다 보니, 흩어진 삶의 파편들이 가지런히 맞추어진다. 이런 소중한 기회를 선물해주신 월요문학 선배들께 감사 말씀 전하고 싶다. 죽는 순간까지 내 정서는 월요를 떠날 수 없으리라.

글쓰기, 이 고단함 1
헤어질 결심

뜨끔하다. 나의 치명적 약점이 들킨 기분이다.

고교 졸업 후 40년 만에 월요 문학 동문집을 발간한다. 원고를 제출하라는 선배의 요청을 덜컥 물고 말았다. 약속한 말에 책임은 지고 싶다. 글감을 생각하느라 일상이 고난의 연속이다. 문학회 동문 선배들이 글을 잘 쓰기 위한 방법으로 꾸준함과 성실성을 주문한다.

작가 김훈도 비슷한 말을 한 적이 있다. 그는 내가 가장 좋아하는 작가다. 기자 시절, 그는 감정표현과 수사적 칼럼으로 대중의 공감을 얻는다. 이후 2001년 발간한 '칼의 노래'에서 선보인 절제되고 간결한 문장 표현은 나를 매료시킨다. 전성기를 구가하던 그에게 한 기자가 묻는다.

"당신은 살아 숨 쉬는 듯한 그 독특한 문장을 어떻게 만듭니까?"

몸속에 고여있는 원액 한 방울이 툭 터져 나오듯이 뜸 들이지 않고 그가 대답한다.

"그냥 노력할 뿐이죠. 꾸준하게 쓰고요. 고치고 또 고치고. 그래서 원고 파지가 많아요."

나에게 꾸준함이란 숨쉬기밖에 없다. 그래서 나는 글을 잘 쓸 수 없다. 돌이켜보면 나의 삶은 온통 벼락치기로 점철되어 있다.

1981년 8월. 중학교 2학년 여름방학이 끝나가고 있다. 밀려있는 일기 과제물 두 달 치를 이틀 만에 몰아서 작성한다. 우습게도 나중에 이 일기는 교내 최우수상에 추천된다. 어렴풋한 기억에 그 일기의 반은 지어냈던 것 같다. 1981년 그 당시는 개인의 은밀한 일기도 검열되고 평가받던 그런 시절이다. 무서운 시대였다. 이야기가 새고 있음을 느낀다. 다시 돌아가자.

고교 시절 중간 기말시험은 3일 정도의 밤새우기로 일관되게 대응한다. 사회에 나와서도 이 고약한 행태는 멈출 줄을 모른다. 사회초년병 시절, 기사 자격증 시험은 시험일을 겨우 5일 남기고서야 준비한다. 석사학위 논문은 직장인이라는 핑계를 대면서 일주일 만에 몰아서 작성한다. 2020년 3월 갑자기 연구소에서 특허 실적이 필요하다고 한 바탕 소란이 일어난다. 나는 특허 15건을 3개월 만에 출원하여 대응한다. 다 열거하기엔 손이 아프다.

평소에는 글하고 담을 쌓고 있다가, 원고 요청을 받고 나서야 벼락치기로 글을 쓰고 있는 지금도 그 벼락치기는 현재 진행형이다.

그동안 뭐 하나라도 꾸준하게 성실하게 하면서 살았다면 내 삶은 지금 어떻게 되었을까? 세상에 꾸준하지 않아도 성실하지 않아도 잘할 수 있는 일이나 방법은 없을까?

'성실하지 않고도 잘 사는 법', '꾸준하지 않아도 잘하는 법' 따위의 자기계발서나 내볼까? 나와 비슷한 독자들이 열광할지도 모른다.

밤새 '성실함에 대해' 꾸준하게 상상의 나래를 펼치다가 오늘 아침은 늦게 일어난다. 축 늘어진 몸을 이끌고 습관적으로 거실 체중계에 몸을 올린다. 체중계에서 내려오면서 나도 모르게 한숨 소리가 나온다.

"어 웬 한숨. 한숨 소리 들어보니 당신 오늘 출근하기 싫은 모양이네"

아내가 걱정스러운 듯 말한다.

"아니 그게 아니고 나도 모르게 한숨이 나왔어. 당신, 신경이 쓰인 모양이네. 미안해. 난 괜찮아"

목소리가 잠긴 채로 저음으로 답한다.

"아니에요. 나도 느끼는 게 있어요. 조금만 더 참아요. 이제 얼마 안 남았잖아요. 당신이 지난 30년간 한 번도 결근하지 않고 성실하게 출근해 준 덕분에 우리 가족 풀칠하고 있어요. 그 점 늘 감사해요. 힘내세요. 여보 파이팅. 그리고 늦었어요. 얼른 출근하세요."

학교 가기 싫어하는 초등학생 달래듯이 아내가 빠르게 말한다.

무거운 몸을 이끌고 겨우 사무실에 도착한다. 사무실 탁자 위에 있는 일회용 맥심커피가 나를 반긴다. 한 잔 타서 옥상으로 터벅터벅 올라간다. 담배 한 개 피를 꺼내 불을 붙인다. 커피를 마시면서, 한 모금의 담배 연기를 폐 깊숙이 들이키면서 생각한다.

"그래. 내게 꾸준한 게 하나 있기는 있었구나. 지난 30년 동안 결근 한번 없이 꾸준하게 출근이란 걸 했구나. 그러다 보니 출근의 달인이 되었네."

이번 원고 제출만 마무리되면 당분간 글쓰기와는 헤어질 결심이다.

글쓰기, 이 고단함 2
고통

평온했던 일상이 뒤틀리고 있다. 새벽 4시 30분, 깊은 잠에서 깨어난다. 글쓰기 때문이다. 신변잡기 산문 한 편 쓰는 것도 나에게는 고통이다.

경직된 뇌, 메말라버린 감성. 극한직업 체험이 따로 없다. 고교 시절 문예반에 발을 들인 것이 후회스럽다.

고등학교 졸업한 지 40년이 넘었다. 왜 월요문학회 동문은 모이기만 하면 글이나 시를 쓰고 책을 만들려고 할까? 맛있게 먹고, 술도 마시고, 노래도 한 곡 하면서 시간을 보내면 편하고 좋을 것을.

나에게 월요 동문은 뭔가 다른 묘한 정서가 있다. 고교 시절부터 주입된 알 수 없는 그 정서와 느낌이 오늘날 이 시간까지 나의 삶에 영향을 끼치고 있다. 실제 속은 알 수 없으나 뭔가 있어 보이는 묘한 그 느낌.

다음에는 '시 낭송회' 혹은 '문학의 밤' 따위의 행사를 기획할 것 같아 걱정이다. '애창곡 부르기 밤' 아니면 테레사여고나 경남여고 문예반 동문과 '연합 산행대회' 같은 행사를 한번 기대해 본다.

그런데, 이렇게 불평하면서도 이 글을 쓰며 반드시 투고하고 싶은 나의 심리는 도대체 무엇인가?

글쓰기, 이 고단함 3

저자 소개 글 연구

글이나 책을 보면 저자 소개 글을 접할 수 있다. 어떻게 쓰는 것이 좋을까? 사례를 살펴본다.

① ○○일보 ○○○ 기자

그가 작성한 기사 끝에 기자를 소개하는 글이 발견된다.
"○○○ 대표 기자는 고려대에서 정치학 석사, 성균관대에서 정치학박사 학위를 받았다. (이어서 기자의 전공 소개가 길게 이어진다) 〈중략〉. 다음으로 그가 속한 단체와 직함 6개가 각각 소개된다. 〈중략〉. (다음으로 그의 관심사). 자연, 과학, 인간 의식, 국가 안위, 미래 전략 〈중략〉 이를 실현하기 위해 노력하고 있다. 마지막으로 (아무도 모를 것 같은) 그의 저서 4권이 언급되고서야 지루하고 긴 소개 글이 끝이 난다.
기사 내용 끝에 기자 소개가 왜 필요한지 잘 모르겠다. 만일 소개가 필요하다면 이런 내용이면 곤란하다. 학력 기재가 왜 필요한가. 학력도 석사, 박사 학위만 기재된다. 의도가 뭔가? 이름 모를 단체와 직함들. 이런 단체가 존재는 하는가? 존재한다면 활동은 하는가? 관심사도 문제다. 이건 또 뭔가? 자연, 과학, 기술, 국가, 미래 전략. 거대 담론이 막 쏟아진다. 우리나라는 물론 지구마저 구할 기세다. 기자의 본분과는 거리가 먼 허세로 가득 찬 과장된 글이다. 정치지망생임이 분명하다. 이런 글을 쓰지 말자.

② 시인 고은

실천문학에서 발간한 시집 〈무의 나라〉에 실려 있는 저자 소개 글이다.

고은. 한국의 대표적 참여시인. 본명 고은태로 1933년 전북 군산 출생. 1952년 20세의 나이로 입산하여 승려가 되었으며 〈중략〉 10년간 참선과 방랑의 세월을 보내며 시작 활동을 하다가 1958년 〈현대문학〉에서 등단. (이어서 잠시 시 세계를 소개하는가 싶더니, 이후엔 처참하다) 객원 교수 따위의 화려한 학력, 단체, 직함, 세기도 힘든 수상 실적, 그의 작품들이 깨알같이 길게 적혀있다.

분석: 소개 글에 장식물이 너무 많다. 세계적 문호라고 인정받는 그의 소개 글을 꼭 이렇게 표현해야 하는지 의문이 든다. 살펴보면, 다른 작가들은 더 처참하다. 그만 넘어가자.

③ 소설가 김훈

김훈. 내가 가장 좋아하는 작가다. 2022년 발표된 그의 장편소설 〈하얼빈〉에 실려있는 소개 글이다.

1948년 서울 출생. 장편소설 〈칼의 노래〉〈달 너머로 달리는 말〉, 소설집 〈저 만치 혼자서〉, 산문집 〈연필도 쓰기〉 등이 있다.

단 2문장이다. 군더더기 없이 깔끔하다. 어떠한 학력, 단체, 직함,

배경, 관심사, 수상 실적, 저서 따위의 수사가 전혀 없다. 생략과 절제의 극치를 보는 듯하다. 김훈다운 소개 글이다.

내가 보기에 약간 허전한 것 같아 관심사 정도만 한번 추가해 본다. "그는 기자 시절부터 쭉 글을 써 왔으며, 사회적 약자와 부조리가 주된 관심사다. 등단 이후 그의 관심사는 인물, 역사로 확장된다"

사족: 추정컨대, 두 문장으로 이루어진 저 소개 글은 그가 20대 대학 시절 읽었던 이순신의 〈난중일기〉의 오마쥬다. (순전히 내 생각이다). 〈난중일기〉의 어느 날 일기에는 이렇게 쓰여 있다.

'병사의 목을 베었다. 밤새 앓았다'

그는 당시 이 일기를 읽고 충격을 받았다고 한다. 어떻게 단 두 문장으로 모든 것을 표현할 수 있는지. 이후 그는 이것을 자신의 글쓰기 지표로 삼았다고 한다.

④ 시인 방호성

대한민국을 대표하는(?) 생활 시인이다. 15년 전 출간한 그의 시집 '애인'에 실린 저자 소개 글이다.

우리 나이로 마흔 넷. 부산에서 자라 서울, 성남을 거쳐 현재 토끼 같은 마님 여우 같은 두 아이와 일산에서 살고 있다. 기업 인사 컨설턴트, 샐러리맨으로 만 20년째 일하고 있다. 웃는 모습이 소박하고 어눌한 언변에 때론 어수룩한 면이 친근감을 준다. 푹 곰삭은 것을 좋아한다. 〈중략〉 시는 읽는 사람의 눈높이에서 쓰여져야 한다고 믿는다. 그래서 그의 시는 쉽다. 공허하지 않고 이야기가 있다. 신변잡기처럼 늘어놓지만, 대중의 공감을 노린다. 그는 현실에 안주하지 않고 끊임없이 꿈꾼다. 혼자 있지 않고 끊임없이 저자거리 사람들과 어울린다. 시는 그에게 환상이 아니라 그냥 일상이다. 〈일부 생략〉

소박하고 인간미 넘친다. 시인으로서 풍취가 느껴진다. 독자를 편안하게 한다. 다소 길긴 하지만, 이 정도면 내 기준으로 상위 1% 안에 든다고 장담한다. 자세한 분석은 지면 관계상 줄인다.

⑤ 시인 신완섭

2014년 8월 발간된 '밥이 되는 사람 책'에 실린 그의 소개 글이다.
신 요셉(본명 신완섭). 1959년 경남 진해에서 태어나다. 대학과 대학원에서 경영학을 전공했지만, 식품 관련 사업을 하면서 엉뚱하게도 식품 서적을 두 권이나 출간했다. 고교 시절 시동인 활동과 대학 시절 독서 동아리 활동을 했던 내공(?)에 힘입어 읽고 쓰는 즐거움에 산다. 현재 '약국신문'에 '책 읽어주는 남자'를 연재 중이다. 〈일부 생략〉

글 끝에 저서 5권이 간단히 기재되어 있다. 학력은 가볍게 살짝만 언급하고, 글을 쓰는 계기나 동기 부분은 겸손하게 마무리한다. 흉내 내고 싶은 글이다.

8년 후 2022년 8월. 군포 예술축제에 13편의 시를 출품하여 예술회관에서 단독 전시한다. 전시회 홍보 자료를 입수하여 확인해본다. 팜플릿 첫째 장 중간에 작가의 변이 크게 자리 잡고 있다.

"사는 게 뭔지, 왜 살아가야 하는지, 삶의 의미를 시로 되새겨 보았습니다"

나의 뇌를 흥분시킨다. 왠지 읽고 싶어진다.
팜플릿 하단에 출품작 13편 제목이 보인다. 오른쪽 구석 세로 형태로 소개 글이 자리 잡고 있다. 원문 그대로 옮겨본다.

"만지작동맹 문학분과 시인 신완섭. 1959년 경남 진해 생. 고교시절 시동인 활동을 했던 미련 때문에 어쩌다 시인이 되었습니다. 지난 6년 동안 세상을 조롱하듯 단풍시선집 1-6집을 내었습니다. 이번에 출품한 창작시들은 그간의 짧은 풍자시에 비해 다소 진지해졌다고 할까요. 여러분과 함께 우리네 삶을 성찰하고 싶었습니다."

내가 상상하고 꿈꾸던 소개 글을 드디어 만난다. 적당한 분량, 화려하고 과장된 수사 최소화, 소박한 작품 소개, 절제와 겸손이 곳곳에 녹아있다. 작가를 만나 이야기하고 싶어진다. 내 기준으로 가장 이상적이고 완벽한 소개 글이다.

2024년 4월. 그는 단풍시선 8집을 발간한다. 제목은 '지난 99일간의 낯익은 부고' 이 책에 실린 소개 글이다.

고다 신완섭. 나는 올해로 예순다섯이 된다. 단풍시선 제8집의 주제는 "죽음"이다. 지난해 늦여름 어느 날 문득 죽음을 떠 올렸다. 그날 죽은 이들의 면면을 살피다가 2006년에 사망한 소설가 박영한과 마주쳤다. 〈중략〉. 부조리한 삶과 맞서 싸운 결과가 죽음임을 깨닫게 되었다. 〈중략〉 이번 시집은 죽음에 가려진 저들의 삶을 들춰보는 다큐 시집이다.

학력, 과거 경력, 직함, 거대한 관심사, 수상 실적, 성과물 따위의 장식품은 일절 없다. 이번에는 출생지마저 생략한다. 오롯이 발간되는 책에 대한 작가의 심정에 집중하고 있다. 시간이 지날수록 점점 성숙해지는 거인을 만난다. 이것이 진정한 작가의 소개 글이다.

일상, 떠나고 싶은 이 지겨움 1
여수 밤바다

애잔하기가 그렇게 애잔할 수 없었다. 여수 밤바다 노래가 들려온다.

"여수 밤바다. 이 조명에 담긴 아름다운 이야기가 있어. 네게 들려주고파 전화를 걸어 뭐 하고 있냐고. 나는 지금 여수 밤바다 여수 밤바다 이 바다를 너와 함께 걷고 싶다"

2021년 10월 어느 날 퇴근길 차 안 라디오에서 장범준의 노래가 흘러나오고 있었다. 순간 나는 여수 겨울 밤바다를 거닐고 싶었다.

확인해보니 12월 여수에서 그해 마지막 학회가 원고 제출 마감일을 이틀 앞두고 있었다. 즉시 초록을 제출하고 사전등록을 마쳤다. 그날부터 난 여수 겨울 밤바다를 혼자 걷는 상상을 하면서 그날이 오기를 기다리고 있었다. 출장 전날 아내에게 출장 계획을 통보했다.

그 순간 소파에 앉아 영화를 보던 아내의 무표정한 얼굴에 갑자기 생기가 돌기 시작했다.

"여수 간다고? 난 한 번도 안 가봤는데. 나도 여수 가고 싶다. 같이 가면 안 돼?"

"그건 안돼. 공적인 출장에 가족을 동반하면 규정 위반이래. 얼마 전에 모 연구소에선 제주도 학회 출장 때 가족 동반했다가 징계 먹은 직원도 있다고 하더라"

"뭐 어때? 당신은 낮에 발표하고, 난 혼자 여수 구경하다가 저녁에 만나자. 밤바다 보면서 조개구이 먹자. 아니 조용히 밤에 둘이서만 만나는데 누가 알겠어?"

약간의 옥신각신이 있었지만, 결국 혼자 조용히 떠나려던 그 여수 출장은 급하게 변경되었다.

다음날 우리는 초등학생 소풍하듯이 약간 들뜬 마음을 안고 여수로 향했다. 낮에는 각자 맡은 바 임무를 끝낸 후, 저녁이 되자 우린 간첩 접선하듯 은밀하게 서로에게 연락을 취했다.

행여나 마주칠지도 모르는 지인을 피해야 했다. 학회 장소와는 꽤 멀리 떨어진 외진 바닷가 구석 한 조개 전문식당에 자리를 잡았다. 메뉴 주문을 하고 10분 정도 지나니, 주인은 드럼통같이 생긴 큰 바구니에 석화 한 자루를 내어주었다.

화석같이 생긴 커다란 석화는 화롯불 철망에 올라가더니 얼마 지나지 않아 폭죽이 터지듯 펑 하는 소리와 함께 굳게 다문 입을 열었다. 그날 여수 밤바다는 조개 입 터지는 소리가 파도 소리와 합창을 하면서 마치 아이돌 콘서트 분위기가 연출되었다. 펑펑 쏴아아 펑 쏴아아.

소주 몇 잔에 작은 볼이 붉게 변한 그녀의 모습은 더 이상 지난 세월 풍파에 찌든 50대 주부가 아니었다. 20대 초반 청순하고 싱싱했던 소녀의 표정이 되살아났다.

그렇게 시간은 무르익고 있는데, 저 멀리 반대편 테이블이 시끌벅적해지기 시작했다. 많은 카메라와 방송국 스태프 같은 사람들이 보였다. 곧이어 음식 촬영과 가게 주인 인터뷰가 진행되었다.

순간 약간의 불안함을 느꼈다. 혹시라도 방송 배경 화면에 찍히면 어쩌지. 소주 한 잔을 목구멍에 급하게 털어 넣었다. 10분 정도 시간이 흐르자, 겨울인데도 딱 달라붙은 청바지에 하얀 티셔츠를 차려입은 20대 미녀 리포터가 우리 테이블 쪽으로 다가왔다.

"안녕하세요. 저희가 지금 맛집 소개 방송을 제작하고 있는데요. 두 분이 너무 다정하게 보여서요. 촬영 좀 하면 안 될까요? 우리가 최대한 예쁘게 찍어 드릴게요. 어렵진 않아요."

지인을 피해 이렇게 멀리 나와 있었는데 갑자기 맛집 소개방송 촬영이라니. 어떻게 해야 하나 잔머리를 굴리고 있는데 곧바로 아내가 치고 나왔다.

"저기요. 음. 저희가 불륜은 아닌데요. 그렇지만 방송 촬영 제의는 응할 순 없네요. 죄송해요."

그 미녀 리포터는 웃음을 지으며 돌아가더니, 이내 주방장과 인터뷰를 시작했다.

우리 부부 사이엔 짧은 침묵이 흘렀다. 그러나 다시 소주잔을 기울이며 여수 밤바다에 흠뻑 취했다. 모든 시름을 잊고 파도 소리와 함께 그날 밤은 그렇게 그렇게 깊어만 갔다.

돌아오는 차 안에서 아내에게 슬쩍 물었다.

"당신 있잖아. 어제 그 리포터에게 왜 굳이 불륜은 아니란 걸 강조하면서 출연 거절을 했어? 그냥 싫다고 해도 되었는데."
"몰라. 그냥 나도 모르게 툭 튀어나왔어. 나도 왜 그런 말을 했는지 잘 모르겠어."

지금도 그녀의 당시 심리상태를 정확히 알 순 없다. 평소 어떤 이유에서 그녀의 머릿속에 불륜이라는 단어가 강하게 자리하고 있었고, 그러다가 그날 그 순간에 무의식중에 튀어나온 것이라고 추론해 볼 뿐이다.

그렇다면 앞으로 더 조심해야겠다.

일상, 떠나고 싶은 이 지겨움 2

겨울의 환상

시를 읽어보니 얼굴이 화끈거렸다.

동문 선배가 40년 전 고등학교 시절에 발간했던 문집을 보내주었다. 그 문집 속에는 고2 때 내가 쓴 '겨울의 환상'이란 시가 있었다. 다시 읽어본다. 의미를 알 수 없는 단어와 단어의 조합들. 어떤 의도로 지었는지 기억이 나지 않았다. 그 당시 유행했던 10대 소년의 감성만이 어렴풋이 느껴질 뿐이었다.

토요일 오후, 거실 소파에서 커피를 마시면서 이 시를 첫째 딸에게 슬쩍 보여주었다.
"이럴 수가. 너무 신기하다. 고등학생이 이런 시를 쓸 수 있다니. 멋진 고등학생이었네."
전혀 예상치 못한 찬사를 받았다.

약간 들뜬 상태로 이번에는 아내에게 보여주었다. 그녀는 국문과 출신이다. 내심 약간의 전문적인 평가도 기대하였다. 신혼 시절엔 대전에서 음대 피아노과를 다시 입학했다. 난 돈이 없다고 하자, 피아노 과외를 하면서 스스로 등록금을 벌어 기어코 졸업했다. 독한 여자다.
"난 내 마음을 이렇게 글을 통해 남에게 보여주기 싫어. 왠지 부끄러워."

의외의 반응이었다. 음악으로 사람들 앞에서 공연까지 하는 사람이 남들에게 글은 보여주기 싫다니.

둘째인 아들에겐 보여주지 않았다. 그의 질문이 예상되기 때문이었다.

"아부지. 이 시가 말하고자 하는 게 뭐야? 무슨 의미인지는 알고 쓴 거야?"

오늘은 딸이 가장 사랑스러운 날이다.

일상, 떠나고 싶은 이 지겨움 3

어떤 점심 식사

"긴급 참석 바람. OOO 전 본부장 휴가차 대전 왔음. 오늘 점심 같이 먹고 싶다고 함. 너를 참석시키라네. 11시 50분까지 oo 한식집으로"

평소 친하게 지내던 옆 부서 팀장의 카톡 문자가 왔다. 보통 임원 출신이 식사 초대해주면 만사 제쳐놓고 나가기 마련이다.

그는 퇴직을 앞두고 겸사겸사해서 대전 연구단지를 온 것 같았다. 그는 10년 전 미국 시장 진출 관련 개발프로젝트를 함께 수행한 적이 있다. 그 프로젝트가 성공적으로 마무리되자, 그는 초고속 승진을 거듭하며 임원까지 올라갔다. 그러나 자신의 그 화려한 시간 동안 특별히 나를 챙기진 않았다. 생각해보니 이번 식사 초대가 처음인 것 같다.

그는 웃는 얼굴로 참석한 5명의 안부를 일일이 물었다. 각 개인의 특징을 하나씩 언급하면서 안부를 전하는 그의 말투는 부드럽고 자연스러웠다. 고위직 출신의 품위가 보였다. 무엇보다도 본인 이야기만 늘어놓지 않아서 좋았다. 10년 전 함께 근무할 때는 잘 몰랐던 면을 많이 보게 되었다. 오랜만에 나이 들수록 더 성숙해진 선배를 목격했다. 점심 식사비는 참석자 누군가의 법인카드로 대신했다.

식사를 마치고 헤어질 때 참석자 모두는 큰 박수로 화답했다. 그는 다음에 또 만나자고 강조했지만, 언제 다시 만날지는 불확실하다. 은퇴 후 그의 건강과 행운을 마음속으로 응원할 뿐이다.

나도 은퇴가 얼마 남지 않았다. 언젠가 후배들과 식사 자리가 잡힐 것이다. 그때에는 참석자 법인카드 대신 내 개인카드로 계산해야겠다고 다짐해본다. 나는 고위직도 아니라 후배들에게 박수받는 길은 그 방법 외에는 없지 싶다.

일상, 떠나고 싶은 이 지겨움 4

영화 제목 유감

나는 영화나 노래 제목을 유심히 살피는 버릇이 있다. 내가 감독이나 가수였으면 영화 제목 혹은 노래 제목을 어떻게 지었을까? 라고 고민하곤 한다.

내가 가장 좋아하는 영화감독은 박찬욱이다. 칸 영화제 감독상에 빛나는 그의 1992년 데뷔작 영화 제목은 무엇일까? 정답은 바로

〈달은 해가 꾸는 꿈〉이다.

아무리 생각해봐도 이건 아닌 것 같다. 폭망 수준이다. 머릿속에 각인이 잘 안 된다. 결국 이 영화는 흥행과 비평에서 모두 실패한다. 나중에 그도 자인한다. 다시는 제목을 이렇게 알쏭달쏭하게 짓지 않겠다고.

몇 작품 더 발표하지만 모두 실패한다. 충격을 받고 시나리오 작업과도 완전히 이별한다. 이후 10년 동안 평론가로만 활동하면서 영화판에서 사라진다. 그러다가 2002년부터 문제의 작품들이 쏟아진다.

〈복수는 나의 것〉〈올드 보이〉〈친절한 금자씨〉〈무뢰한〉〈설국열차〉

직선적이며 힘이 넘치는 제목이다. 박찬욱 감독이 전략을 바꾼 것이다. 제목만 봐도 영화가 보고 싶어진다. 2022년에는 드디어 "헤어질 결심"을 선보인다. 이 제목은 우리 사회를 뒤흔들어 놓는다. 방송은 물론 일간지 사설과 칼럼에서도 경쟁하듯이 이 제목을 패러디한다. 잘 붙여진 영화 제목의 엄청난 영향력을 확인하는 순간이다.

하나 더 살펴보자.
미국 컨트리 음악의 아이콘 '자니 캐쉬(Johnny Cash, 1938-2003)'의 일대기를 다룬 영화가 있다. 그는 국내에서는 그렇게 유명하지 않지만, 해외에선 '엘비스 프레슬리'와 동급으로 평가한다. 영화 제목은 'walk the line'이다.

빌보드 차트 1위를 차지했던 그의 노래 'I walk the line' 이 노래가 영화 제목으로 쓰인다. 이 영어 표현은 다양한 해석이 가능하다.

"길을 따라 걷다, 모범적인 생활을 하다, 중립을 지키다, 자기만의 주장이 없다." 또한 누군가 비꼬면서 말하면 "모범 좋아하시네. 이러지도 저러지도 못하면서." 그 의미가 확장된다.

그의 굴곡진 삶을 대변하는 멋진 제목이다. 해외 개봉이 되자, 이 영화는 큰 흥행을 하며 수억 달러를 벌어들인다.

2006년 봄. 마침내 국내 상영이 결정된다. 개봉 첫날 설레는 마음으로 보러 간다. 그 당시 상영 제목은 〈앙코르〉다.

이건 아니다. 나도 모르게 욕설이 나온다. 이것은 그의 음악과 삶에 대한 모욕이다. 영화 어디를 봐도 이 단어를 연상시키는 곳은 단 한 곳도 없다. 이렇게 제목을 지어 놓으면 나 같이 사람 외에 누가 보러 가고 싶겠는가? 결국 국내 상영은 관객 18만 명에 그치며 서둘러 막을 내린다. 단언컨대 이 영화의 흥행 실패는 게으른 제목 짓기가 주요 원인이다. 자신 없으면 원문 그대로 하던지.

"웍 더 라인". 차라리 이게 더 있어 보이네.

〔독자 유감〕
어느 토요일 아침 9시. 우리 부부는 커피와 빵을 먹기 위해 오랜만에 집 근처 카페에 갔다.
커피를 한 모금 들이키면서 박찬욱 감독 영화 제목에 대한 나의 글을 슬쩍 보여주었다.

"이 글 느낌 어때?"

그녀는 두 번을 천천히 읽더니 그 느낌을 빠르게 막 쏟아냈다.
· 누구 글인지 모르겠지만 주장을 공감하기 어렵다.
· 〈달은 해가 꾸는 꿈〉 난 이 제목이 더 마음에 든다. 시적이며 뭔가를 상상하게 만든다.
· 〈복수는 나의 것〉 따위의 제목은 싫다. 뭔가 무서운 기운이 든다. 너무 직선적이다.
· 1990년대 박찬욱 감독이 더 멋있다. 시를 알고 문학을 아는 사

람인 것 같다.
- 애들도 아니고 글에 욕은 사용하는 것은 유치하다. (최초 원문에는 욕이 섞여 있었다.)
- 맞춤법 틀린 곳이 눈에 거슬린다.
- 좀 재미있긴 하다.
- 영화 제목을 글쓰기와 연관시킨 측면은 발상이 독특하다.
- 직선적인 제목이 요즘 젊은이에겐 통할 수도 있겠다.
- 제목 좋다고 꼭 흥행하는 건 아니지 않느냐. 흥행하니까 제목이 멋있어 보일 수도 있다.

아내의 반응에 대한 글쓴이의 느낌도 적어본다.
- 아 씨, 괜히 보여줬다.
- 그래도 반은 성공이다. 좀 재미는 있다고 했으니.
- 독자의 취향은 다양하다.

삶, 참을 수 없는 그 가벼움 1

나는 안다

나는 안다.
내가 굳이 이 글을 쓰지 않더라도 월요 동문집은 성공적으로 발간되리라는 것을.

나는 안다.
내가 떠나더라도 이 조직은 잘 돌아간다는 것을.

나는 안다.
내가 아무리 소리쳐도 나를 배신했던 사람에게는 아무 일도 일어나지 않는다는 것을.

나는 안다.
더 많은 것을 소유하고 싶어도 이제는 안된다는 것을.

나는 안다.
지하철역 앞 노숙자에게 아무리 적선하더라도 내일 누군가는 그 자리에 나온다는 것을.

나는 안다.
그대가 아무리 아파하더라도 나는 온전히 그 마음을 이해하지 못

한다는 것을.

  나는 안다.
내가 죽더라도 내 처자식은 행복하게 잘 살아갈 수 있다는 것을.

  나는 안다.
내가 어디를 가더라도 저 산 중턱의 바위는 그 자리를 지키고 있을 것을.

  나는 안다.
내가 다시 찾아가지 않아도 저 푸른 바다는 변함없이 파도를 만들어 갈 것을.

  나는 안다.
그동안 내가 사랑했던 사람들이 갑자기 떠나버렸어도
그토록 갈구했던 모든 일들이 순식간에 으스러졌어도
나는 지금 아무 일 없다는 듯 이렇게 다시 살아가고 있음을.

  이제는 나는 안다.
삶은 각본 없이 제작되는 한 편의 누아르 영화임을

삶, 참을 수 없는 그 가벼움 2

편안한 지옥

직장에서 근무하는 후배 8명과 결성된 사적 모임이 있다. 주로 술과 식사를 하면서 샐러리맨의 애환을 나누는 전형적인 친목 모임이다. 그런데 올해 초에 누군가의 제안으로 이 모임의 성격이 독서클럽으로 진화되었다.

1차 식사시간에 2명씩 돌아가면서 읽은 책을 소개하고, 2차로 술을 마시면서 토론하는 형식이다. 연장자순으로 정해져 "마흔에 읽는 쇼펜하우어"를 읽고 먼저 발표하게 되었다.

이 책은 5개의 질문과 30개 꼭지로 구성되어 있다. 쇼펜하우어 철학을 관통하는 핵심 문장은 무엇일까? 한마디로 하면 '삶은 고통이다'. 그의 주장에 따르면 인간은 무수한 욕망의 덩어리다. 그 욕망을 스스로 자각하지 않으면 고통에 시달리며 삶은 괴로워진다. 따라서, 그 욕망의 크기를 줄이는 방법을 스스로 찾아야 한다고 쇼펜하우어는 강조한다. 일견 불교의 가르침과 흡사하다. 무욕, 절제, 내려놓기.

그의 어록 중에서 가장 멋진 말은 '인생은 고통과 권태를 왔다 갔다 하는 시계추'라는 표현이다. 욕망의 결핍은 고통을 낳고, 과잉은 권태를 잉태한다. 결핍도 문제지만, 과잉은 더 치명적인 권태를 낳는다. 이 권태가 지속되면 자칫 타락의 길로 이른다. 따라서 끝없는 고통과 권태 속에서 확실한 자신만의 행복을 찾는 것이 중요하다고 쇼펜하우어는 주장한다.

쇼펜하우어의 시선으로 나의 지난 삶을 성찰해본다.

"그동안 나는 어떤 욕망 속에서 살았는가? 더 좋은 직장, 사회적 출세, 돈, 아파트, 자동차, 고액 연봉, 자식, 기타 많은 세속적 즐거움. 자본주의 사회에서 과연 이 모든 욕망을 내려놓는 것이 가능한 일인가? 모든 욕망을 내려놓는 것이 최선인가?"

아무것도 바라지 않을 때 진정한 자유인이 된다고 했다. 때론 나도 당당한 자유인이 되고 싶다. 그러나 힘이 든다. 처자식을 위해, 때론 아이들 학비를 위해, 때론 생계비를 위해 고개 숙이며 살아야 할 때가 많다. 우선은 욕망으로 인한 고통을 자각하고 참고 견뎌야겠다. 대신 속인의 속박을 면할 정도만 벌자. 그리고 나만의 즐거움을 찾자.

돈 걱정 없고, 일도 없고, 근심 걱정이 없는 삶은 천국이 아니라 편안한 지옥이라 하지 않았는가!

삶, 참을 수 없는 그 가벼움 3

무소유

조금씩 걱정이 가중된다.

축적된 자산은 적고, 은퇴는 다가온다. 앞으로 30년을 어떻게 살아가나. 그래 삶의 방식을 바꾸어 보자. 깊은 성찰 없이 삶의 양식으로 무소유를 떠올린다.

사실 무소유는 법정 스님의 키워드다. 그는 한평생 무소유를 설파하다가 입적한다. 그가 주장하는 무소유는 크게 2가지로 압축된다. 첫째, 무소유란 아무것도 갖지 않는 것이 아니라 불필요한 것을 갖지 않는 것이다. 둘째, 버리고 비우는 일은 결코 소극적인 삶이 아니라 지혜로운 삶의 선택이다. 그가 남긴 어록도 살펴본다.

"나는 단순하게 살고 싶다. 그리고 평범하게 사는 것이 나의 소망이다. 느낌과 의지대로 자연스럽게 살고 싶다. 그 누구도 내 삶을 대신 살아줄 수 없기에 나는 나답게 살고 싶다"

주옥같은 말이다.
그는 무소유를 몸소 실천한 진정한 대가인 듯하다.

한편 하버드대학 박사 출신 혜님 스님도 무소유를 강의하며 한동안 대중적 사랑을 받았다.

'멈추면 비로소 보이는 것들' 책도 내면서 사람들에게 위로와 마음의 치유를 선사했다. 어느 날 혜민 스님은 무소유가 아니라 '풀소유'라는 논란에 휩싸인다. 본인 소유의 많은 재물이 언론에 대서특필된다. 그러자 법정 스님을 끌어드리며 반전을 노린다. 법정 스님은 무소유가 가능했던 것이 인세 때문이다. 자신도 신도들이나 주지 스님에게 아쉬운 소리 안 해도 살 수 있어야 한다고 주장한다. 하지만 법정 스님은 인세를 모두 재단 장학금으로 기부하고 있었고, 본인 수술비조차 없을 때 삼성에서 지원해 주었다고 한다.

나중에 혜민 스님은 '베풀 능력이 되어야 역설적으로 무소유가 가능하다'라고 외친다. 나로서는 이해하기 힘든 논리다. 결국 그는 스님 행세하는 사업가라는 오명을 쓰고 방송에서 사라진다. 유명 종교인도 이 정도 상황이면 무소유란 범인이 신봉하기 어려운 교리다.

한 저명한 사회학자는 '이 사회의 모든 문제는 그 소유라는 관념에서 파생된다'라고 주장한다. 개인 소유를 억제하는 정책을 제안한다. 상속과 교육제도를 예로 든다. 상속과 교육은 자본주의 사회에서 신분을 갈라놓는 2가지 수단이다. 상속을 통해 금수저가 탄생하며, 교육은 그 결과물인 명문대학 졸업장이 무기가 된다. 이 무기로 좋은 직업과 자리를 갖고 재물과 권력을 소유한다는 것이다. 다소 과격한 주장이긴 하지만 우리 사회의 많은 문제점이 과도한 소유욕에서 비롯됨을 경고하고 있다.

본질적으로 무소유는 실천하기 어려운 삶의 방식이다. 인간의 본성과 자본주의 작동방식을 거스른다. 나도 많이 소유하고 싶다. 그러나 이제는 안다. 더 이상 많이 소유할 수 없음을. 그래서 지금은 현실과 타협하기 위해 무소유라는 삶의 양식을 고려한다. 일종의 피동형 자발적 무소유 신봉자의 길을 모색하는 것이다.

나는 지금부터 뇌를 무소유라는 새로운 운영체계로 포맷한다. 그러면 이 멍청한 뇌는 나의 박한 현실을 순순히 받아들이게 된다. 나의 뇌를 순간적으로 속이는 것이다. 현실의 고통을 합리적으로 회피하면서 숭고한 삶의 양식을 실천하는 방법이다.

좋은 점은 또 있다. 자식에게도 더 이상 돈 들어갈 일이 없게 된다. 때가 되면 상황 설명만 하면 된다.

"사실 나는 옛날부터 법정 스님의 신봉자로서 무소유를 쭉 실천하고 있어. 지혜롭게 사느라 큰 재물을 멀리했단다. 그래서 너희들에게 지금 도와줄 돈도 물려줄 재산도 없단다"

"어휴 꼰대 아버지. 저 잔머리 굴리는 소리. 갑자기 무슨 무소유야"

푸념 섞인 원망이 들린다. 하지만 뭐 어쩌겠어. 내가 무소유를 실천하며 살아왔다는데. 아니라는 뚜렷한 증거도 없잖아?

누가 알겠는가. 지금부터라도 무소유를 성공적으로 실천하다가 멋있게 죽으면 뒤늦게 대중적 인기를 얻을지. 그런 날을 생각해서 법정 스님처럼 어록도 미리 만들어 놓는다.

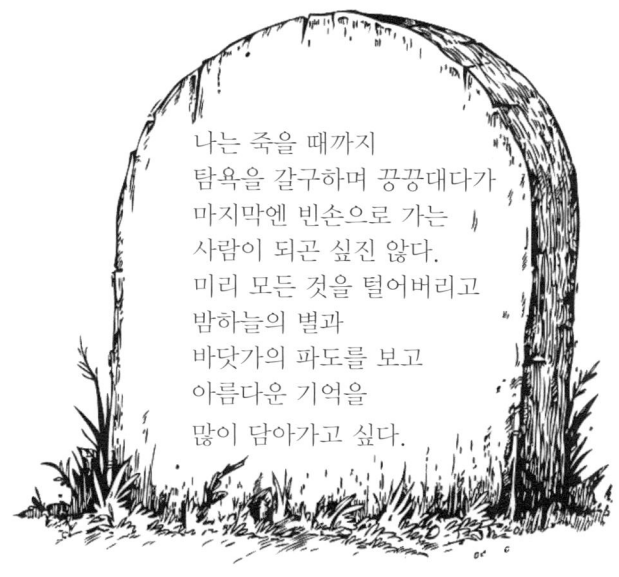

나는 죽을 때까지
탐욕을 갈구하며 끙끙대다가
마지막엔 빈손으로 가는
사람이 되곤 싶진 않다.
미리 모든 것을 털어버리고
밤하늘의 별과
바닷가의 파도를 보고
아름다운 기억을
많이 담아가고 싶다.

기가 막힌다. 오, 신이시여. 이것이 정녕 인간의 머리에서 나온 말이 맞습니까?

나중에 내 묘비에도 적어달라고 아내에게 부탁해야겠다.

삶, 참을 수 없는 그 가벼움 4
남겨진 이를 위하여

작은 방 책장 끝에 놓여있는 단행본 한 권이 보인다. "지난 99일간의 낯익은 부고"라는 시인 신완섭 선배의 책이다. 국내외 유명인들의 죽음에 가려진 삶을 들춰보는 다큐멘터리 시집이다. 찬찬히 읽다보니 문득 나의 죽음을 떠올린다.

30년 후 2054년 어느 날.

나는 마지막 거친 숨을 몰아쉬더니 이내 눈을 감는다. 장례식이 거행된다. 아내는 내가 생전에 준비해둔 하얀 봉투를 꺼낸다. 봉투 겉면에는 "내 숨이 멈추는 날 읽어 보세요"라고 적혀있다.

아내에게
나와 함께 살아줘서 고마웠어. 60년 살면서 지겨울 때도 있었지. 작년에 노인대학 후배 영숙씨가 나랑 사귀자고 애원하더라. 더 좋은 사람 만나라고 하면서 거절했어. 이렇게 죽을 줄 알았다면 한번 만나볼걸. 당신도 이제 다른 좋은 사람 좀 만나. 그리고 내 은행 계좌 꼭 확인해. 남은 비자금이 좀 있을 거야. 보태서 시설 좋은 요양원에 들어가. 갑자기 당신이 해주는 미역국 먹고 싶다. 죽을 놈이 별 생각을 다하네. 끝으로, 평소 내가 했던 말 몇 개 정리해서 비석에 좀 새겨줘. 안녕. 먼저 간다.

딸에게

딱히 전할 말이 없네. 너는 존재 자체가 내겐 기쁨이었다. 참. 남편 정말 멋지더라. 살다 보면 남편이 힘들어서 쓰러지고 싶을 때가 있어. 그 순간이 중요해. 잘 북돋아 주고 끝까지 믿어주렴. 남자란 누가 자기를 믿어주면 불길 속이라도 뛰어들어 다시 시작한단다. 그도 그런 너를 끝까지 지켜준단다. 남자란 단순한 동물이지. 잘 있어. 고마웠어. 내 딸아. 사랑해.

아들에게

너로 인해 웃고 울던 날들이 생각난다. 나처럼 살지 말고 넌 멋있게 살다 가라. 넌 나보다 뛰어난 놈이니까 잘할 거야. 믿는다. 예술을 사랑하고, 약자를 위로하고, 자연을 느낄 줄 아는 그런 사람이 되거라. 잘 있어. 사랑한다.

사위에게

처음 본 순간 자네가 맘에 들었어. 특히 그 목소리. 묵직하면서 부드러운 그 저음이 나를 사로잡았지. 사람이 느낌이란 게 있잖아. 자넨 어딜 가나 신뢰감을 주는 사람이야. 내 딸 사랑해주고 끝까지 잘 지켜주게. 잘 있게.

며느리에게

내 며느리는 어떤 사람이 될까? 늘 궁금했어. 처음 본 날, 그 선하고 착한 눈빛을 잊을 수가 없어. 넌 내 아들에게 과분한 아이야. 고마워. 내 아들과 함께 해줘서. 자세히 보면 아들도 멋있는 구석이 있어.

옆에서 잘 지켜봐 주고 믿어주렴. 잘 살아.

친구에게
그대들이 있었기에 그나마 내 삶이 덜 팍팍했다. 그동안 함께 술 마시고 바가지 쓴 거 다 모으면 건물 한 채는 올리겠지? 저승에서 또 뭉치자. 나 먼저 간다.

월요문학회 동문들에게
다들 먼저 가셔서 전할 말이 없어 좋군요. 저도 곧 합류합니다. 문득 30년 전 월요 동문집 발간해서 함께 출판기념회 할 때가 생각납니다. 참 행복한 순간이었습니다.

저를 아는 모든 이에게
와주셔서 고맙습니다. 부조금은 제가 한 만큼만 하시길 부탁합니다. 제가 50살 이후 기본 10만 원은 했습니다. 이 사실은 제 아내가 알고 있어서 개인별 금액을 아마 확인할 겁니다. 죽고 보니, 재물 그거 아무짝에도 쓸모가 없군요. 여유가 되시는 분은 더 해도 됩니다. 남겨진 제 아내를 위해서요. 모두에게 좋은 기억 품고 갑니다. 감사합니다.

마지막으로 삶을 되돌아보면서 나에게 '부고시'를 미리 남겨둔다.

    사자처럼 살렸더니, 낙타처럼 살다 가네.
    지난 세월 어찌하리, 아이처럼 살려무나.

| 부스 15 |

월요 11기 최태명

· 1968년 부산 출생
· 현재 부산대학교 사범대학 독어교육과에서 미학, 예술, 비평을 강의하고 있다.

= 수록 글 =

본다는 것의 의미 / 볼 수 있는 것과 볼 수 없는 것 / 시각과 근대적 자아 / 감각의 등장 / 보론, 죄책감에서 벗어나고 싶다면

시각과 촉각의 변주

나는 왜 하루 세 끼를 먹을까. 나는 왜 공부를 할까. 자본주의가 강요한 생활방식과 구별 짓기 위한 소비적 공부를 반성하면서도 늘 그 자리, 공부는 좋아하는 것부터 몸을 끄-을-고 나아가는 일부터 시작한다는 김 선생의 말은 늘 나의 위안으로 남아 있는 하루, 하루
칸트의 〈판단력비판〉을 계기로 독일 미학, 독일 관념론에 흥미를 가지다, 버릇처럼 프랑스 들뢰즈의 철학에 꽂혀 헤어나려고 발버둥치고 있다. 마치 유목인들의 유목처럼 이리저리 횡단하고 있다.

본다는 것의 의미

베이컨 <벨라스케스의 교황 초상>

그림을 어떻게 감상할 수 있을까? 보통의 상식으로는 '문학을 어떻게 감상할까'의 문제에 대해서는 어느 정도로 예상되는 답이 있을 것 같고, 그림에 대해서는 상대주의적 감상을 빌미로 그 답을 회피하는 경우가 허다하다. 만약 이런 '가정이 맞다'고 한다면 위의 그림도 또한 보는 사람마다의 취미에 맡겨야 하는 것일까?

우선 그림을 감상한다는 것은 그림을 비평한다는 말과 같고, 그림을 본다는 것과 같은 말이다. 그러니 미술작품을 감상한다는 말과 비평한다는 말과 본다는 말은 전부 같은 말이다. 그러므로 미술(예술)작품을 감상, 비평한다는 말보다는 좀더 친숙한 미술작품을 본다는 말로 그 의미를 찾아보는 게 그 의미가 쉽고 정확할 것이다. 그 이유는 글을 써 내려가면서 밝힐 것이다.

먼저 본다는 것은 감각의 하나이고 다른 감각과의 위계적 관계에 있는 것도 사실이다. 쉽게 '백문이 불여일견(百聞不如一見)'이라고, 다른 감각에 비해 시각은 단연 뛰어난 것으로 인식되었다. 앎의 문제로 보면, 촉각이나 미각은 사물에 직접 닿지 않으면 대상을 알 수 없고, 후각과 청각이 미치는 거리도 수 킬로미터를 넘지 못하기 때문에 시각을 우위에 두고 평가하기도 한다. 반면 시각은 찰나를 훑는가 하면, 멀리는 우주를 가로질러 지구에서 200만 광년 떨어진 안드로메다 성운에 이른다. 그렇기에 다른 감각에 비해 시각은 진리를 증명하는 유용한 수단이 된 것도 사실이었다.

그런데 사실 본다는 것이 감각으로 상위의 위치를 차지하게 된 것은 그리 오래되지 않았다.

모세가 호렙 산으로 간 이유는 무엇일까? 여호와는 말씀의 존재였기 때문이다. 이렇듯 중세 때만 해도 진리를 습득하는 최고의 방식은 구술, 즉 암송과 경청이었다. 그러나 신약에서 신이 인간(예수)으로 육화함으로써 '보이는 존재'가 됐다. 고대 그리스 주석가들은 저승의 신 하데스를 '보지 못하는 자'로 해석했다. 로마인들에게 '존재한다'는 것은 다른 사람들에게 '보인다'는 것, 곧 주목받는 대상이 되는 것이었다. 오이디푸스는 '친모 간통'의 신탁이 실현됐음을 통탄하며 제 눈을 찌른다. 이때 실명은 거세의 은유이자, 시각에 기초한 일체의 지식에 대한 일격이다.

그러니 애초 봄(seeing)이 다른 감각에 비해 존재적 우위를 차지하게 된 것이 아니었음을 알 수 있다. 중세만 하더라도 가만히 마음을 집중하여 외거나 듣는 것이 중시되었다. 그런데 인쇄술이 등장한 이후 대중 독서의 시대가 도래하게 되면서 교회 성직자나 지식인이 들려주는 이야기가 갖는 진리 습득의 중요한 통로로서의 위상은 급격히 추락하게 되었다.

그래서 예술사에서 중세에서 르네상스로의 이행을 청각시대에서 시각시대로의 전환, 즉 '듣는 것'에서부터 '보는 것'으로 세계관이 바뀐 것으로 간주한다. 우리가 잘 아는 원근법이란 것도 시각 우위의 사회에서 나올 수밖에 없는 개념이다. 원근법은 정확한 사물의 재현을 위해 과학적 사고에 근거하여 수학적 원칙에 따라 사물을 재현하는 것으로 브루넬스키가 발견했다고 한다. 그리고 이를 예술작품에 재현한 사람이 마사치오란 화가이다. 그러므로 르네상스 시대의 작품들은 거의 대부분 원근법에 의해 창작된 것으로 2차원 평면에 3차원의 공간을 투시적으로 구현한 것이다.

그래서 본다는 것은 이제 감각의 문제가 아니라 인식의 문제로 바뀌게 된다. 그림을 그린다는 것은 수학적, 기하학적 원리를 알고 난 후의 문제이지, 맨눈, 벌거벗은 눈으로 본 것을 그리는 것이 아니다. 쉽게 구석기 시대의 그림과 신석기인들의 그림은 다르다. 구석기인들의 그림이 벌거벗은 눈의 그림이라면 신석기인의 눈은 앎의, 지식에 의해 시각화된 그림이다. 그러면 라스코나 알타미라 동굴벽화가 그리 사실적이고 빗살무늬토기가 왜 추상인지를 미루어 짐작할 수 있을 것이다.

문제는 여기에 있다. 한 때, 가장 인기 있었던 넷플릭스 영화 중 하나인 〈오징어 게임〉을 보지 않은 사람은 별로 없을 것이다. 그러나 '오징어 게임'의 폭력성에 우리 모두가 관음증 환자로 전락한 것에 대해서는 어느 누구도 문제를 제기하지 않았다.

'오징어 게임' 영화 속 등장인물은 빚을 청산하기 위해 게임에 참여하는 도박 중독자, 기훈, 증권사 팀장이었지만 고객의 돈을 훔친 혐의로 경찰에 쫓기고 있는 상우, 뇌종양에 걸린 노인, 일남, 보육원에 있는 동생과 함께 살기 위해, 또 북한에 남아있는 가족을 한국으로 데려오기 위해 고군분투하는 탈북자, 새벽, 막대한 도박 빚을 청산하기 위해 게임에 참가한 조폭, 덕수, 자신이 가난한 미혼모라 주장하는 사기 전과자, 미녀, 학대범을 살해하고 감옥에서 출소한 지영, 이들을 전부 사회 소수자라 단정짓기는 어려우나 나름 이유 있는 인물들이다.

나름 이유 있는 인물들이라는 의미는 설사 그들이 사기꾼이고, 조직 폭력배라고 해서 재미를 위한 폭력에 노출되어서는 안 된다는 의미를 뜻한다. 그렇기에 사회적 소수자를 시선의 포르노그래피에 노출시키는 것은 더욱 안 되는 일이다. 그런데 왜 우리는 이 영화를 보면서 손을 내밀지 않을까?

앞서 말했듯이 시선이 폭력을 용인하는 이유는 시선의 특성 때문이다. 다른 감각들은 대상과 거리를 두지 않고 대상과 밀착된다. 그런데 시선은 대상을 타자화한다. 시선이 대상을 타자화한다는 것을 좀더 쉽게 말하면, 나와 다른 존재를 분리, 배제한다는 뜻을 함축하고 있다는 말이다. 최첨단 기능을 자랑하는 휴대폰 광고의 핵심 모델에 백인이 등장하는 경우를 우리는 종종 볼 수 있다. 왜 굳이 백인? 그 이유는 서양적인 것=문명적인 것과 등치시키는 습관이 있기 때문이다. 그리고 우리의 만화에는 일본인들이 눈꼬리가 찢어지고 가늘게 묘사되곤 한다. 이는 나와 타인을 분리해서 타인을 비문명적이고 반인간적인 것으로 의미부여를 하기 위해서임을 알 수 있다.

타자라는 존재는 나와 다른 존재로만 그 의미를 갖는 것이 아니라 시선에 의해 끊임없이 포섭되거나 배제되는 타자화된 존재[1]로 우리에게 와닿는다. 사르트르의 희곡작품 중에서 〈출구 없는 방 Huis-Clos〉라는 재미있는 작품이 있다. 이 책은 지옥에 떨어진 한 명의 남자와 두 명의 여자에 관한 이야기이다. 그런데 지옥에는 어찌 된 일인지 고문 기구가 없다. 그리고 거울도 없다. 극이 진행됨에 따라 등장인물들은 서로가 서로의 시선에 의해서 고통받고 있음을 깨닫게 된다. 여기에서 나오는 그 유명한 대사가 바로 '지옥이란 바로 타인'이라는 선언이다. 등장인물들은 자신의 죄과를 어떻게든 변명하기 위해서 자기기만적인 변호를 하기도 하지만 번번이 적나라하게 타인의 시선 앞에서 수치가 드러나 버린다. 혹은, 사랑을 갈구하지만 냉정한 시선에 의해서 거절당하기도 한다. 물리적인 폭력을 행사하지

---

[1] 이러한 문제를 사진을 통해 잘 드러낸 것이 수전 손택의 〈타인의 고통〉이란 책이다.

는 않았지만, 그보다 더 마음을 괴롭게 만드는 것이 바로 이 '타인의 시선'인 것이다.

다른 감각이 하지 못하는 타자화, 타자화를 통해 폭력이 이뤄질 수 있다. 그것은 다른 감각에 비해 시각이 갖는 특성 때문이다.

그렇기에 극단의 고통 속에서 생존을 다루는 영화이지만 우리는 영화 속 VIP의 시선과 같은 위치에 있을 수 있다. 고통과 폭력으로부터 안전한 거리에서 영화를 바라보고 있다. 영화의 카메라는 폭력을 행사하고 우리는 안전한 거리에서 즐기고 있는 것이다. 이렇듯 우리의 시선은 폭력을 행사하는 감각기관인 것이다.

내가 살아났으니 이제는 또 다시 폭력의 시선에 동참해도 되는 이유는 시각이 나와 다른 대상을 타자화했기 때문이다. 이제 우리는 다른 감각에 눈을 돌릴 때이다.

볼 수 있는 것과 볼 수 없는 것

앞서 말했듯이 시각은 완전한 감각의 문제가 아니고 인식의 문제이다. 이를 다시 한번 증명해보도록 하겠다. 아래 그림은 〈프랑스 대사들〉이란 홀바인의 작품이다. 이 그림을 홀바인이 서른여섯에 그린 작품으로 시각의 문제를 다룰 때, 늘 언급되는 작품 중 하나이다. 그림에서 왼쪽은 프랑스 대사 장드 당트 빌이고, 오른쪽은 프랑스 주교 조르쥬드 셀브이다. 이들의 옷차림은 고급지고 멋지다. 그리고 선반 위에 깔린 고급 융단은 이들의 지위가 높음을 보여준다. 또한 선반 위 해시계, 천구의(별자리 위치를 지구면 위에 새긴 것) 등은 두 사람의 지식수준을 대변한다.

그런데 정작 이 작품이 많은 사람들의 시선을 사로잡은 부분은 특정한 각도에서만 보이는 해골이다. 사람들이 해골임을 알려면 그림의 하단에서 화면과 평행한 각도에서 눈을 찡그리고 봐야 한다. 하지만 누구도 그렇게 보려고 하지 않았다. 대개는 그것을 시야에서 생략한 채 그림을 본다. 즉 그것을 안 보이는 것으로 간주하고, 전면에 있는 대사들과 그 뒤에 있는 물체를 보는 것이다. 이를 통해서 볼 때 우리는 보이는 것을 항상 본다고 할 수 없으며 눈 앞에 보이는 것을 보지 않을 수 있다는 것을 알 수 있다.

그리고 또 밀레의 저 유명한 그림 〈이삭줍기〉에서는 이삭을 줍는 세 사람의 저편으로 지평선이, 그 위로 뉘엿뉘엿 지는 해가 노을로 남

오크 패널에 유채, 1533년,   밀레 <이삭줍기>
영국 런던 내셔널 갤러리

아 보는 이로 하여금 애잔함마저 불러일으키기도 한다. 그런데 지평서 넘어 무한한 하늘이 깊이감 있게 물러서 있는 장면은 실재하는 것일까? 우리는 정확히 실재하지는 않지만 실재한다고 생각하면서 그림을 감상하는 것이다. 이제 우리는 실재하는 것을 보지 않기도 하지만 없는 것을 보기도 한다는 것을 알 수 있다.

위 두 그림을 통해 우리 눈은 결코 있는 그대로 보는 것이 아님을 알 수 있다. 있는 것도 못 볼 수도 있고, 없는 것을 봤다고 착각할 수도 있다. 있는 것을 못 보는 이유는 한 마디로 시점 때문이다. 우리는 하나의 시점에서 통일적으로 대상을 보기 때문에 못 보는 것이 생기는 것이다. 그리고 없는 것을 보는 이유는 거리감을 표시하는 규칙에 따라 그렸고 우리는 그런 규칙에 의해 그림을 보기 때문에 없는 것을 보게 되는 것이다. 그렇기에 소위 르네상스 시대의 '원근법'은 감각으로 그려진 그림이 아니라 인식의 결과물이다. 우리의 눈은 한 마디로 순수한 눈이 아니라 어떤 방식의 결과물이다.

시각에 대한 확신은 다른 감각에 대한 의심을 불러일으키곤 한다. 문 밖에 들리는 소리로 누구임을 짐작할 수 있으나 굳이 봐야 누구임을 확신하는 버릇이나 냄새로 무엇임을 짐작할 수 있으나 이 또한 봄을 통해 확신을 가진다. 우리는 보는 것만을 믿는다. 그런데 우리의 눈이 특정한 방식으로만 볼 뿐이라면, 또한 우리는 특정한 방식으로만 인식하고 믿게 되리란 것을 뜻하지 않을까? 나아가 우리의 행함이 이러한 인식과 믿음에 결부되어 있는 것이 분명할진대, 결국 우리는 특정한 방식으로만 행동하게 됨을 뜻하는 것은 아닐까?

이런 점에서 시선 내지 시각을 다룬다는 것은, 볼 수 있는 것과 볼 수 없는 것을 가르고, 보아야 할 대상과 보는 방식을 정의하며, 그에 따라 특정한 방식으로 보도록 만드는 체제의 문제이기도 하다. 나아가 보는 것과 인식하는 것, 행동하는 것이 매우 긴밀한 연관성을 갖고 있는 게 사실이라면, 이는 특정한 양상으로만 보고 판단하고 행동하게 한다는 점에서 권력의 문제이기도 하다.

시각과 근대적 자아

앞서 이야기했듯이 우리는 일반적으로 우리의 주체적 의지에 의해 무엇을 본다고 믿지만 사실은 그렇지 못하다. 즉 우리가 보고 있는 것을 우리가 보고 있다고 가정하는 것은 잘못된 것이다. 그런데 르네상스 시대 때는 우리가 바라보는 것이 올바르다는 전제에서 재현이란 양식의 예술이 하나의 유행이 된 것도 사실이다. 이를 위해 인간이 가지고 있는 신체적 한계, 즉 시각적 환영에 의해 대상을 잘못 볼 수 있는 한계를 줄이기 위해 카메라 옵스큐라를 통해 그림을 그리곤 했다. 우리가 무엇을 보는가의 문제는 우리가 무엇을 믿고 있는가에 의해 환영이 생기게 된다는 것을 르네상스인들은 잘 알고 있었다. 그러므로 봄의 문제는 사회와 문화에 따라 달라지게 되는 것이다. 우리는 대상을 투명한 눈으로 보는 것이 아니라 뿌연 막을 가지고 보는 것이다. 뿌연 막의 예는 투시법을 통해서 볼 수 있다.

투시법(perspectiva)은 브루넬레스키(Brunelleschi), 마사치오(Masaccio), 알베르티(Alberti)를 통해 알 수 있다. 투시법은 곧은 평행선이 만나는 소실점을 중심으로 조직되는 직선들을 따라 사물의 형태를 표시한다. 1425년, 르네상스 초기의 유명한 화가이자 건축가인 브루넬레스키는 피렌체의 조그만 광장에서 투시법에 따른 그림이 대상을 정확하게 재현한다는 것을 보여주는 유명한 실험을 했다. 같은 해 마사치오는 산타 마리아 노벨라 성당의 벽화 〈삼위일체〉에 엄밀한 투시법에 따른 원통 볼트(barrel vault)를 그림으로써, 최초의 투시법적 회화를 남겼다. 그로부터 10년 뒤 초기 르네상스의 이상적 만능인이었던 알베르티(Alberti)는 수학 및 광학 이론을 통해 브루넬레스키의 실험이 과학적임을 보여주는 책을 썼다. 당시 한창 발전 중이던 활판 인쇄술은 이 책과 더불어 투시법을 유럽 전역에 보급하는 수레 역할을 했다.

그런데 투시법도 한 개로 고정되어있는 것이 아니라 변화의 고정을 거친다. 르네상스인들은 한 개의 소실점을, 바로크인들은 두 개의 소실점을 강조했다. 그래서 르네상스의 소실점은 그림의 가장 중심적이고 전체 균형과 비례를 잘 표현해줄 수 있는 자리에 배치된다. 예를 들면 레오나르도 다빈치의 유명한 그림 〈최후의 만찬〉에서 소실점은 예수의 두 눈 사이에 있으며, 그 점은 그림 전체의 가장 중앙에 자리잡고 있다. 그 점으로 모이는 선들을 따라 마루와 테이블, 벽, 천정은 점점 단축된다.

반면 바로크의 투시법에서는 상이한 위상적 가치를 갖는 두 개의 시점이 중요하다. 한편으로는 르네상스 기와 달리 실제 시점의 위상에 높은 가치를 부여한다. 이는 건축의 경우 뚜렷이 드러난다. 즉 르네상스와 달리 어느 점에서 보든 이상적인 형태가 한눈에 들어오도록 하는 것이 아니라, 반대로 시점마다 달라지는 이미지를 중요시한다. 동시에 그 상이한 시점과 이미지들이 통일될 수 있는 하나의 중심점을 설정하는데, 이로 인해 파사드(façade; 건물의 정면)가 특권화된다.

예를 들어, 바로크의 대건축가인 보로미니(Boromini)의 작품 산 카를로(San Carlo alle Quattro Fontane) 성당은 타원과 원이 뒤섞인 평면을 갖고 있으며, 돔도 타원형으로 되어있어서, 보는 시점에 따라 상이한 상(像)이 만들어진다. 외관을 보면 물결치듯 요동치는 벽체를 갖는 파사드에 비하면 옆의 벽들은 밋밋하기 그지없다. 여기서도 보는 데 따라 상이한 상이 만들어지지만, 건물의 가장 중요한 상은 '튀어도 심하게 튀는' 전면의 파사드다. 이런 점에서 르네상스의 그림이나 건물이 정적(靜的)이고 안정되어 있다면, 바로크의 그림이나 건물은 동적이고 운동감이 흘러넘치고 있다.

이를 좀 더 친절하게 살펴보자. 아래는 티치아노와 벨라스케스의 비너스 그림이 있다. 전자는 르네상스, 후자는 바로크 시대의 인물이다.

티치아노 베첼리오
<우르비노의 비너스>, 1538년

디에고 벨라스케즈,
<The Toilet of Venus>, 1647~1651년

우선 가장 두드러진 차이는 윤곽선이다. 티치아노의 비너스는 뚜렷한 윤곽선을 가지는 데 반해, 벨라스케즈의 비너스는 명암을 표현

하는 어둠으로 윤곽선이 묻히고 있다. 전자는 비너스 신체의 모든 부분이 누락된 것 없이 다 그려져 있으며, 뒤에 있는 여인을 포함해 각각의 세부가 동일한 정도로 섬세하고 치밀하게 그려져 있다. 반면 후자는 손이나 팔이 신체에 가려져 있거나 프레임에 잘려져 있으며, 얼굴도 거울을 통해 간접적으로 그려진다. 비너스의 신체의 끄트머리는 어둠 속으로 묻히는 만큼 생략되어 그려지며, 거울에 비친 얼굴이나 거울을 든 천사의 얼굴도 대강만 그려져 있다. 각각의 세부는 치밀함이 다른데, 특히 멀고 눈에 세밀하게 잘 안 보이는 곳은 그런 만큼 희미하게 묘사되어 있다. 구도도 앞의 것은 대칭적으로 그려진 수평선과 수직선을 통해 정적인 데 반해, 후자는 사선으로 흐르는 선들로 인해 동적이다. 나아가 전자는 그림의 각 부분이 독립적인 데 반해, 후자는 비너스와 거울상과 천사가 하나로 엮여 있다.

여기서 전자는 그림의 중심이 그려진 장면 안에, 그 한 가운데 있다. 반면 후자는 그리는 사람, 혹은 그에 맞추어 보는 사람의 시점을 기준으로 희미한 것은 희미하게, 자세한 것은 자세하게 그린다. 이런 점에서 그림의 중심은 그림의 외부에 있는 시점에 있다. 더불어 빛을 이용하는 법도 다르다. 전자의 경우 빛은 대상이나 장면을 잘 보게 해주는 조건이며, 따라서 전체적으로 고르게 되어있다. 반면 후자에서 빛은 그 자체가 어둠과 더불어 보고 그려지는 대상이다. 따라서 빛과 어둠의 대비가 매우 강렬하고, 그 대비의 효과를 통해서 형태나 깊이감, 질감, 분위기 등이 표현된다.

두 그림의 차이를 정황하게 늘어놓는 이유는 두 화가의 스타일에서 오는 차이가 아니라 시대의 차이라는 것을 알기 위함이다. 르네상스와 바로크의 차이, 시대적 차이가 그림의 차이를 만든 것이다. 그러므로 이러한 차이는 그림에서만이 아니라 건축을 비롯한 다른 예술양식에서도 드러난다. 같은 사람의 눈에 같은 빛과 어둠이 통과하는 데도 다른 작품이 나오는 이유를 개인의 차이에서 찾을 수도 있지만 체제의 차이로 대응시키는 것도 가능하다.

바로크적 투시법에서 다수의 시점들이 인정되는 동시에 그것이 갖는 다양성을 통일시키는 하나의 단일한 중심이, 특권적 시점이 마련되어 있다. 이 시점은 올바름이란 특권성을 만든다. 그러므로 대상 전체가 가장 잘 보이는 점. 이제 대상 세계를 올바로 포착하기 위해서는 그 특권적인 시점으로 이동해야 한다. 이로 인해 주체가 탄생하게 되는 것이다. 주체는 세계를 올바로 인식하고 올바로 영유해야 하는데 그러기 위해서는 어떤 중심점에 있어야 한다. 이것이 근대적 시선임과 동시에 근대적 권력의 다이어그램이다. 여기서 주체화하는 권력의 배치로서 근대적 시선의 체제를 이해할 수 있다.

감각의 등장

봄의 문제와 앎의 문제와 경험의 문제는 같다. 봄은 앎의 의해 생겨나고 앎은 경험을 구체화시킨다. 지금 우리가 불을 보는 것은 중세 사람들이 불을 보는 것과는 다를 것이다. 불에 대한 우리의 앎이 다르기 때문이다. 전봇대를 예로 생각하면 더 쉬울 것이다. 전기가 들어오기 위해서는 전봇대가 필요한데, 초기 전봇대는 길을 따라 나열되게 세워지지 않았다. 그런데 서구의 투시법이 우리나라에 들어오면서 전봇대가 길을 따라 일렬로 세워지게 된 것이다. 신작로의 등장과 더불어 전봇대는 일렬로 정돈되게 된 것이다.

그러므로 시각은 앎의 문제가 전제되어 있기 때문에 옳고, 그름의 문제를 낳고, 좋은 것과 나쁜 것의 문제를 수반할 수밖에 없다. 아래의 그림을 보자. 〈루앙성당〉 어떤 그림이 좋은 그림일까? 답은 "물음이 잘못되었다."이다. 그럼 어떻게 질문해야 할까

이 물음에 대한 답을 뭉크의 '절규'에서 찾아보자.

우선 뭉크가 '절규'를 창작하게 된 배경은 두 친구와 교외에서 산책 중 직접 체험한 것을 그린 작품이다. 그는 산책 중에 노을이 지는 것을 보고 그것이 불꽃과 피로 느껴지며 신경증이 도졌다. 그에게는 자연의 비명이 들렸고 제자리에 서서 공포에 떨었는데 이때 느낀 감정을 화폭에 생생하게 담아내었다.

뭉크의 '절규'는 오늘날에도 광고부터 시작하여 만화, 이모티콘 등 다양한 매체에서 그대로 쓰이거나 패러디되고 있다. 이 작품이 사랑받는 이유는 누구나 살면서 느끼는 삶 속의 심리적 긴장감이 잘 묻어나 많은 이들의 공감을 이끌어내기 때문이다.

작품을 보면, 화면 중앙에는 공포에 떨었던 자신의 모습을 형상화한 남성이 서 있다. 검은 옷을 입은 남성은 해골과 같은 얼굴 모양으로 두려움에 떨며 자연의 비명을 막으려는 듯 귀를 손으로 막고 절규

하고 있다. 남성의 몸이 곡선으로 왜곡되어 그가 느끼고 있는 공포감을 더욱 부각시키고 있다. 뒤의 배경은 사선으로 구성되어 있다. 사선의 좌측에는 다리 위로 공포에 떠는 남성의 상황에 동떨어진 듯 걸어가는 두 사람의 실루엣이 보여 긴장감을 고조시킨다. 우측에는 중앙 남성과 연결되듯 굽이치는 검푸른 해안선과 붉게 노을 진 하늘이 있다.

그런데 여기서 주목해야 할 것은 '절규'를 보면서 우리의 시각이 작동하지 않고 우리의 감각이 바로 작동한다는 점이다. 인간의 감정을 왜곡된 형태와 강렬한 색채, 율동감이 느껴지는 선으로 드러내어 관람자의 감성을 자극하게 만든 것이다. 이것을 표현주의라고 한다. 표현주의는 인간의 감정을 표현하기 때문에 우리는 표현주의 작품을 보면서 뇌가 작동하는 것이 아니라 감각이 바로 작동하게 되는 것이다.

'본다'와 '만져 본다'의 차이를 아는가? 맹인들은 감각을 통해 본다. 우리는 감각을 위계 서열화해서 시각을 우위에 두고 다른 감각을 하위에 두고 인식하면서 살아왔다. 죽었던 감각을 회복하자. 이제 미술관에 가면 보고만 와선 안 되고 감각하고 와야 한다. "눈으로 만져도 보자."

죄책감에서 벗어나고 싶다면

– 이기주의와 이타주의 –

중국에서 최근 방송된 사건 하나를 소개하기로 하겠다. 중국의 한 거리에서 트럭에 의해 한 소녀가 치이는 교통사고가 일어났다. 그리고 몇 분 후, 그 장면을 목격한 시민들의 행동이 여과 없이 방송에 보도되었다. 그런데 3분 동안 4명의 행인이 소녀를 보고는 그냥 지나치고 만 것이다. 불행히도 이 소녀는 뒤늦게 병원으로 후송되어 죽고 말았다. 만약 당신이라면 어떻게 할 것인가? 당신의 말처럼 당신은 그냥 지나치지 않을 것이다.

여러분 중 한 명이 적극적으로 이 소녀를 구했다고 가정해보자. 그러면 우리는 이 분에게 이타적인 사람이라고 규정할 수 있을까? 이번 질문에는 여러분이 만장일치로 답변하지 않을 것이다. 어떤 분들은 그렇다, 어떤 분들은 그렇지 않다고 대답할 것이다. 그렇다고 대답한 사람은 드러난 그 사람의 행위만을 생각했을 것이고 그렇지 않다고 대답한 사람은 행위의 이면을 생각했을 것이다.

먼저 소녀를 적극적으로 구한 사람을 이타주의로 설명해보자. 이타주의는 19세기 실증주의자 오귀스트 콩트에 의해 만들어졌는데 나보다 남을 먼저 생각하고 행동의 목적이 남의 행복에 있는 것을 말한다. 콩트에 의하면 이 사람은 소녀의 행복을 먼저 생각했기 때문에 이타주의가 될 수 있다. 그런데 소녀의 행복은 단기적 관점이고, 장기적으로 그는 다른 생각을 했을 수도 있다. 가령 그 행위를 통해 유명세를 얻을 수 있고 이러한 명성을 통해 자기의 사업을 좀더 발전시킬 수 있다고 생각했을 수도 있다. 그렇게 본다면 이는 이타주의가 아니다. 자기의 행복을 우위에 두었기 때문이다.

그러므로 이타주의와 이기주의는 개인적 측면에서 볼 때는 뚜렷하게 구분되지 않는다. 어떤 행위의 이면을 우리가 정확히 파악하기 어렵기 때문이다. 반대로 겉으로 보기에는 이기주의처럼 보이나 실은 이타주의를 띠는 경우도 있다. 금연의 경우를 들어보자. 금연은 자기의 이익에서 출발하나 가족과 주위 사람들의 건강도 같이 증진된다. 그러므로 이기주의가 이타주의가 될 수도 있는 것이다.

또한 위 논의는 이기주의와 이타주의를 개인적 측면에서 논의하기 때문에 사회적 논의로 진입하기 어렵다는 한계를 보인다. 그럼에도 우리 사회는 정치적으로 경제적으로 이기주의를 사회 규범화하고 있다. 그렇기에 이타주의가 절실히 요구하고 있다. 예를 들어 정당은 헤게모니 장악을 목표로 하고 있기 때문에 근본적으로 자기 이익에서 벗어날 수 없다. 기업도 이익의 창출을 목적으로 하기 때문에 또한 자기 이익에서 벗어날 수 없다. 그렇기에 정치적 민주주의나 복지 등의 이타적 규범들은 향상 자비에 기대할 수밖에 없다. 이는 이기주의를 규범화했기 때문에 발생하는 문제이다. 만약 우리가 이타주의를 통해 살아왔고 살아갈 수 있고, 이것을 통해 더 잘 살거나 이것 없이는 살 수 없다고 증명된다면 또 다른 규범이 탄생할 것이다.

여러분에게 다른 질문을 하겠다. 예를 들어 어떤 특정한 개체군이 4명의 새끼를 낳을 수 있다고 하자. 만약 3명의 형제가 물에 빠졌을 때, 남은 1명의 형제는 이들을 구하러 물에 들어가는 이타적인 선택을 할까?[2] 만약 당신이 남은 형제 1명이라면 이타적인 행동을 하겠는가? 처음 질문과 비슷하다. 다만 자기의 희생 확률, 자기의 희생으로 인한 수혜의 범위 등이 다를 뿐 처음 질문과 동일하다. 아마 여러분의 대답은 처음과 다르게 의견이 나뉠 것이다. 그 이유가 무엇일까?

만약 여러분이 희생한다면 3명의 형제가 살아남을 테고 희생하지 않는다면 당신만 살아남을 것이다. 전자를 선택한다는 것은 나를 희생하기 때문에 이타주의로 볼 수 있다. 그러나 나의 희생이 유전형질을 더 많이 보전하기 위해서라면 이타주의로 볼 수 없다. 앞서 논의한 것처럼 이기주의와 이타주의는 동전의 양면이다. 그런데 좀 더 다른 양상으로 이 질문을 바꾸면 대답은 거의 한 방향으로 유도될 수 있다.

당신이 태평양 한가운데 표류하고 있다고 가정해보자. 배(보트)에는 당신과 선장, 항해사, 일반 선원 한 명만 있다. 그런데 보트에는 이틀만 연명할 수 있는 음식만이 있을 뿐이다. 그래서 이틀은 보트에 있

---

[2] 해밀턴의 법칙에 따르면 '하게 된다'. 형제는 평균적으로 50%의 유전자를 공유하기 때문에, 이를 해밀턴의 법칙에 의해 계산해보면 r = 0.5, C = 4, B = 4 * 3 이므로 6 〉 4가 되어 남은 한 명의 형제는 세 명의 형제를 구하기 위해 물속으로 뛰어들게 된다. 자신이 죽고 대신 세 명의 형제를 살릴 경우 유전형질이 더 잘 보존되기 때문이다.

는 음식으로 견뎌냈지만 더 이상을 견딜 수 없었다. 선장은 한 명의 희생이 나머지를 살릴 수 있다고 제안하면서 자발적으로 희생할 사람을 요구했다. 만약 당신이라면 자발적으로 희생하겠는가? 아마 쉽게 대답하지 못할 것이다. 두 번째 질문과 달라진 점은 나의 희생으로 이익을 향유하는 사람이 나와는 전혀 상관없는 사람이란 것이다. 그것이 여러분의 주저하는 이유 중 하나일 것이다.

이 질문을 유명한 사회생물학자 에드워드 윌슨에 한다면 윌슨은 자기는 희생할 수 있다고 대답할 것이다. 윌슨은 우리에게 이기적 유전자로 잘 알려져 있다. 이기적 유전자이론의 핵심은 자연선택이 유전자 단위로 이뤄진다는 것이다. 그런데 윌슨은 이 이론을 폐기(?)하면서 집단선택설을 들고 나왔다. 그는 지난 40년간 진화 생물학계를 지배한 이기적 유전자의 시대를 마감하고 대안으로 집단선택과 개체선택이 상호작용하는 다수준 선택이론을 제시했다. 그는 유전자가 이기성과 이타성을 동시에 갖는 키메라라는 것이다. 그래서 인류는 이 이기적 본능과 이타적 본능의 길항 속에서 살아가도록 운명지어진 존재라는 것이다.

윌슨이 만약 보트에 타고 있었다면 집단을 위해 자기를 희생했을 것이다. 이러한 성격을 인간만이 가지는 특수성이라고 했다. 그러면서 이타성을 가진 집단이 이기적인 집단보다 우월하여 그 집단이 결국 자연 선택된다고 한다. 즉 부족주의, 명예심, 의무감 등이 이기심을 억누른다는 것이다.

잠시 처음으로 돌아가자. 교통사고를 목격하고도 그냥 지나친 행인으로 인해 소녀는 목숨을 잃었다. 물론 그것이 직접적인 원인임을 말하려는 것이 아니다. 살릴 수 있는 기회를 놓쳤다는 말이다. 이 행인들에게 소녀를 살릴 수 있는 기회를 주는 방안은 없을까. 윌슨에 의하면 우리는 이타성을 유전적으로 갖고 있다고 한다. 그렇다면 이를 규범화하는 것이 인문, 사회학의 과제인 것이다.

애초 윌슨의 집단선택의 가능성을 논할 때, 정치, 사회, 경제학계가 가장 주목했다. 현대 정치, 사회, 경제학계는 인간의 이기성을 규범적 요소로 연구하는 학문이다. 그런데 집단적 이타성이라는 더 큰 사유공간이 나타난 것은 나와 타자, 나와 공동체, 인간 존재, 희망 등에 대한 새로운 담론의 생성을 가능하게 하기에 단박에 주목을 끈 것이다. 그럼에도 그러한 희망에 또 다른 문제가 도사리고 있음을 간과해서는 안 된다.

애초 이기성과 이타성을 개인적 측면에서 논의할 때는 양면적 성격이 있다고 하면서 논의를 중단했다. 그러나 이것이 사회적으로 규범화될 때는 다르다. 가령 윌슨의 이타성의 기준은 집단을 위한 이타성이다. 집단의 위한 이타성이 규범화되는 것은 위험하다. 가령 전체주의가 옹호될 수 있다. 히틀러도 실은 게르만 민족을 위한 이타성의 발현이 될 수도 있는 것이다. 이렇듯 윌슨의 집단선택도 또한 동전의 양면이다.

그러므로 이타성의 근거로 작동하는 집단선택이론을 근거로 이타성을 섣부르게 규범화해서는 안 된다. 오히려 필자는 이타성을 발휘하는 방법으로 사고를 전환할 필요가 있다고 본다. 애초 중국인 소녀를 돕지 않은 것은 도울 때와 돕지 않을 때의 자기에게 돌아올 이익을 본능적으로 생각했다고 할 수 있다. 왜냐하면 둘째 질문과 셋째 질문에서 인간이 이타성이 어느 정도는 증명되었기에 행인들만 유독 이기적인 존재라고 생각할 수 없기 때문이다. 나아가 둘째, 셋째 질문에 대한 답은 이타주의로 규정할 수도 있지만 이성이 이타성으로 발휘(표현)된 것으로 생각할 수도 있기 때문이다. 이는 곧 중국인 소녀를 돕지 않은 행위를 이기주의라 규정하기보다는 이성의 작동이 이기주의로 표현된 것이다.

부연하면, 둘째 질문과 셋째 질문의 공통점은 이성적 사고의 표현이란 점이다. 나의 행동으로 돌아올 이익이 혈연의 보존과 집단의 보존 이런 것을 생각한 것이다. 그러므로 이기와 이타성을 이성이 어떻게 작동하느냐에 따라 이기로 표출되기도 하고 이타로 표출되기도 한다. 행인들을 이기적으로 규정하기보다는 이기적으로 표현된 것이다. 그 중심에는 이성이 있다.

마지막으로 여러분에게 묻는다. 유니세프 통계에 따르면 5세 이하 아동들이 한 해 동안, 빈곤과 기근으로 약 690만 명이 죽어가고 있다고 한다. 중국인 소녀의 죽음을 막겠다고 당당히 외친 여러분이 있는데 왜 이런 참극이 발생하는 것일까. 여러분이 이기적이라서 그런 것일까. 필자는 그렇게 생각하지 않는다. 방법의 문제이다. 그런 의미에서 피터 싱어의 효율적 이타주의는 우리에게 시사하는 바가 크다.

이미 인간은 불행에 감정이입할 수 있는 존재라는 것을 증명해왔다. 그럼에도 이 세계의 불행이 멈추지 않는 것은 이타주의를 올바로 실현할 방법을 찾지 못하기 때문이다. 세계적으로 이타주의를 실천한 사례로 앤트루 카네기나 존, D 록펠러 등을 꼽을 수 있다. 추정치에 따르면 이들이 살린 생명은 580만 명에 이른다고 한다. 여기서 우리는 그들은 부자이기에 가능하지만 우리는 그렇지 못하다고 강변할 수도 있다.

옥스퍼드 대학의 한 철학과 연구원은 자신의 평생 수입으로 개발 도상국의 8만 명을 살릴 수 있다고 깨달았다. 그리고는 단체를 설립했다. 할 수 있는 만큼 기부하기라는 재단이다. 그는 1년에 약 30,000달러를 이 단체에 기부하면서 살아간다고 한다. 그런데 그는 기혼이고 아직 대출금도 다 갚지 못한 상태라고 한다.

이기주의는 이타주의일 수 있고 이타주의는 이기주의일 수 있다. 그렇기에 이기주의 이타주의 논쟁은 소모적이다. 다만 이타주의의 발견은 섣부르게 규범화하기보다는 이타주의를 실현하는 방법으로 발상을 전환하는 게 옳다고 본다. 그렇게 본다면 여러분도 이타주의를 가지고 있다. 남의 고통에 감정이입할 수 있는 존재란 것이다. 다만 효율적 방법을 못 찾았을 따름이다. 소녀의 죽음을 목격하고 지나친 행인에게 이런 말을 전하며 글을 마친다.

"여러분이 아직 죄책감이 든다면, 빠져나갈 방법이 있다고…"

추모의 글

먼저 가신 동문

3기 故 박철수

6기 故 김해곤

7기 故 김병호

10기 故 하현관

을 기리며

꽃무릇(석산)의 꽃말은
'죽은 이를 그리워하는 슬픈 추억'입니다
- 사진 제공 안재우 사진작가 -

추모글 1
3기 고 박철수 편

9월이 오면

친구야,
무엇이 급해서
그리 일찍 갔노
너무나 야속하다.

친구야,
누구나 다 챙기며
스스로는 못 챙기니
더더욱 야속하다,

친구야,
언제나 짓는 웃음
언제나 해맑은 얼굴

가슴이 너무 아프다.

친구야,
너무나 많은 것을
너무나 사랑했었지
가슴이 먹먹하다.

친구야,
와 그리 안 풀리고
와 그리 고생 많았노
기다리다 지쳤더나.

친구야,
아프다고 그러지
와 참기만 했노
우리가 무심쿠나.

친구야,
좋은 데서 편한 데서
스윽하고 내려 보거라
안 부끄럽게 살꾸마.

친구야
봄, 여름, 갈, 겨울
언젠가 만날 날에
맛난 안주에 한 잔 걸치자

잘 가라, 보고 싶은 친구야

위의 시는 2019년 9월 11일에 동기셨던 3기 김정희 선배님이 철수 형님을 떠나보내며 썼던 추모시입니다.

철수 형님,
형님이 그리워지면 우리가 활동하는 밴드를 방문합니다.
이곳에서는 아직 형님을 떠나보내지 않았거든요. 지금도 형님의 생일이 되면 "축하해주세요!"라고 문자가 옵니다. 일 년에 한 번은 나를 기억해 달라는 말처럼 들립니다. 그래도 사이버 공간이지만 누군가 형님을 챙겨주니 감사할 따름입니다.

형님께서 처음 월요가족을 위해 밴드를 만드셨지요. 그 때가 2013년 7월. 밴드를 만들고 첫인사로 무더운 날씨에 건강 잘 챙기라고 가을이 오면 소주나 한잔 하자고 해 놓고는 스스로 그 약속을 지키지 못했습니다.

그래도 형님의 월요 사랑이 전해집니다. 처음 월요 밴드를 개설할 때 형님은 적어도 30년은 함께 할 거라 생각하셨겠지요? 그러나 10년도 못 채우고 황망히 돌아 오지 못할 길을 떠나셨습니다.

나이 들어서 대우받는 법도 상세하게 알려주셨죠? Clean Up, Dress up, Shut up, Show up, Cheer up, Pay up, Give up까지 늘 부족한 후배들을 위해 나이 들어 삶을 Upgrade하는 삶의 지혜를 알려주시고는 정작 형님은 Go down을 하셨습니다.

젊은 후배가 한때 머리에 머플러를 하고 할리 데이비슨을 타고 멋진 사진을 보낼 땐 뒤에 누굴 태웠는지 안다고 격의 없이 농까지 하는 자상한 형님이었지요. 그해 연말에는 이사한 형님의 구서동 설계건축 사무실로 달랑 벽시계 하나 사 들고 떼거리로 쳐들어온 후배들을 위해 밤늦도록 소주를 퍼마시게 내버려 두기도 했습니다.

늘 연말이 되면 새해 좋은 꿈 많이 꾸라고 새해 인사를 제일 먼저 보내주었습니다.

건축 설계를 위해 출장 간 미얀마 양곤에서 "낯선 곳에서 하룻밤"이라는 제목의 소식을 보내오기도 했습니다. 그때부터 베트남, 미얀마에도 한류 열풍이 시작되었지요. 연초부터 집을 나와 해외에 체류하면서 이놈의 역마살이 나를 늘 따라 다닌다고도 했구요. 여전히 현지에서도 꼬치랑 생맥주 한 잔 술 사랑은 빠지지 않았습니다. 아마 친구가 좋고, 이야기가 좋았겠지요.

월요 연말모임을 하면 1차, 2차, 3차를 거쳐 새벽까지 술 마시고, 노래하고, 마지막은 편의점 야외 벤치에 앉아 격론을 벌이곤 했습니다. 해장국 한 그릇 하고 헤어지면 어느새 해는 중천에 떠 있곤 했었지요.

그래도 형님은 지칠 줄 모르고 정신을 놓거나 헛말을 하거나 쓰러지는 일이 없었습니다. 항상 온전한 정신으로, 그 많은 해박한 지식으로 우리를 압도했습니다. 우리는 밤을 지새면서도 평생 형님은 오랫동안 우리와 함께할 것이라 믿었습니다.

형님이 세상을 떠나기 전에 울산에 있는 저희집 집들이를 온 적이 있습니다.

그 날 밤늦게 모두 집으로 돌아가고 형님은 우리 집에서 나그네처럼 하루를 묵어갔지요. 그날은 집사람도 친구들과 여행을 가서 나도 혼자였습니다. 늦게까지 이런저런 이야기를 나누고 다음 날 매운탕으로 해장을 하면서 저의 사주를 봐 주었습니다. 오래전 취미로 사주 공부를 시작했는데 형님을 가르친 스승이 형님의 기세와 지식, 그리고 끼에 감탄했다고 이 길로 가보라고 권했다지요?

아무튼 내 사주를 풀면서 저에게 말년은 편안하게 지낼 거라고 말년 운이 제일 좋다고 하였습니다. 덕담이겠지만 하룻밤 방값은 톡톡히 치렀습니다. 그때가 6월 초이니 딱 형님이 떠나기 3개월 전이였습니다. 새로 지은 집에 대해서도 건축가적 안목으로 옆집과 비교해가며 칭찬을 많이 하셨고 안전과 관련해서는 사소한 부분까지 보완할 것을 지적해 주시기도 했습니다.

이후 형님은 운전을 하다 차량 접촉사고가 나서 병원에서 진단서를 끊다가 더 큰 병원에서 정밀 검사를 받아보라고 권유하는 바람에 검사를 했더니 급성 췌장암 선고를 받았고 100여 일을 병실에서 버티다가 허망하게 세상을 떠났습니다. 사랑하는 모친이 쓰러지실까 봐 투병 중에도 발병도 숨겨왔고, 2019년 9월 11일 형님을 화장하고 집으로 돌아올 때까지도 비밀에 부치는 안타까움이 있었습니다.

이제 형님 가신 지 5년, 여전히 형님이 그립고 형님의 구수한 입담이 생각납니다.

― 그리운 철수 형님께 5기 후배 박창희 올림

추모글 2
6기 고 김해곤 편

해곤(우)과 함께

한 가지에 나고서

해곤, 지난 3월, 오키나와에 가족여행을 막 다녀온 자네와 통화할 때, 그게 자네 목소리를 마지막으로 듣는 것인 줄은 꿈에도 몰랐네. 모금 활동으로 바빴던 건 사실이지만, 2월과 3월 한국에 머무는 동안에도 결국 자네와 만날 시간을 내지 못하고 만 나를 자책하지 않을 수 없어. 마지막 통화에서 사실 우린 서울역에서 잠깐이라도 보자며 만날 약속을 했지. 하지만 약속한 날 자네는 두 발이 심하게 부어올라 서울역으로 나올 수가 없었네. 그러곤 곧 입원하게 되었지.

그 직후 난 미얀마 수도원으로 돌아왔고, 한동안 안팎으로 산적한 어려움을 헤치고 나가느라 자네에게 전화 걸 여유를 얻지 못했어. 하지만 지금 돌이켜보면, 어쩐지 자네 병세가 심해지고 있을 것 같다는 두려운 예감 때문에 차마 전화를 하지 못한 게 아닐까 싶어. 결국 자네가 임종하던 날, 미련 씨는 자네 카톡 주소를 통해 내게 상황을 짧게 전하면서 기도를 부탁했네. 이때만 해도 며칠은 시간이 있겠구나 싶어 적당한 시간에 나와 통화할 수 있도록 해 달라고 미련 씨에게 부탁했지. 하지만 바로 그 몇 시간 후 자네 임종 소식을 듣고 말았네.

작년 초, 40여년 만에 자네는 나를 일부러 찾아 주었고, '베네딕도'란 이름으로 내가 몸담은 천주교회의 세례까지 받았지. 그런데도 그 후 내가 자네를 위해 한 건 아무것도 없고, 오히려 투병 중인 자네가 많은 지인들을 내게 연결시켜 주며 모금에 도움을 주었네. 이런 기억이 지금도 나에게 깊은 자책을 불러일으켜.

유고가 되어버린 자네 책을 위해 "다시 교문에서"란 글을 쓸 때만 해도, 같은 세상에서 함께 숨을 쉬고 있는 자네를 눈앞에 두고 (별것도 아닌) 내 생각을 써나갔지. 그런데 자네가 더 이상 몸으로는 존재하지 않는 지금도 그게 가능하다는 게 신기하기도 하고 위안도 되고 그렇구먼. "가을 이른 바람에 떨어질 잎처럼 한 가지에서 나고 가는 곳 모르겠구나"라던 '제망매가(祭亡妹歌)' 한 구절은 먼저 간 누이뿐 아니라 벗을 두고도 그대로 할 수 있는 말이구나 싶네. 그곳이 어딘진 안 죽어본 모두가 그렇듯 나도 잘 모르겠네만, 살아생전이나 지금이나 자네의 현존(現存)을 내가 한결같이 느끼게 되는 것은 자네나 나나

'한 가지'에서 났기 때문일 터. 그 가지는 살아 있는 이들이 발붙이는 곳이기만 한 게 아니라, 태어나기 전이나 죽은 후에도 우리가 거기서 나왔고 또 거기로 돌아갈 고향 같은 것이기 때문일 터. 이제 삶과 죽음의 '교문'을 다 통과한 자네이기에, 이런 내 심정을 자네는 한 판에 알아듣고 있으리라 믿네.

해곤, 부디 하느님 품에 편히 쉬시게. 그리고 내 사는 이 먼 동네에도 한 번씩 걸음 해주시게나. 내전으로 바로 인근에서 터지는 포성을 듣고 사는 사나운 상황이지만, 자네 어진 얼굴로 한 번씩 왔다 가며 기도해 주면 고단한 이곳 사람들이 희망의 불씨를 꺼뜨리지 않는 데 도움이 될 거라고 믿네. 나도 오래도록, 내 기도와 미사에서 자네를 특별히 기억하겠네, 한 가지에서 난 다른 가지처럼. 그리고, 내가 부탁하지도 않았는데 자네 일처럼 모금을 도와준 데 대해 다시금 고맙단 말 전하고 싶네. 돈이 아니라 자네의 그 귀한 마음이 내게 정말 큰 도움이 되었고, 지금도 되고 있기에. 마지막으로, 남은 사람들로 하여금 글을 모아보도록 부추겨 준 데 대해서도 고맙게 생각해. 덕분에 아주 옛날의 인연들이 따뜻한 마음으로 새로 만나, 서로가 얼마나 귀하고 좋은 사람들인지를 새삼 확인하게 되는 것 같아. 자네가 남겨 준 선물로 느끼고 있네.

잘 지내시게. 때가 되어 나도 그리로 가면, 서로 부둥켜안고 술이라도 한잔 기울이며 이승에서 못 다 푼 회포를 풀어 봄세.

2024년 7월 6일, 미얀마에서 동기 연학 합장

추모글 3
7기 고 김병호 편

자네의 섬은 완성되어 가는가?

문득
낮잠에서 깨어나면
주위는 온통
낯선 사람들로 붐빈다

– 7기 김병호 시 〈방황하는 마음〉 전문 –

병호.

그곳에서 잘 지내시는가?

40년 전 급작스레 자네의 부고를 들었던 때가 생생하네.

자네는 심성이 깊고 말로 표현을 잘 안하는 친구였지만 그렇다고 그리 한마디 귀띔도 없이 급하게 갈 줄은 정말 몰랐네.

병호!

자네는 유달리 얼굴이 좀 까무스름한 게 촌티가 팍팍 났지만 마음은 풍요롭고 입에는 늘 약간의 미소가 매력적이었네.

자네는 늘 섬을 사랑했었지. 어쩌면 섬이 주는 느낌을 사랑했는지도 모르지. 고등학교 1학년 여름방학 때 전라도 한 섬에서 엽서 한 장을 보냈었지. '나로도'라고 기억하네만. 내용인즉슨 자네는 잘 있으니 방학이 끝나기 전에 한번 놀러 오라고 적었고 그 곳 주소가 적혀있었네. 자네다운 엽서였지.

주소 하나 달랑 들고 나랑 또 한 친구는 자네가 있는 곳을 물어물어 찾아갔지. 전기도 들어오지 않는 섬이었어. 발전기로 전구가 깜박이는 조그만 방에서 우리는 뭔가를 열심히 밤새워 얘기했었지… 그 후 자네는 섬에 대한 시를 한 편 남겼고 더 이상 자네의 글을 본 기억은 없네.

우리는 고3이라는 핑계로 서로 바쁜 척하며 대학을 준비할 즈음 자네는 돌연 대학진학이 의미가 없다면서 철도 공무원이 되어 빨리 사회로 나가고 싶어 했네. 그렇게 자네는 늘 일찍 깨었었네.

자네는 자네의 꿈대로 열심히, 우린 우리대로 20대 초반을 지날 즈음 어느 말로도 위로가 되지 않을 사고가 자네에게 닥친 거네. 어찌 이리 하늘도 무심할까 라는 말이 절로 나왔지만 힘없는 우린 아무것도 할 수 없었네. 너무 재주가 많고 잘나서 하늘에서 꼭 필요해서 빨리 모셔간다고 생각해보지만, 자네를 위해서도 남아있는 우리에게도 별 위로가 되지 못함을 익히 아네. 그때가 이십대 초반이고 사십 년이 지나서 환갑이 다되었네.

사람은 누구나 섬 하나씩은 가지고 있다는 자네의 말이 오늘 왜 이리 귓가에 맴도는지.

병호!

이제 그곳에서나마 자네의 섬은 다 완성되어 가는가?

우리 언젠가 만나면 또 우리들의 섬 얘기를 하세.

— 동기 7기 장진호 씀

추모글 4
10기 하현관 편

고맙다 친구야, 사랑한다

하혈을 멈춰줘요, 무대에 서고 싶어요.
현생에 못다 이룬 꿈, 하늘에서 펼치려니
관 뚜껑 덮지 말아요, 날 깨우는 가랑비

　위의 시는 2018년 4월 20일. 자네의 부고 소식을 접한 2기 신완섭 선배가 남겨준 부고시라네. 나 역시 그날은 하루 종일 넋이 나간 채 먼 하늘만 쳐다보았지. 갑작스러운 현관의 부고 소식은 나의 마음을 송두리째 흔들어 놓았다. 그가 떠난 지 6년이 흘렀다. 오늘 밤. 함께 울고 웃던 순간을 떠올리며 그를 그리워한다.

[장면1] 1983년 3월 문예실

월요문학회 신입생 환영회. 그와의 첫 만남이었다. 그는 별로 말이 없었다.
환영회를 마치고, 말이 없던 그에게 다가가 웃으면서 크게 말했다.
"현관아. 나 너 어디서 본 거 같다. 아무튼 반갑다 친구야. 같이 잘 지내보자"
"그래 친구야. 우리 잘 지내보자"
미소를 지으며 속삭이듯 그가 말했다.
그날처럼 환하게 웃던 그의 미소는, 이후엔 한 번도 볼 수 없었다.
나는 지금까지 그의 그 환한 미소를 "너 참 마음에 든다"라고 해석하고 있다.

[장면2] 1984년 12월 문학의밤 행사 3일 전 문예실

나는 배경음악도 없이 책 읽듯이 혼자 시 낭송 연습을 하고 있었다.
"광홍아. 니 시에 어울릴 것 같은 배경음악을 찾았어. 한번 들어볼래?"
그는 불쑥 문예실에 들어와 어떤 음악을 들려주었다. 듣는 순간 소름이 끼쳤다. 환상적인 곡이었다. 그때부터 그 음악은 내가 가장 좋아하는 멜로디가 되었다. 〈외로운 양치기〉. 영혼의 색깔마저 알아버린

그의 감수성은 나를 사로잡았다.

[장면3] 1985년 11월 부산 서면 어느 술집

대입 학력고사 시험을 마치고 우리는 서면 술집에 자리를 잡았다. 시험 잘 봤냐는 그의 말에 나는 고개를 가로저으며 허탈하게 말했다.
"이번 시험? 그냥 봤어. 어차피 이 시험 결과는 나에게 아무 의미 없어"
집안 사정 때문에 나는 이미 대학 진학을 포기한 상태였다. 그는 말없이 술잔을 건네었다.
나는 안다. 그가 말없이 권한 한 잔의 술은 나를 위로하는 "그의 진한 눈물"이었음을.

[장면4] 1985년 12월 20일

나는 고3 2학기 육성회비가 밀려있었다. 돈을 벌기 위해 오전 수업을 마치고, 영도에 있는 찹쌀떡 공장에서 물건을 살려고 서둘러 학교를 나서고 있었다.
"광홍아! 너 요즘 찹쌀떡 장사한다면서. 재밌겠다. 대입 시험 끝나니 심심하다. 나도 할래. 같이 가자"
내가 기죽지 않게 하려는 듯이 장난스럽게 말하면서 총총걸음으로 나를 따라붙었다. 우리는 찹쌀떡 1개에 35원에 사서 100원에 팔았다. 1회용 투명 플라스틱 도시락에 10개씩 가지런히 담아서 남포동 술집을 누볐다. 찹쌀떡 도시락 한 통에 1천 원을 받았는데, 어떤 술 취한 아저씨는 자기 어릴 때 생각난다며 2천 원을 주기도 했다.

장사를 마무리하던 어느 날 늦은 밤. 그는 나에게 하얀 봉투를 내밀었다.

"이거 보태서 회비 내라. 훔친 돈 아니니 걱정 말고. 내 용돈 쓰고 남은 돈이야"

"야 시발, 장사 도와준 것만도 고마운데. 돈은 무슨 돈이야 됐다"

한사코 뿌리치던 나에게 그냥 아무 말 하지 말고 받으라며 잠바 주머니에 봉투를 찔러 넣어주었다. 나는 그 봉투를 손에 든 채 집으로 돌아오면서 골목길 전봇대에 기대어 한참을 흐느꼈다. 나는 안다. 그 하얀 봉투는 돈이 아니라 나를 위한 그의 따뜻한 마음이었음을.

[장면5] 1986년 6월 어느 날

그날은 비가 억수 같이 내렸다. 외출도 금지된 채 학교에 갇혀 군대 같은 대학 1학년 생활을 하고 있었다. 면회실에서 당번이 면회객이 왔다고 알려주었다. 이 폭우에 면회를 왔다고. 누구지. 혹시 지난 주말에 미팅했던 여학생인가. 의문을 가득 품고 면회실에 도착했다. 현관이었다. 그는 온몸이 빗물에 젖은 채 파르르 떨고 있었다.

"야 무슨 일이야. 니가 이 시간에 여기 왜 왔어?"

나는 너스레를 떨면서 크게 말했다.

"응 그냥 니가 갑자기 보고 싶어서 왔어. 근데 들어오는 방파제 엄청 길더라 야"

나는 안다. 그날 우산도 없이 비를 맞으며 나를 보러온 그의 마음은 나를 향한 그리움임을.

[장면6] 1989. 9월 가을

그는 군 복무를 마치고 어느 날 나를 찾아왔다.

"광홍아. 어제 혼자서 연극을 한 편 관람했어. 보는 내내 전율을 느꼈어. 평생 해야 할 일을 이제 찾았어. 나 연극배우 할 거야" 그는 눈을 반짝거리면서 말을 계속했다.

"나는 앞으로 연극하고, 너는 배 타서 돈 많이 벌고. 나중에 나 돈 없을 때 소주나 사주라. 알았제"

지금 비록 돈은 많이 못 벌었지만, 이제 소주 정도는 언제든 사줄 수 있는데…

오늘 밤 너와 만나 소주 한잔하고 싶다. 아니 오늘 밤은 꿈에서라도 너를 만나고 싶다.

만나면 이 말 꼭 전하고 싶다.

고맙다 친구야, 그리고 사랑한다.

2024년 7월 4일 늦은 밤.
사랑과 위로에 빚진 동기 광홍이가
널 그리워하면서

나가며

편집실 단상

3기 김정희

이렇게 월요가족들이 문집을 만들다니 너무 좋네요. 고교졸업 뒤에도 꾸준히 만났던, 비록 문학이 더 이상 주제는 아니었지만, 온라인 월요 모임도 만들어 이런저런 얘기와 글을 서로 나누어 왔는데, 드디어 글모음을 출판한다니 신나고 기쁘네요. 생각을 하고 말을 하지만 결국엔 글로 표현을 할 수밖에 없는 우리의 숙명? 부처님의 연꽃을 든 모습을 보고 가섭존자가 미소를 지었다고 쓰면 그 뜻은 몰라도 상상은 할 수 있으리.

5기 박창희

한학을 익히신 고연리 경파(鯨波) 선생은 글에도 때가 있다고 글쓰기를 추천한다. 글을 쓰시는 남양주 평산(平山) 선생도 만나면 글쓰기를 권유한다. 아직은 아니라고 웃어넘기지만 월요는 아무도 글을 쓰라는 말을 하지 않는다. 가까이에서 보는 눈이 정확하겠지. 그래도 어떤 계기가 되어 월요동문 공동문집을 낸다니 용기를 내어 봤다. 이것이 방하착(放下着)이 안 되게 누가 좀 붙들어 주었으면 좋겠다.

5기 김영학

경상북도 청도에 가면 삼족대(三足臺)라는 정자가 있다. 김대유가 1519년 낙향하여 후학을 양성하며 지낸 곳이다. 남명 조식이 삼족대에 자주 방문하여 여러 편의 시를 남긴 곳이기도 하다.

앞으로는 깊고 푸른 동창천이 내려다보이고, 뒤로는 운문산이 펼쳐진 곳으로 '삼족(三足)'이란 정자의 이름은 '세 가지가 족하다'는 뜻이다. 김대유는 육십을 넘긴 나이가 족하고(壽), 과거에 합격하고 벼슬을 지냈으니 영예가 족하고(譽), 아침저녁으로 고기반찬이 끊이질 않으니 먹을 것(食) 또한 족하다고 했다. 이런 뜻으로 정자의 이름을 삼족대로 삼았고, 자신의 호도 삼족당이라 했다고 한다.

옛 성현들의 글과 가까이하면서 이러한 유적지 방문도 괜찮을 듯하다.

6기 이연학

"결국 인간에게 위로란, 별것 아닌 것 같지만 도움이 되는 게 아니라, 별것 아니기 때문에 도움이 되는 것이다." 이동진이 R. 커버의 단편 '별것 아니지만 도움이 되는'을 두고 한 말. 옛 벗들이 엮는 문집도 그렇다. 세상의 별 것들이 시들해지면서 별 것 아닌 것들이 새로 반짝이는, 노년의 초입.

7기 김한용(편집장)

살면서 잘한 선택 세 개를 꼽으라면, 첫째 단연 아내를 만난 일. 반려자로서 무엇 하나 빠지는 게 없다. 둘째 국어교사로 사는 일. 얇은 지식으로 잘난 체하기 딱 좋다. 셋째는? 언젠가부터 – 이는 아내의 바람이기도, 국어교사의 마무리이기도 하다 – 글 쓰는 일로 여생을 보내고 싶어졌다. 이번 문집 발간이 그 계기가 되지 않을까 싶다. 짐을 내려놓았는데, 어깨가 무겁다.

7기 장진호

월요 2집 만들 때가 생각난다. 으레 시를 모으고, 인쇄소를 찾고. 한용이의 예쁜 글씨로 한 페이지씩 채워지는 걸 지켜보면서… 책 사이즈, 표지 색깔, 두께… 참 생각이 많았다. 비록 내가 어떤 글을 실었는지는 최근에야 알았지만 그런 시간들은 어린왕자의 장미꽃처럼 사랑으로 선명히 기억된다.

이번 월요공동문집도 사랑임을 잘 안다. 기획에서 출판까지 사랑을 베푸신 월요 선후배님들께 감사드리며 나의 내용은 잊는 한이 있더라도 이곳에 담긴 사랑은 잊지 않겠다.

8기 배상문

43년 전 토요일 오후면 문예반 동아리방에 모여 시를 논하던 철없던 시절이 있었습니다. 문우(文友)들과 오랜 시간이 흘렀음에도 다시 모여 문집을 만들게 되었습니다. 수고하신 여러 선후배, 동기들에게 감사드립니다.

죽는 날까지 글을 쓰리라 생각합니다. 죽는 날까지 환자를 보고 죽는 날까지 공부하리라 마음먹습니다. 아무 의미 없는 글, 의미 없는 인생입니다. 그래도 끝을 보는 것은 의미가 있을 것입니다. 반세기 월요 문학회의 결실을 함께 축하합시다.

8기 장승수

우크라이나에 떨어지는 미사일, 가자지구에 터지는 고성능폭탄, 그 영상에 BGM으로 깔리는 'WHAT A WONDERFUL WORLD!' 지구가 영원히 사라지는 그날을 꿈꿉니다… 그래도 우리 월요 동문들은 오래오래 보기를 희망합니다 ♡

9기 방호성

간장게장에서 당신 냄새가 납니다. 속살을 씹을 땐 깍지 끼던 손가락 땀 냄새가, 껍질을 깨물 땐 매몰차게 돌아서던 샴푸 냄새가 달큰 짭짜름하게. 집게 발가락이 입안을 할퀴더니 빈 껍질과 비린내만 남습니다. 당신에게 냄새가 나서 돌아왔는데 나에게선 허풍쟁이 아버지 술 냄새가 나는군요. 강물 위 나룻배처럼 밤새 뒤뚱거립니다. 시를 게워내고 나니 간장게장 먹고 난 것처럼 결국 빈 껍질과 비린내만 남고 말았습니다.

9기 김성기

월요는 제게 희미한 옛사랑의 그림자 같습니다. 이제 다 잊었다 해도 문득 떠올라 가슴 한컨이 따뜻해지기도, 시려지기도 합니다. 이번 작업에 동참하며 홍안의 소년이 되어 문예실 창으로 보이던 노을을 다시 한번 보고 싶어집니다.

10기 김광홍

J.K. 롤링의 해리포트 시리즈에는 어른들이 바라는 세상과 달리 배신과 음모로 가득 차 있다. 초기 독자들은 아이가 읽기에 너무 잔인하다고 비난했다. 작가는 답한다. "제 책의 반은 마음에 안 드신다구요. 그럼 반만 읽으십시오. 저는 시키는 대로 받아쓰는 사람이 아닙니다."

나도 월요 문집 독자에게 답해본다. "자기만의 이야기를 가슴속에 담아두지 말고 남에게 들려주세요. 그러면 세상이 더 살기 좋아지지 않을까요?"

11기 최태명

타자(他者)는 나의 지옥, 그런데 나는 늘 나와 다른 타자에 매혹되어왔다. 그것이 사춘기의 황홀로 남기도 하지만, 에로스 속에 타나토스가 숨겨져 있듯이, 타자는 매혹과 위협의 이중적 존재, 그럼에도 릴케가 장미 곁을 서성이듯, 김승희가 어린 시절 타자에게 위협을 느끼면서도 예쁜 유리알이나 파랑 보석 같은 매력을 내뿜고 있는 존재로 묘사하듯, 너, 타자는 낯선 무인도의 해변가 모래밭에 찍힌 발자국처럼 공포와 기쁨의 이중성으로 다가온다.

본 공동문집의 수익금 전액은 참여 동문들의 뜻을 모아 성 베네딕토 수도원 소속 이연학 신부(월요 6기)가 추진 중인 미얀마 오지 수도원 건립 기금으로 후원하고자 합니다.

[편집자 註]